RV Verlag

JACK WHITE

Die schönsten

STRAND HOTELS

der Welt

RV Verlag

Neuausgabe 1994

Redaktion, Bildbesorgung: srt Redaktionsbüro
und Bildarchiv, Wolfratshausen. Pressebüro Map,
Augsburg.
Redaktionsleitung: Rainer Krause, Maria Pütz-Willems.
Autoren: Rainer Krause, Maria Pütz-Willems,
Rudi Stallein-Fontaine, GECCO Kommunikation,
Hamburg.
Redaktion und Besorgung der Bilder der Originalausgabe:
GECCO Kommunikation, Hamburg.
Grundlayout: GECCO Kommunikation,
Hamburg.
Satz und Gestaltung: Micropress GmbH, Taufkirchen.
Verlagsredaktion und Koordination:
Carlo Lauer, Heinz Wittenbrink
Lithografie: Repro- und Lithowerkstatt
Meyer, Hamburg und printex s.r.l., Verona.
Druck und Verarbeitung:
Mohndruck, Gütersloh
Printed in Germany
ISBN 3-575-11002-6

„Wer die Wahl hat, hat die Qual", lautet ein immer noch gültiges Sprichwort. Es trifft in gewisser Weise auch auf den hier vorliegenden Hotelführer zu. Die Auswahl der besten Strandhotels in aller Welt war wirklich nicht einfach. Objektiv zu beurteilende Kriterien wie Service, Ambiente der Zimmer oder Strandlage helfen bei der Beurteilung nur in gewisser Weise weiter. Ausstattung, Personal und letztlich auch die Gäste sind für die Stimmung mitentscheidend, die in jedem Hotel unterschiedlich ist.

Ich habe mir die Aufgabe gestellt, auch diese unverwechselbaren Wesenszüge herauszuarbeiten. Jedem Hotel liegt ja letztlich eine Idee, ein Konzept zugrunde. Dieses zu erkennen, ist für eine Reiseentscheidung ebenso wichtig wie die genaue Auflistung aller Einrichtungen und Angebote.

Es sollten nur die besten aller guten Strandhotels aufgenommen werden, damit für die Beschreibung, die praktischen Hinweise und die Fotos ausreichend Platz zur Verfügung steht. Dieser Hotelführer stellt Klasse vor Masse, damit die Leser möglichst präzise Angaben bei der Auswahl „ihres" Hotels finden.

Neben den Angeboten und der Atmosphäre des einzelnen Hotels spielen auch das jeweilige Land und seine Geschichte, die dort vorherrschende Kultur und der Zustand der Natur für eine Reiseentscheidung eine wesentliche Rolle. In kurzen Features habe ich mich bemüht, auf all diese Dinge einzugehen.

Einige der Strandanlagen wurden mir von Freunden und Bekannten empfohlen. Für diese vielfältigen Anregungen auch seitens der Leserschaft möchte ich an dieser Stelle herzlich danken.

Zur 11. Auflage: Nun erscheint der beliebte Führer zu den besten Strandhotels der Welt bereits zum elften Mal. Anders als in den letzten fünf Auflagen habe ich mich nicht auf 100 Hotels beschränkt, um wirklich alle Top-Strandhotels darstellen zu können. Für die neue, durchgehend aktualisierte Ausgabe wurde jede Angabe sorgfältig überprüft. Auf einige Häuser mußte ich verzichten, dafür habe ich eine ganze Reihe neuer Traumhotels in das Buch aufgenommen. Einige Küstenregionen mit Urlaubshotels der Superklasse werden zum ersten Mal in diesem Führer vorgestellt: Portugal, Bermudas, die Turks-& Caicos. Wieder war es mein Ziel, dem Leser die wirklichen Highlights unter den Strandhotels vorzustellen: Häuser, die ihre Gäste mit einem Spitzenservice verwöhnen und in denen man in einer paradiesischen Atmosphäre relaxen kann.

In der Hoffnung, daß mein Hotelführer den Lesern neben konkreten Entscheidungshilfen auch angenehme Stunden bei der Lektüre bietet, wünsche ich allen von Herzen eine erlebnisreiche Reise.

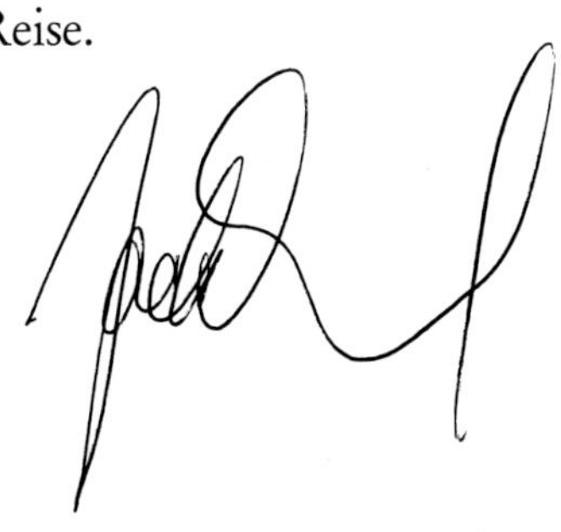

Über die ganze Welt verteilt:

● Standorte der Destinationen

Die besten Strandhotels.

Amst. = Amsterdam		Dim. = Dimashq	
Beogr. = Beograd		Dneprop. = Dnepropetrovsk	
Birmingh. = Birmingham		Fr. = Frankfurt a. M.	
Blagov. = Blagoveščensk		Hann. = Hannover	
Bloem. = Bloemfontein		K. = Köln	
Br. = Bruxelles, Brüssel		Kiš. = Kišin'ov	
Bud. = Budapest		Københ. = København	
Const. = Constanţa		L. = Leipzig	
		Liverp. = Liverpool	
		Ło. = Łódź	
		Pittsb. = Pittsburg	
		Rott. = Rotterdam	
		Sev. = Sevastopol'	
		Stuttg. = Stuttgart	
		Thessal. = Thessalonikē	
		Val. = Valencia	
		Voron. = Voronež	

Tropische Palmenstrände neben kargen Halbwüsten, die bizarre Bergwelt der Rocky Mountains neben brodelnden Weltstädten und beschaulichem ländlichen Leben: Die Vereinigten Staaten von Amerika sind überall anders. Zwischen Atlantik und Pazifik liegt ein Kontinent der Unermeßlichkeit.

„Alles hat sich mehr oder weniger zugetragen", beginnt der nordamerikanische Satiriker Kurt Vonnegut seinen weltberühmten Roman „Schlachthof 5". Diese Worte spiegeln in gewisser Weise auch einen Wesenszug der Vereinigten Staaten von Amerika wider, denn welche Attribute auch immer angewandt werden – alle treffen mehr oder weniger zu.

Die USA sind kaum erfaßbar. Unermeßlichkeit, Vielfalt, Gegensätzlichkeit – für Amerika sind diese Vokabeln angebracht. Denn sicher ist, daß der angeblich alles so gleichschaltende „American Way of Life" überall anders glitzert.

Miami, Ruhesitz der "Silent Majority", ist das voll durchorganisierte amerikanische Reiseziel par excellence. Doch wirkt die Metropole trotz aller Amerikanismen karibisch-latinisch. Die Hälfte aller Bewohner der rund 100 Jahre alten Stadt spricht

Ob im sonnenverwöhnten Florida oder im nicht weniger klimabegünstigten Kalifornien bei San Diego (unten): Die USA locken mit wirklich erstklassigen Hotels an wahren Traumstränden.

Spanisch, tanzt nach Klängen von den Antillen und prägt nicht nur in den Stadtteilen Little Havanna oder dem schicken Coconut Grove das wirklich brodelnde Leben.

Ganz anders erscheint Floridas Golfküste, die sich selbst aufgrund der vielen Sonnentage „Sun Coast“ nennt. Rentnerpaare in offenen Limousinen, ein unermeßlicher Schilderwald in einer scheinbar nie endenden Vorstadt und die Geschäftigkeit von Freizeitmenschen sind einige der ersten Eindrücke. Doch wer den schmalen, besiedelten Küstenstreifen verläßt, befindet sich unvermittelt in prachtvoller Natur: Weite Sümpfe, Mangrovenwälder und überall Grün, Grün, Grün!

Im völligen Gegensatz zu den feuchten Dschungeln Floridas steht die andere Seite Amerikas: Kalifornien mit San Diego, der Welthauptstadt des Sports. Etwa 1200 Tennisplätze, 75 Golfanlagen und 100 Kilometer Strand vor den Toren San Diegos – das sind die äußeren Merkmale dieses Teils von Amerika. Überall zwischen Muskelspiel und Fitneßkult finden sich mexikanische Einflüsse: Siesta und südländische Geruhsamkeit sind dort durchaus bekannt.

Weiter nördlich, doch noch immer in Kalifornien, liegt die Festival-Stadt Monterey. Begriffe wie „Flowerpower“ und „Love and Peace“, aber auch „Pure Business“ wurden dort geboren. Wie in Monterey gilt eben in ganz Amerika: Gegensätze ziehen sich an. Denn letztlich wissen die Amerikaner trotz Selbstsicherheit und tiefer Überzeugungen aus ihrem langen Kampf um Toleranz: Alles ist nur mehr oder weniger wahr.

The Breakers

509 renovierte Zimmer und 53 Suiten mit Meer-, Golf- oder Gartenblick, Klimaanlage, Minibar, Safe, Telefon, Faxanschluß, TV.

Service

Fünf Restaurants, Bar, Coffeeshop, beheizbarer Swimming-Pool, 20 Gesellschaftsräume, Boutiquen, Beauty, Herren-Friseur, Kreditkarten, Mietwagen, eigener exklusiver Weinkeller.

Aktivitäten

Zwei 18-Loch-Golfplätze auf dem Hotelgelände und 10 Meilen westlich, 20 Tennisplätze (14 mit Flutlicht), privater Sandstrand, Wasser-Ski, Hochseefischen, Kajak, Segeln, Tauchen, Wellenreiten, Schnorcheln, Tischtennis, Volleyball, Aerobic, Massage, Fitneßcenter, Sauna, Kinderprogramme.

Unterhaltung

Jeden Abend in der Alcazar, Strandpartys, Kochvorführungen, Weinproben, Cocktailpartys, organisierte Ausflüge.

The Breakers
One South Country Road Palm Beach,
Florida 33480 Tel. 001/407/65 56 611
Fax 001/407/65 98 403

Florida beginnt klassisch. Rund 120 Kilometer nördlich von Miami, bei Palm Beach, manifestiert sich der Reichtum Amerikas nicht nur in den Landsitzen berühmter US-Bürger, sondern auch in dem 1926 erbauten Hotelpalast The Breakers. Auch wenn es sich dabei nicht um ein klassisches Strandhotel handelt, ist das große Haus mit über 1000 Betten aufgrund seines Gesamteindrucks einmalig in der Welt.

The Breakers: Das ist beste amerikanische Hoteltradition mit überaus flexiblem, durchorganisiertem Service. All das in einer Architektur und Inneneinrichtung, die europäische Elemente harmonisch integriert hat. Zwar ist die Swimming-

Das traditionsreiche Breakers liegt in der faszinierenden Landschaft Floridas.

Pool-Anlage nach altem amerikanischem Muster eher einfach gehalten, doch dafür ist das Sportangebot – vor allem für Golf- und Tennisspieler – nicht zu überbieten. Und: Das Hotel liegt zehn Kilometer vom Flughafen entfernt in einer der landschaftlich wirklich schönsten Gegenden Floridas.

Cheeca Lodge

203 Zimmer mit Meer- oder Gartenblick, Balkon, Klimaanlage, Minibar, TV, Video, Deckenventilator.

Service

3 Restaurants, 3 Swimming-Pools, Sport-Shop, Boutique, Videocenter, Kinderprogramme, Konferenzräume, Mietwagen.

Aktivitäten

Golf-Platz, sechs Tennisplätze mit Flutlicht, Windsurfing, Segeln, Schnorcheln, Fischen, Tauchen

Unterhaltung

Organisierte Ausflüge.

Cheeca Lodge
P.O. Box 527
Islamorada, Florida 33036
Tel. 001/305/66 44 651
Fax 001/305/66 42 893

In Islamorada, der „Hauptstadt der amerikanischen Sportfischer", wartet das schönste Ferienhotel der Florida Keys auf seine sportbegeisterten Gäste. Die blauen Dächer der weißen Cheeca-Lodges leuchten weit. In diesem Resort, eine Stunde südlich von Miami, erwartet den Urlauber die vollständige Palette aller Wassersportarten vom Surfen über Jetskifahren bis hin zum Parasailing. Natürlich liegt ein Schwerpunkt auf den Erlebnissen rund ums Fischen und Tauchen. Weit ragt der hoteleigene weiße Pier hinaus ins Meer. Hier starten alle Tauch- und Angelausflüge. Fisch-Fans sollten sich an den geführten Sight-Seeing-Touren zu den Fischreservoirs im Landesinneren beteiligen. Wer's entspannter mag, entscheidet sich für eine nächtliche Party auf Fischerbooten. Wer nicht

Blau leuchten die schon von weitem sichtbaren Sonnendächer des Cheeca Lodge.

fischt, darf die Tiere des Meeres kulinarisch genießen: Das elegante Restaurant „Atlantic Edge" serviert Fangfrisches delikat – Blick auf Strand, Meer und Pier inbegriffen. Weniger formell ißt man im „Ocean Terrace Grill".

Wer einmal nicht an dem schönen, palmengesäumten Sandstrand faulenzen will, findet genügend Anlaufpunkte in der Umgebung: etwa das Haus Hemingways und seine Stammkneipe in Key West oder die Everglades.

An der Miami gegenüberliegenden Golfküste Floridas liegt ein nur von Flüssen und Mangrovenwäldern unterbrochener, 30 Kilometer langer Sandstrand zwischen Tampa Bay und Marco Island, dem letzten besiedelten Flecken Südwestfloridas. Dort wurde das beste Hotel dieses Landstrichs errichtet, das Marco Island Resort. Vor der Anlage glitzert ein sechs Kilometer langer und etwa dreißig Meter breiter Strand aus Korallensand. Strandschuhe sind also angebracht.

Die Zimmer in dem mehrstökkigen Hotelgebäude sind außergewöhnlich luxuriös ausgestattet, was ebenso auf die Aufenthaltsräume zutrifft. Drei schöne Swimming-Pools in einem Palmengarten sind während des Tages der zentrale Ort des Marco Island. Mit eigenem 18-Loch-Golfplatz, 16 Tennisplätzen nebst Profi-Shop und einem ausreichenden Wassersportangebot ist das Marco Island Resort ein idealer Ort für Freunde des Aktiv-Urlaubs. Ruhesuchende Urlauber werden ebenfalls nicht enttäuscht.

Wem der Korallensand vor dem Resort nicht gefällt, der läßt sich an den herrlichen, zentral gelegenen Swimming-Pools nieder.

Marriott's Marco Island Resort and Golf Club

735 klimatisierte Zimmer mit Telefon, Radio, TV, Kühlschrank.

Service
Sechs Restaurants, drei Swimming-Pools, Bar, Boutiquen, Kinderbetreuung, Wäscherei, Friseur, Mietwagen, Airport-Transport.

Aktivitäten
18-Loch-Championship-Golfplatz, 16 Tennisplätze, Segeln, Windsurfen, Wasserski, Fischen, Volleyball, Fahrradverleih, Airboat-Touren.

Unterhaltung
Nachtclub, abendliche Tanzveranstaltungen oder Shows.

Marco Island Resort
400 South Collier Boulevard
Marco Island, Florida 33937
Tel. 001/813/3942511
Fax 001/813/6422688

Neben den beiden klimabegünstigten Urlaubsregionen der USA, Florida und Kalifornien, bietet auch der Ostküstenstaat Georgia unglaublich lange Strände. Dazu gehört auch der Küstenabschnitt Sea Island in der Nähe von Brunswick. Acht Kilometer lang und rund 100 Meter breit ist dort der Strand mit dem hellbraunen, feinen Sand. Direkt dort stehen die Gästehäuser des Hotels „The Cloister", wo schon Ex-Präsident Jimmy Carter feierte. Die Anlage diente übrigens auch als Schauplatz für etliche Spielfilme.

Die Zimmer und Suiten der von subtropischer Vegetation umgebenen Gästehäuser sind ohne Ausnahme geschmackvoll eingerichtet. Der direkt am Strand gelegene Beach Club verfügt über zwei große Swimming-Pools nebst eigener Snackbar. Wie die Häuser liegen auch die Tennisplätze inmitten der Parklandschaft. Neben Gelegenheiten zu allen Arten des Wassersports steht auch ein Golfplatz zur Verfügung. Für ihn gilt, was auf die gesamte Anlage zutrifft: Er gibt sich gepflegt, luxuriös, ist einfallsreich gestaltet und besitzt einen ganz eigenen Charme.

Die Gästehäuser des Cloister stehen am Strand und in der gepflegten Parkanlage.

The Cloister

263 Zimmer und Suiten in Gästehäusern, mit Telefon.

Service
Vier Restaurants, zwei Bars, großer Weinkeller, zwei Swimming-Pools mit Snackbar, Juwelier- und Modegeschäfte, Wäscherei, Reinigung, Friseur, Gästetransfer zu Restaurants, Golfplätzen und Flughafen.

Aktivitäten
8 km privater Strand, Golfplatz (54 Löcher), 18 Tennisplätze, Surfen, Wasserski, Segeln, Fischen, Rennboote, Yachtclub in fünf Kilometern Entfernung, Reiten, Tontaubenschießen, Fahrräder, Fitnesscenter mit Kosmetik, Sauna, Massage.

Unterhaltung
Jeden Abend Tanz, Konzerte, Vorträge, Bingo, beaufsichtigte Kinderprogramme.

The Cloister
Sea Island, Georgia 31 561
Tel. 001/912/63 83 611
Fax 001/912/63 85 159

The Ritz-Carlton Laguna Niguel

393 Zimmer und Suiten mit Balkon oder Patio, Nichtraucherzimmer, mit Bar und kleinem Kühlschrank, TV, Radio, Safe, Morgenzeitung, teilweise Kamin.

Service

Fünf Restaurants, Bar, 2 Swimming-Pools, Health Club, Beauty, Babysitting, Shops, Konferenzräume, Postdienst, Wäscherei, Mietwagen, Shuttle-Service zu Golfplätzen, Strand und Flughäfen, Limousinen-Service

Aktivitäten

Fitnesscenter, Joggingpfade, 4 Tennisplätze, Volleyball, Croquet, 2 Meilen Sandstrand, 18-Loch-Golfplatz, Segeln und Fischen in der Nähe.

Unterhaltung

Live Entertainment

The Ritz-Carlton Laguna Niguel
33533 Ritz-Carlton Drive
Dana Point, California 92629
Tel. 001/714/24 02 000
Fax 001/714/24 00 829

In Dana Point, zwischen Los Angeles und San Francisco, steht Kaliforniens einziges Resort, das seit Jahren mit fünf Sternen und fünf „Diamonds“ ausgezeichnet wird. Der vierstöckige Hotelkomplex im klassischen Mittelmeer-Stil begeistert selbst Kunstkenner. Englische Kristall-Lüster aus dem 19. Jahrhundert, grazile Antiquitäten und wertvolle Gemälde empfangen den Gast in der Lobby.

Beinahe majestätisch ist der Blick aus 124 Zimmern auf den Ozean und die Küste; 188 Zimmer orientieren sich zu den beiden gepflegt-grünen Innenhöfen und deren Swimmingpools. Fünf Restaurants zelebrieren französisch angehauchte und kalifornische Küche mit frischen Kräutern, Meeresfrüchten und Molkereiprodukten.

Das milde kalifornische Klima reizt zur sportlichen Betätigungen. Auf dem Hotelareal findet der Gast vier Tennisplätze. Qualifiziertes Personal trainiert mit den Gästen des Fitnessraums; Entspannung bieten Sauna, Dampfbad und Massage. An das Hotelgelände stößt der 18-Loch-Golfplatz an, den Robert Trent Jones jr. entwarf. Den zwei Meilen langen Sandstrand kann man übrigens auch per Rad oder joggend erkunden.

Auf einem Felsplateau ist das Ritz-Carlton Laguna erhaben plaziert.

The Ritz-Carlton Naples

463 Zimmer und Suiten mit Blick auf den Strand und Golf von Mexiko, mit Balkon, separatem Ankleideraum, zwei Telefonen, TV, Safe, Morgenzeitung.

Service

Vier Restaurants, drei Bars, Swimmingpool mit Bar, Whirlpool, Sonnenterrasse, Babysitting, Wäsche- und Bügelservice, Pro-Shop, Zeitungskiosk, Boutique, Beauty, Kinderprogramme, Konferenzräume, Mietwagen, Limousinen-Service, Airport-Transport

Aktivitäten

3 Meilen Sandstrand, Segeln, Schwimmen, Schnorcheln, 6 Tennisplätze mit Flutlicht, 36-Loch-Golfplatz in der Nähe, Fitnesscenter

Unterhaltung

Entertainment im „Club“

The Ritz-Carlton, Naples
280 Vanderbilt Beach Road
Naples, Florida 33941
Tel. 001/813/59 83 300
Fax 001/813/59 86 667

Genau wie das Schwesterhotel in Kalifornien ist auch dieses mediterran wirkende Ritz-Carlton Hotel fünf Kilometer nördlich von Naples ein kleines Museum mit Preciosen britischer und amerikanischer Kunst aus dem 18. und 19. Jahrhundert. Daneben imponieren persische Teppiche und böhmische Kandelaber.

Das stilvolle Luxushotel am Golf von Mexiko zählt einen fünf Kilometer langen Muschelstrand an der Pelican Bay sein eigen. Die Gästeschar ist gediegen und international. Die sehr gepflegten Garten- und großzügigen Swimmingpool-Anlagen bieten Platz und Diskretion für die persönliche Entspannung.

Alle Zimmer des Ritz-Calton Naples blicken auf den Golf von Mexiko.

Bis auf neun Räume verfügen alle Zimmer über einen Balkon. Seide und französische Möbel prägen das Interieur, ein separater Ankleideraum und ein Marmor-Bad mit einer überdimensional großen Badewanne imponieren.

Fisher Island, die Insel der Seligen zwischen Biscayne Bay und Atlantik, ist nur aus der Luft und zu Wasser erreichbar. Sieben Minuten mit dem Fährboot von Miami und Miami Beach entfernt, picken die Boote 24 Stunden lang ihre Gäste auf. Auf dem Festland amüsiert man sich abends bei Shopping und Dining, im Nacht- und Kulturleben. Der Fisher Island Club bietet die exklusive Oase zum Entspannen. Maximal 20 Gäste dürfen dort pro Woche absteigen.

Honeymoonern, Golfern, Tennis-Fans und Fitness-Freaks liest man hier die Wünsche von den Augen ab. Das Spa gehört zu den Besten der USA. Beauty und Fitness kann man in den eleganten Relax-Räumen nicht nur genießen, sondern auch „erlernen". Fachpersonal berät mit Kosmetik-Stunden, individuellen Fitness- und Ernährungsvorschlägen.

Die erstklassigen Rekreations- und Sportmöglichkeiten (mit einem spektakulären 18-Loch-Golfplatz direkt am Meer und 18 Tennisplätzen) haben den Fisher Island Club zu den Resorts der Weltklasse erhoben. Sieben Restaurant, von „Gourmet" bis „casual", untermauern diese Auszeichnung nur. Das Resort ist eine Oase für Körper, Geist und Seele.

Komfort für 20 Gäste: Fisher Island.

Fisher Island Club

Cottages, Villas und Suiten für maximal 20 Gäste, mit ein bis drei Schlafzimmern, Patio, Meerblick.

Service

7 Restaurants, mehrere Swimming-Pools, Kreditkarten, Einkaufszentrum, Schutz durch privaten Sicherheitsdienst, Limousinen-Transfer nach Miami, Yachthafen

Aktivitäten

9-Loch-Golfplatz, 18 Tennisplätze, Racquet-Club, exklusives Spa mit Beauty und Fitness, Jogging- und Radwege, Privatstrand

The Fisher Island Club
One Fisher Island Drive
Fisher Island, Florida 33109
Tel. 001/305/53 56 030

Das Ambiente stimmt in jeder Hinsicht: Das Ocean Grand Hotel liegt in Nachbarschaft zu dem Breakers und dem Ritz-Carlton – und steht selbst jetzt unterm Management der feinen Four Seasons-Gruppe. Die großzügigen, in sanften Pastellfarben gehaltenen Zimmer besitzen alle Meerblick.

Der Gourmet-Treff „The Restaurant" im Haus gehört zu den besten Feinschmecker-Adressen Süd-Floridas. „Pool Bar und Grill" sowie das „Ocean Bistro" servieren schlichtere Gerichte.

Im allumfassenden Sportangebot des Ocean Grand gehört das Spa zu den Highlights: Ausgestattet mit den besten Fitnessgeräten empfiehlt es sich selbst Herz- und Kreislaufkranken zum kontrollierten Training. Das Ocean Grand vermittelt neben Golf und Tennis gerne die drei großen Leidenschaften der Leute von Palm Beach: Polo, Bootfahren und Tauchen. Und schließlich sind die eleganten Shopping-Zeilen von Palm Beach nicht weit.

Nicht nur für Liebhaber von Polo, Bootfahren und Tauchen: das exklusive Four Seasons Ocean Grand.

Four Seasons Ocean Grand

210 Zimmer und Suiten mit Balkon, 3 Telefonleitungen, 2 Fernsehern, Safe, privater Bar.

Service

3 Restaurants, Bar, Swimming-Pool mit Whirlpool und großer Sonnenterrasse, Kosmetik, Friseur, Kinderbetreuung, große Konferenzräume, auf Anfrage: Babysitting, Mietwagen und Limousinen-Service.

Aktivitäten

3 Tennisplätze, Polo, Boote, Tauchen, Spa mit Aerobic-Studio, Sauna, Whirlpool, 3 Golfplätze in der Nähe.

Unterhaltung

Jeden Abend Piano-Musik im „Living Room", am Wochenende Tanz und Jazz, klassische Musik.

Four Seasons Ocean Grand
2800 South Ocean Blvd.
Palm Beach, Florida 33480
Tel. 001/407/58 22 800
Fax 001/407/54 71 557

Hotel Del Coronado

691 Zimmer, Suiten und Appartements im viktorianischen oder modernen Stil, mit Aircondition oder Deckenventilator, Telefon, Farb-TV, Minibar, Safe und Balkon oder Terrasse.

Service

Drei Restaurants, zwei Swimming-Pools mit Snackbar, zwei Bars, kleine Einkaufsgalerie, Beauty, Mietwagen, Airport-Transport, diverse Räumlichkeiten für Kongresse.

Aktivitäten

Sechs Tennisplätze mit Flutlicht, 18-Loch-Golfplatz in der Nähe, Motorboote, Fitnesscenter, Sauna, Radverleih.

Unterhaltung

Jeden Abend Live-Musik.

Hotel Del Coronado
1500 Orange Avenue Coronado,
California 92118
Tel. 001/619/43 56 611
Fax 001/619/52 28 262

Um es gleich vorwegzunehmen: Die Strandhotels in Kalifornien halten einem Vergleich mit den Spitzenhäusern in Florida oder auf Hawaii kaum stand. Auch so berühmte Strände wie Santa Barbara oder Santa Monica sind eher enttäuschend. Dennoch: Zwei Hotels müssen erwähnt werden, da sie durch ihren Charakter weltweit einzigartig sind.

Zunächst das älteste Holzhotel der Welt, das 1888 errichtete Del Coronado bei San Diego. Das um einen Neubau erweiterte Haus ist längst eine Legende. Die viktorianische Architektur des Hauptgebäudes wirkt schon auf den ersten Blick faszinierend. Zwar gibt es in den Zimmern des alten Holzhauses nur einen Ventilator, doch sind sie überaus edel ausgestattet.

Der durchaus ansehnliche Strand vor der Anlage besteht aus braunem Sand und ist angenehm breit. Die Tennisplätze gleich dahinter sind sehr gepflegt. An sie schließt sich einer der beiden Swimming-Pools an – der andere wurde neben dem Neubau mit seinen klimatisierten Räumen angelegt. Der ganze Komplex wird von hohen Palmen und

The Lodge at Pebble Beach

161 Zimmer und Suiten mit Telefon, zweitem Telefon im Bad, Ankleideraum, Kamin, Privat-Bar, Kühlschrank und Kabel-TV; alle Zimmer mit Patio oder Balkon und Meer- oder Gartenblick.

Service

Fünf Restaurants, Salon, Bar, großer beheizter Swimming-Pool mit Kinderbecken im Garten, Einkaufspassage, Tennis- und Pro-Shop, Konferenzräume, Air Service zu Flughäfen Los Angeles und San Francisco.

Aktivitäten

Vier 18-Loch-Golfplätze, 12 Tennisplätze, Hochseefischen, Reitstall, Jagen, Aerobic, Massage, Sauna, Fitnesscenter, Wandern, Radfahren am 17-Mile-Drive.

Unterhaltung

Keyboard-Entertainment, Jazzabende, am Wochenende Live-Musik; jeweils im Januar wird eines der berühmtesten Golf-Turniere der Welt veranstaltet.

The Lodge at Pebble Beach
17-Mile Drive, Pebble Beach,
California 93953
Tel. 001/408/62 43 811
Fax 001/408/62 58 592

Auch „The Lodge at Pebble Beach" beim nördlich gelegenen Monterey ist eigentlich kein klassisches Strandhotel. Dafür ist der Strand an dem vom Hauptgebäude recht weit entfernten Beach Club einfach zu klein. An anderen Stellen schlägt der Pazifik an den Felsstrand der Anlage. Dafür blickt man vom Hotel aus aber auf den langgezogenen Sandstrand von Carmel, zu dem es auch täglich Transportmöglichkeiten gibt.

„The Lodge" zählt aber auf jeden Fall zu den feinsten Adressen an der gesamten amerikanischen Pazifikküste. Berühmte Persönlichkeiten des öffentlichen Lebens sind dort eigentlich ständig Stammgäste. Zudem gilt es als einer der weltweit berühmtesten Treffpunkte für Freunde des Golfsports, da die 18-Loch-Anlagen mit ungemein viel Raffinesse gestaltet wurden. Darüber hinaus stehen auch zwölf Tennisplätze zur Verfügung. Als kleine Entschädigung für entgangene Strandfreuden lockt ein großer Swimming-Pool. Die Zimmer und Suiten sind geschmackvoll mit erlesenen Einrichtungsgegenständen ausgestattet – schließlich ist das „Lodge" nicht ohne Grund ein beliebtes Urlaubsziel vieler Millionäre. Allerdings sollte man dieses exklusive Golf- und Strandhotel nicht vor Mai besuchen, damit auch garantiert die Sonne scheint.

Tradition und Moderne gehen im Del Coronado eine faszinierende Symbiose ein. Das Hotel ist längst ein Wahrzeichen San Diegos.

blühenden Büschen eingerahmt. Allerdings ist das Del Coronado kein Strandhotel im üblichen Sinne, denn fast das ganze Jahr über werden dort Kongresse veranstaltet und Tagungen abgehalten. Trotzdem ist ein Besuch durchaus lohnenswert, spürt man dort doch noch etwas von dem süßen Flair längst vergangener Tage.

„The Lodge" gilt als einer der weltweit berühmtesten Treffpunkte für Freunde des Golfsports.

Anreise

Für die Florida-Reisenden empfiehlt sich ein Direktflug nach Miami oder Orlando. Von dort geht es weiter nach Palm Beach, zu den Flughäfen Naples und Ft. Myers (auch direkt erreichbar) an der Golfküste. Die Besucher von Georgia sollten über Savannah oder Jacksonville anreisen. Die in Kalifornien genannten Hotels erreicht man am günstigsten über Los Angeles und San Diego.

Auskunft

Fremdenverkehrsamt der USA, Bethmannstr. 56, 60311 Frankfurt, Tel. 069/92 00 36 16, Fax 069/29 41 73. Speziell für Florida: Florida, Department of Commerce, Divison of Tourism, Schillerstr. 10, 60313 Frankfurt, Tel. 069/13 10 732, Fax 069/13 10 647. Vor Ort gibt es unzählige Tourist-Center.

Einreise-Formalitäten

Ein gültiger Paß ist ausreichend.

Elektrizität

110 Volt.

Essen und Trinken

Die Kochkunst in Miami wird längst von den zugewanderten Nationalitäten bestimmt. Kreolische, mexikanische und asiatische Restaurants bieten Gerichte in einer Qualität, die sich sehen lassen kann. An Floridas Golfküste sind wirklich gute Restaurants und lokale Spezialitäten eher selten zu finden, was ebenso auf Georgia zutrifft. Allein das King-Charles-Restaurant in St. Petersburg (Golfküste) lohnt eine längere Anreise. Es wurde mehrmals von Gourmet-Magazinen gekrönt. Außer durch typisch amerikanische und internationale Restaurants besticht San Diego durch unzählige einfache, aber auch noble Gasthäuser mit mexikanischer Küche.

Einkaufen

Miami ist unbestritten Floridas Einkaufsparadies. Zahllose Geschäfte bieten ein kaum faßbares Warenangebot. Besuchen sollte man auf jeden Fall das Shopping Center Bal Harbour. Gäste in San Diego müssen einen Blick in die Ortsteile „La Jolla" (für Kleidung und Accessoires) und „The Village" (Kunst, Antiquitäten) werfen.

Unternehmungen

Amerika ist ein Erlebnisland. Alle sehenswerten Dinge aufzuzählen, ist somit unmöglich. In Florida darf man aber die Everglades nicht verpassen. Sehenswert ist auch der Art Deco District von Miami sowie das dortige Sea Aquarium. In Orlando an der Golfküste zeigen sich die USA

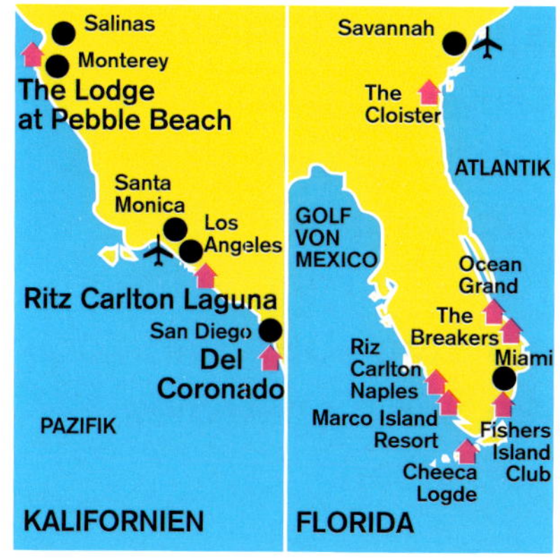

von ihrer verspielten Seite: Disney World und Sea World. Auch in San Diego gibt es eine Sea World mit sensationellen Vorführungen. Zugleich liegt 50 Kilometer nordöstlich von der Stadt der 800 Hektar große Wild Animal Park. Gäste in Monterey sollten den sogenannten „17 Miles Drive" nicht verpassen, nach Ansicht der Amerikaner das eindrucksvollste Stück Straße der Welt.

Fotografieren

Allein schon wegen des Preisniveaus sollte man Filme mitbringen.

Geld

Mark in US-Dollar tauscht man am günstigsten schon in der Bundesrepublik Deutschland. Kreditkarten sind überall geläufig.

Kleidung

Alle genannten Hotels erwarten zum Lunch und Dinner gepflegte Garderobe. Ansonsten reicht vor allem in Florida und Südkalifornien leichte Freizeitbekleidung. Im kühleren Georgia sollte man wärmere Garderobe einpacken.

Sport

San Diego gilt als Welthauptstadt des Sports. Alles, aber auch wirklich alles ist dort möglich! Dies trifft in abgemilderter Form auch auf Florida zu. Tennis-Freunde finden bei Sanibel an der Golfküste das Center von Jimmy Connors.

Sprache

Natürlich wird Englisch gesprochen.

Transport

Das öffentliche Verkehrsnetz (Busse) ist eigentlich überall eher bescheiden. Zudem: Bei den großen Entfernungen sollte man besser auf das Flugzeug zurückgreifen. Eine Alternative sind Mietwagen.

Klima

In Miami ist es zwischen Oktober und Februar am Tage etwa 24 Grad warm. Mit 768 aufeinanderfolgenden Sonnentagen hat sich die Golfküste Floridas in das Guinness-Buch der Rekorde eingetragen. Die Durchschnittstemperaturen in den Sommermonaten liegen in Georgia und Südkalifornien zwischen 25-26 Grad.

Jan.	Feb.	Mrch.	Apr.	May	June	July	Aug.	Sept.	Oct.	Nov.	Dec.	
18	19	20	22	23	25	28	29	28	25	23	19	○
7	8	9	11	13	15	16	17	16	13	11	9	☾
7	8	9	8	9	9	11	11	9	7	8	8	☼
14	14	15	15	16	18	19	20	19	18	17	15	≋
4	3	4	3	1	0	0	0	0	1	3	4	☂

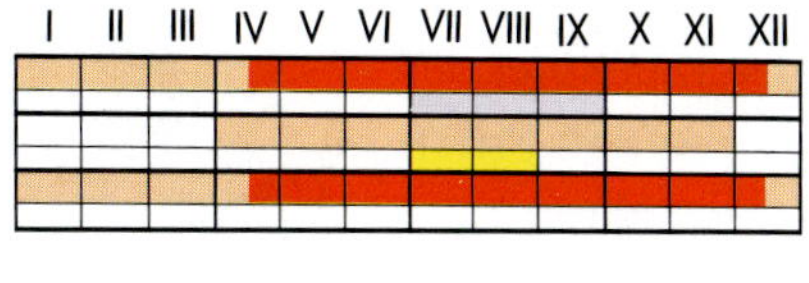

Speiende Vulkane, ewiger Schnee, glasklares Wasser und Gastfreundschaft – Hawaii ist schon lange ein Stück USA und doch ein Südseeparadies geblieben.

Ewiger Sommer, lachende Hula-Mädchen, waghalsige Wellenreiter, die gastfreundliche Begrüßungsformel „Aloha", grün bewachsene Vulkane hinter weißen Sandstränden und ein in allen Blautönen schimmerndes Meer – Hawaii entspricht durchaus den gängigen Südsee-Klischees. Die acht großen und 26 kleineren Inseln des Archipels sind jedoch zugleich ein Stück Amerika. Schon seit 1820 üben die Vereinigten Staaten Einfluß auf die Inselgruppe aus, vom Jahre 1900 an galt sie als US-Territorium, und 1959 wurde sie zum fünfzigsten Bundesstaat der USA.

Der europäische Entdecker James Cook staunte 1778 noch über die nackten jungen Männer, die auf schmalen Brettern die heftigen Wogen des Meeres bezwangen. Damals galt Wellenreiten als königliches Spiel. Heute ist es unter dem Namen Surfen der beliebteste Wassersport in ganz Amerika. Honolulu und Waikiki Beach sind ebenso wie Pearl Harbour Teil der jungen US-Vergangenheit. Elvis Presley hat das Vibrato- und Glissandospiel der Hawaii-Gitarre zu einem Stück Musikgeschichte gemacht.

Der Strand von Waikiki zählt zu den berühmtesten der Welt. Nicht weit davon entfernt bietet Honolulu diverse Einkaufszentren und Restaurants. Allerdings gibt es auf der Insel Oahu auch noch viele verträumte Ecken mit romantischer Holzhaus-Architektur (oben).

„We all live in America“ komponierte George Gershwin – auch auf Hawaii trifft das zu.

Doch Hawaii ist nicht amerikanischer als Amerika! Auf der kleinen Inselgruppe finden sich Vielfalt, Unermeßlichkeit und ein Neben- und Miteinander wie in den USA. Polynesier, Chinesen, Japaner, Portugiesen, Amerikaner und viele andere Nationalitäten haben sich auf dem Archipel zu einem bunten Völkergemisch vereint. Rassenprobleme wie etwa auf den Fiji-Inseln kennt Hawaii nicht. Auch wenn viele alte Traditionen längst verschüttet wurden, sind die polynesischen Tugenden Toleranz, Offenherzigkeit und Freundlichkeit noch immer gegenwärtig. Die Bewohner des Archipels scheinen sich auf einen gemeinsamen Nenner geeinigt zu haben: Südseefreuden sind auf Hawaii für alle da.

Traditionelle Werte sind auch auf Hawaii noch gegenwärtig. Sie äußern sich zum Beispiel im Blumenschmuck und in der Kleidung.

Royal Hawaiian Hotel

525 Zimmer und 50 Suiten mit Balkon, Aircondition, Telefon, Radio, Farb-TV, Video, Kühlschrank, Minibar, Safe.

Service

Zwei Restaurants, Bar, ein Swimming-Pool, Beauty, Friseur, Reisebüro, 20 Geschäfte auf dem Hotelgelände, Kreditkarten, Mietwagen, Limousinen-Service.

Aktivitäten

18-Loch-Golfplatz in sechs Kilometern Entfernung, Paddeln, Segeln, Surfen, Tauchen, Hochseefischen, Wasserski, Tennis, Fitnesscenter.

Unterhaltung

Jeden Abend Hawaii-Entertainment, „Sunset"-Bar.

Royal Hawaiian Hotel
2259 Kalakaua Avenue, Honolulu,
Oahu, HI 96815
Tel. 001/808/92 37 311
Fax 001/808/92 47 098

Waikiki Beach auf der Insel Oahu ist der wohl berühmteste Strand auf amerikanischem Territorium und Inbegriff des verlorengegangenen Südseetraums. Wer im Zentrum von all diesem Jubel und Trubel wohnen möchte, der sollte sich für das Royal Hawaiian entscheiden. Schon durch seine verspielte Architektur unterscheidet sich das Sheraton-Hotel mit dem königlichen Namen von der Gesichtslosigkeit anderer Häuser an diesem Strand. Ein weiterer Pluspunkt sind die bequemen Liegen, die die Hotelgäste hinter einer Absperrung vorfinden. Eine gute Möglichkeit also, pulsierendes Strandleben mit geruhsamen Stunden im Ambiente

eines luxuriösen „Pink Palace" zu kombinieren. Die Zimmer sind mit allem ausgestattet, was für ein Haus dieser Klasse selbstverständlich ist. Empfehlenswert sind vor allem die Pool-Duplex-

Halekulani Hotel

456 renovierte Zimmer und Suiten mit Telefon, TV, Klimaanlage, Minibar, Balkon mit Garten oder Meerblick.

Service

Drei Restaurants, drei Bars, Coffeeshop, Swimming-Pool mit Sonnenterrasse, Konferenzräume, 24 Stunden-Zimmerservice, Boutique, Friseur, Kreditkarten, Mietwagen, Airport-Transport.

Aktivitäten

Surfen, Windsurfen, Segeln, Schnorcheln, Tauchen, Fitnessgeräte; Golf und Tennis kann vom Hotel organisiert werden; Kinderprogramme.

Unterhaltung

Jeden Abend Hawaii-Musik und Hula unter dem 100 Jahre alten Kiawe-Baum.

Halekulani Hotel
2199 Kalia Road, Honolulu,
Oahu, HI 96815
Tel. 001/808/92 32 311
Fax 001/808/92 68 004

Eines der optisch prachtvollsten Häuser am spektakulären Waikiki Beach ist das Halekulani. Das in japanischem Besitz befindliche Hotel ist aufgrund seiner individuellen Atmosphäre und des persönlichen Services vor allem bei europäischen Gästen beliebt. Ein weiterer Grund für seine Anziehungskraft ist neben dem Ambiente sicherlich die exzellente Küche des Halekulani sowie seine zentrale Lage am Waikiki-Strand.

Die 456 Zimmer und Suiten strahlen seit der letzten Verschönerung Ende 1993 neue Eleganz aus. Von den Balkons der luxuriösen Räume blickt man entweder auf das Meer oder auf einen gepflegten Garten, der das Hotel umgibt. Den besten Blick bieten die 69 Diamond Head Suites. Attraktiv für das Auge ist zudem

der ovale Swimming-Pool direkt am Strand. Ein großes Mosaik in Form einer Orchideen-Blüte auf seinem Boden deutet die Orchideenpracht der Hawaii-Inseln an. Die drei Restaurants in unmittelbarer Nähe des großzü-

Das Royal Hawaiian unterscheidet sich allein schon durch seine Architektur von den anderen Hotels am 2000 Meter langen Waikiki-Strand. Gleich hinter der Skyline der Hochhäuser recken sich mit Vegetation überwucherte Vulkanberge gegen den Himmel.

Suiten mit ihren romantischen Treppenaufgängen zwischen Wohn- und Schlafzimmer. Neben einem reichen Sportangebot gibt es auch jeden Abend ein Programm mit Hawaii-Elementen.

Das Halekulani ist vor allem durch seine ausgezeichneten Restaurants weltweit berühmt geworden: kulinarische Genüsse in prachtvoller Umgebung.

gigen Swimming-Pools haben ihren eigenen, unnachahmlichen Charakter. Trotz seiner Größe weist sich das Halekulani mitten im Herzen von Waikiki durch seine idyllische, ruhige Atmosphäre aus.

Wer dem Trubel des Waikiki Beach entgehen möchte, sollte sich für das etwa acht Kilometer entfernte Kahala Hilton Hotel entscheiden. Der feinsandige, gelbe Strand vor dem mehrstöckigen Hotelgebäude liegt an einer Privat-Lagune, in der sich Delphine tummeln. Das luxuriöse Haus zieht Gäste aus allen Teilen der Welt an.

Ein großer Swimming-Pool liegt inmitten des tropischen Hotelgartens. Aus den komfortabel eingerichteten Zimmern blickt man entweder auf diesen Garten oder auf die Lagune. Für Wassersport-Freunde hat das Kahala ein umfangreiches Programm zusammengestellt. Tennisplätze und eine Golfanlage liegen nur wenige Minuten vom Hotel entfernt. Drei Restaurants, verschiedene Bars, mehrere Läden sowie ein Nachtclub komplettieren das Angebot des Kahala. Da das Hotel über einen Bus-Service zum Waikiki Beach verfügt, können die Gäste sowohl die abgeschiedene Lage als auch das Strandleben von Waikiki genießen.

Delphine spielen in der privaten Lagune vor dem Kahala Hilton.

Kahala Hilton Hotel

370 Zimmer und Suiten mit Klimaanlage, Telefon, Radio, TV; ein Teil der Zimmer verfügt über einen eigenen Balkon.

Service

Swimming-Pool im Hotelgarten, drei Restaurants, drei Bars, Coffeeshop, Salons, Boutiquen, Gesellschaftsräume, Friseur, Massagen, Kreditkarten, Bus-Service.

Aktivitäten

Segeln, Boote, Tauchen, Schnorcheln, Hochseefischen; Zubringerservice zum Golfplatz und zu den Tennisplätzen.

Unterhaltung

Nachtclub, Konzerte, Shows.

Kahala Hilton Hotel
5000 Kahala Avenue,
Honolulu Oahu, HI 96816-5498
Tel. 001/808/7342211
Fax 001/808/7372478

Hyatt Regency Maui

815 Zimmer, davon 32 Suiten. Klimaanlage, Minibar, Safe, TV, Telefon, separate Sitzecke, Balkon mit Blick auf Pazifik, Mauis Berge, Golfplätze oder Garten.

Service

4 Restaurants, 6 Bars/Lounges, Freiluft-Dinner-Theater, 2 Swimming-Pools mit Wasserfällen, Spieleraum, Bibliothek, Kinder- und Teenagerprogramme, großes Konferenzcenter, Mietwagen, Gratis-Shuttle nach Lahaina Town.

Aktivitäten

Swimming-Pools für Wasserball-Spiele, Schnorcheln, Segeln, Tauchen, Kajak, Aerobic, Fitnesscenter, Massage, 6 Tennisplätze, zwei 18-Loch-Golfplätze in der Nähe,

Unterhaltung

Hawaii-Shows, Sterne beobachten, organisierte Ausflüge

Hyatt Regency Maui
200 Nohea Kai Drive
Lahaina, Maui,
Hawaii 96761-1985 USA
Tel. 001/808/66 11 234
Fax 001/808/23 31 234

Im diesem tropischen Hotelgarten trifft man auf Pinguine, Schwäne, Flamingos, bunte Papageien und bunte Fische. Neun große Wasserfälle gliedern die Gartenanlage und massive Natursteine wechseln sich mit täuschend echt aussehenden Felsimitationenab. Im großen Swimmingpool verbirgt sich eine Grotte für Verliebte, die zum „in die Sterne-gucken" aber lieber aufs Dach des 19stöckigen Gebäudes steigen sollten: Dort stehen riesige Teleskope. Kurz: das 815 Zimmer große Hyatt Regency Hotel am Ka'anapali Strand der Insel Maui bietet für jeden Geschmack etwas.

Die Vielfalt an Restaurants, Bars und Pools stellt hier schon ein eigenständiges, stundenfüllendes Programm dar. Die Küche serviert alle kulinarischen Trends zwischen Frankreich, Italien, Polynesien und Amerika. Empfehlenswert: Restaurantplatz mit „Sonnenuntergangs-Garantie" wählen! Und wer's noch romantischer mag, aber noch nicht verheiratet ist: Das Hyatt Regency bietet „Wedding Packages filled with Aloha".

Die üppige Vegetation eines tropischen Gartens umgibt das Hyatt Regency.

An der abgeschiedenen Ostküste von Maui, nur nach zweistündiger Fahrt über eine kurvenreiche Straße oder per Flug erreichbar, liegt das Hotel Hana-Maui. Es ist Teil der riesigen Hana Ranch und wurde 1946 im hawaiianischen

Die Attraktion des frisch renovierten Westin Maui sind die Swimming-Pools. Die Anlage liegt direkt an einem der populärsten Strände der Insel Maui.

Der populärste Strand auf Maui ist sicher der Kaanapali Beach. Obwohl hier mehrere Hotels stehen, hat der Gast aufgrund der Größe des Strandes doch nie das Gefühl von Massentourismus. Von besonderem Vorteil ist, daß

Zu den Cottages des Hana Maui gehören eigene Terrassen und Gärten.

Hütten-Stil als „Kauiki Inn" erbaut. Von einem 10-Zimmer-Hotelchen wuchs es auf 96 Zimmer. Trotzdem ist es noch ein beliebtes Ziel für Honeymooners.

Vor wenigen Jahren wurden alle Zimmer völlig renoviert. Der Urlauber heute findet Holz- und Rattanmöbel, großzügige Bäder mit einem kleinen privaten Garten davor und einer Terrasse. In den sieben Cottage-Suiten findet der Gast zudem einen Wohn- und Eßraum, und in den Schlafzimmern stehen Bambus-Betten mit hawaiianischen Decken.

Die Küche ist eine verführerische Mischung aus Pacific Rim, der regionalen Küche Hawaiis, aus amerikanischen und orientalischen Gerichten. Zudem gehören Lunch-Picknicks und Gourmet-Picknicks zum täglichen Angebot.

Exkursionen und Wanderungen in die Natur und alle Sport-Aktivitäten stehen auch Nicht-Hotelgästen zur Verfügung.

Hotel Hana Maui

96 Bungalow-Zimmer mit Deckenventilator, Kühlschrank, Kaffeemaschinen, großen Bädern, privater Garten; Cottages auf Küstenfelsen.

Service

2 Restaurants, Bar, Picknicks, 25 Meter-Swimmingpool, Shops, heimische Kunst-Galerie, Friseur, Mietwagen, Airport-Transport.

Aktivitäten

Tennis, 3-Loch-Übungsgolf, Croquet, Reiten, Radfahren, Schnorcheln, Schwimmen.

Unterhaltung

Organisierte Insel-Ausflüge.

Hotel Hana Maui
at Hana Ranch
Hana, Maui,
Hawaii 96 713-00 08
Tel. 001/808/24 88 211

das Bergmassiv die Regenwolken abhält und an diesem Strand somit fast immer die Südsee-Sonne scheint.

Bestes Hotel an diesem braunen Sandstrand ist das Westin Maui. Zentraler Ort des Hotels ist heute die riesige Swimming-Pool-Anlage mit fünf Becken. Sie liegt im Herzen eines tropischen Gartens. Brücken sowie kleine Wasserfälle verleihen diesem Szenario eine romantische Atmosphäre.

Die Zimmer verteilen sich auf zwei Wohngebäude. Alle Räume verfügen über einen Balkon, von dem aus der Gast auf den Garten oder das Meer mit seinen oftmals riesigen Wellen schaut.

Das Sportangebot wurde im Rahmen der jüngsten Renovierungsarbeiten ergänzt, so daß heute zwei Tennisplätze zur Verfügung stehen. In unmittelbarer Nähe des Westin Maui liegen auch zwei Robert-Trent-Jones-Golfplätze. Diverse Wassersportarten sowie ein Fitness-Zentrum mit Sauna und Whirlpool komplettieren das Angebot für die Freunde des Aktiv-Urlaubs.

Westin Maui Hotel

761 Zimmer und 28 Suiten mit Klimaanlage, Telefon, TV, Radio, Privat-Bar, Balkon mit Garten- oder Meerblick.

Service

Drei Restaurants, vier Bars, fünf Swimming-Pools im Garten, Coffeeshop, Boutique, Friseur, Mietwagen.

Aktivitäten

Zwei Tennisplätze, Surfen, Windsurfen, Schnorcheln, Tauchen, zwei Golfplätze in der Nähe.

Unterhaltung

Cocktail-Partys, organisierte Ausflüge.

Westin Maui Hotel
2365 Kaanapali Pkwy.,
Lahaina Maui, H96761
Tel. 001/808/66 72 525
Fax 001/808/66 15 831

Mauna Lani Bay Hotel and Bungalows

350 Zimmer mit Safe, Minibar, Radio, Klimaanlage; 5 Privat-Bungalows mit eigener Zufahrt, Swimming-Pool, Whirlpool und 24 Stunden Butler-Service.

Service
6 Restaurants, Swimmingpool, Beauty, Shops, Kinderbetreuung, Wäscherei, Mietwagen, Airport-Transport.

Aktivitäten
Tauchen, Segeln, Schnorcheln, Windsurfen, Wellenreiten, Hochseefischen, Kreuzfahrten, Glasboot-Touren, Fitnesscenter, Massage, Sauna, 10 Tennisplätze, zwei 18-Loch-Golfplätze von Weltklasse.

Unterhaltung
Kurse im Hula-Tanz, Lei-Binden.

Mauna Lani Bay Hotel and Bungalows
P.O. Box 4000
One Mauna Lani Drive
Kohala Coast
Hawaii 96743-4000
Tel. 001/808/8856622

Das Mauna Lani Bay gehört zu den Lieblingsresorts der Amerikaner, aber auch immer mehr Europäer entdecken das Allround-Angebot dieses Leading Hotels an der Kohala-Küste auf Big Island. Trotz stereotyper Bauweise haben fast alle Zimmer Blick auf den Strand und das Meer. Aufmerksame girls and boys richten den Liegestuhl her und fragen regelmäßig nach den Getränke-Wünschen. Ein Bad im herrlich blauen und warmen Wasser versüßt das Leben an einem der begehrtesten Hawaii-Strände.

Ins Gedächtnis der Golfer hat sich das Resort ohnehin eingeschrieben: Die beiden 18-Loch-Championship-Plätze besitzen Weltruf: Zwischen erstarrter Lava, Sanddünen und Meeresklippen wandelt sich der sonst so ruhig wirkende Sport zum Wechselbad der Gefühle. Doch auch beim Tennis setzt das Mauna Lani Akzente: Als eines von zwei Hotels auf ganz Hawaii bietet es zwei Gras-Plätze an.

Die Zimmer entsprechen modernem Komfort, die Einrichtung in hellen Pastellfarben wirkt freundlich. Den Superlative sucht und findet man in den fünf pri-

Teenager entdecken auf organisierten Trips die Biotope der Umgebung.

Eine der schönsten Buchten der Kohala-Küste und zwei Golfplätze von Weltruf rahmen das Mauna Lani Bay Hotel ein.

vaten Bungalows, die sich am Rande des Flügels gruppieren. Mit einer eigenen Zufahrt, privatem Pool direkt am Strand, einem persönlichen Butler und einem abrufbaren Koch stellen sie das Refugium für Schauspieler, Sänger und Politiker dar.

Die Küche ist aber auch ein Genuß, wenn man in einem der sechs Restaurants diniert. Top in Leistung und Service: „The Canoe House", dem jetzt das „Le Soleil" auf den Fersen folgt. Dort kocht Alan Wong; er gilt als Pionier der Pacific Rim Cuisine, der typischen hawaiianischen Küche, in die sich fernöstliche, mexikanische und mediterrane Noten mischen. Ein Muß im Mauna Lani Bay ist der Fisch: das Hotel besitzt eine eigene Zucht gleich nebenan, am Rande der Badebucht.

Anreise
Direktflüge von Frankfurt aus nach Honolulu sind möglich. Prüfen sollte man Flugmöglichkeiten über Los Angeles, San Francisco oder Vancouver/Kanada.

Auskunft
Fremdenverkehrsamt der USA, Bethmannstr. 56, 60311 Frankfurt, Tel. 069/92 00 36 16, Fax 069/29 41 73. Vor Ort: Honolulu Administrative Office, Suite 801, Waikiki Business Plaza, 2270 Kalakaua Avenue, Honolulu, Hawaii 96 815, Tel. 001/808/92 31 811, Fax 001/808/92 28 991.

Einreise-Formalitäten
Ein gültiger Paß ist ausreichend.

Elektrizität
110 Volt, amerikanische Flachstecker.

Essen und Trinken
Alle genannten Inseln bieten neben der guten Küche in den Hotels auch vorzügliche Restaurants. Das Spektrum reicht dabei von französischen bis zu chinesischen Kochkünsten. Im Trend: Die Regionalküche „Pacific Rim Cuisine". Der traditionelle Festschmaus von Hawaii nennt sich Luau. Schweinefleisch, Hühner und Gemüse werden auf heiße Steine gelegt, mit Bananenblättern sowie Sand bedeckt und so gegart.

Einkaufen
Die berühmten Hawaiihemden sind mittlerweile leider zumeist aus Polyester. Buntbedruckte Hemden aus Seide finden sich allerdings noch in Kihei auf Maui auf dem sonntäglichen Flohmarkt. In Honolulu lockt das Ala Moana Shopping Center mit mehr als 150 Geschäften.

Unternehmungen
Auf Oahu sollte man auf keinen Fall einen Ausflug zu den Sacred Falls im Nordwesten der Insel versäumen. Die Wasserfälle gelten als Behausung des Gottes Kampuaa. Weiter nördlich gibt es ein „Polynesian Cultural Center" mit nachgebildeten Südsee-Dörfern. Im Bishop-Museum (Honolulu) kann man zudem Einblick in die polynesische Kulturgeschichte gewinnen. Amerikanische Kulturgeschichte gibt es dann im Mitsukoshi Building zu bestaunen: Ein Elvis-Presley-Museum wurde dort eingerichtet. Auf Maui lockt vor allem die Landschaft, die bei einer Inselrundfahrt immer wieder grandiose Ausblicke gewährt. Besuchen sollte man auch die „Seven Pools", Wasserfälle inmitten exotischer Pflanzen. Lahaina, ehemals wichtigster Walfänger-Hafen im pazifischen Raum, bereitet diese Tradition heute in einem Freilichtmuseum auf. Die Insel Hawaii bietet mit dem Kilauea-Krater im 860 Quadratkilometer großen Nationalpark ein unvergleichliches Naturschauspiel. Auf dem Mauna Kea-Gebirge liegt ewiger Schnee, und man kann dort sogar Ski laufen. Die überaus grüne Insel Kauai wird im Nordwesten von einem großen Canyon durchschnitten. Organisierte Reisen führen dort zum Kalalau-Aussichtspunkt, der einen der schönsten Panoramaausblicke der Welt bietet.

Klima
Ganzjährig liegen die Temperaturen zwischen 25 und 28 Grad. In den Wintermonaten regnet es häufiger.

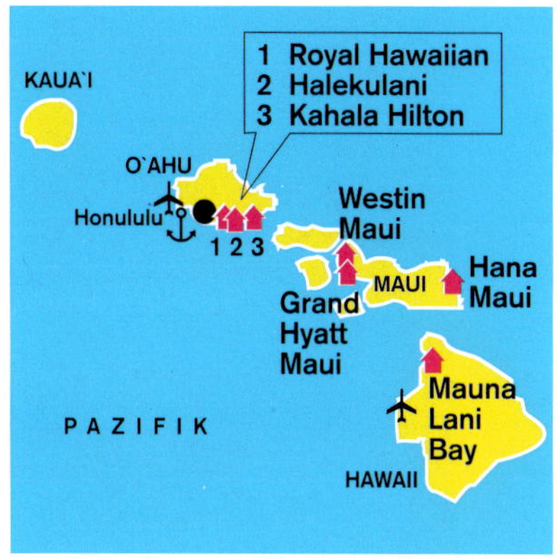

Fotografieren
Filme sollte man mitbringen. Niemand hat etwas dagegen, abgelichtet zu werden.

Geld
Kreditkarten werden überall akzeptiert.

Kleidung
In den Hotels kleiden sich die Gäste zum Dinner elegant. Ansonsten reicht Freizeitbekleidung.

Sport
Die Hawaii-Inseln sind die Heimat der Wellenreiter. Wegen der starken Brandung finden sie optimale Bedingungen vor. Außerdem treffen sich auf der Insel Oahu jeweils im Oktober die weltbesten Triathlon-Athleten.

Sprache
Gesprochen wird natürlich Englisch.

Transport
Auf Oahu kann man sich auf das öffentliche Bussystem verlassen. Ansonsten lohnt es sich, einen Mietwagen oder ein Moped zu leihen. Wer mehrere Inseln besuchen möchte, sollte sich nach Kombinations-Angeboten (Flug und Mietwagen) erkundigen.

Jan.	Feb.	Mrch.	Apr.	May	June	July	Aug.	Sept.	Oct.	Nov.	Dec.	
25	25	25	25	26	27	28	28	28	28	27	25	○
19	19	20	20	21	22	23	23	23	23	21	20	☾
7	8	8	9	9	9	9	9	9	8	8	6	☼
24	24	24	25	26	26	27	27	27	27	26	25	≋
8	5	6	5	3	3	3	3	4	6	6	8	☂

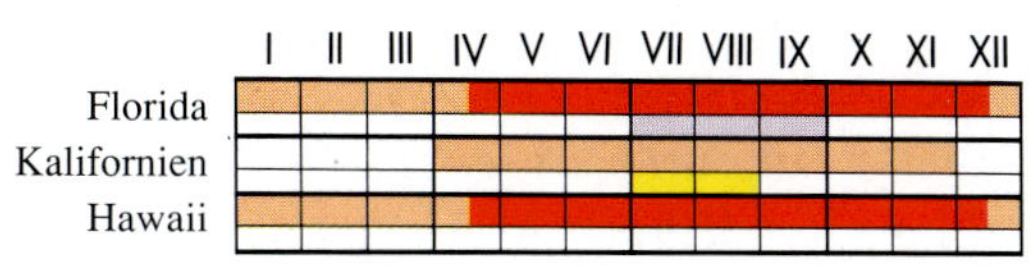

Die Bermudianer haben ihre Inseln dem Massentourismus versperrt. Die Badenden an den prachtvollen Stränden stören sich gegenseitig nicht.

Wassersport pur und in allen erdenklichen Variationen bietet das Inselparadies im Atlantik. In Schlauchbooten lassen sich nicht nur Kinder von den Wellen treiben. Berühmt sind die Bermudas für ihr kristallklares Atlantikwasser.

Eines können die Bermudianer überhaupt nicht leiden: Wenn jemand behauptet, die Bermudas lägen in der Karibik oder gar noch die Bermudas mit den Bahamas verwechseln. Diese Steueroase mit ihren paradiesischen Inseln liegt mitten im Atlantik, 1000 Kilometer vor der Ostküste der USA.

Der Archipel im Golfstrom besteht aus sieben größeren und über 300 kleinere und Kleinst-Inseln. Die sieben größten sind durch Dämme und Brücken miteinander verbunden. Dieses Netzwerk ist 35 Kilometer lang und nie breiter als 1,5 bis zwei Kilometer, so daß kein Haus weiter als einen Kilometer vom Meer entfernt ist.

Der spanische Seefahrer Juan de Bermudez entdeckte die Inseln 1503. Rund hundert Jahre später, 1609, strandete der Engländer Sir George Somers auf dem Weg nach Amerika vor den Bermudas – und blieb. Seither prägt der britische Einfluß das Leben der seit 1968 autonomen Kronkolonie: Linksverkehr, rote Briefkästen, Polizisten mit Bobby-Helm, der Fünf-Uhr-Tee und die engliche Höflichkeit sind allgegenwärtig. Wer entlang der ehemaligen Inselbahn, dem „Railway trail“ spaziert, fühlt sich angesichts der kleinen Landkirchen und gepflegten Strandpromenaden an einen südenglischen Badeort erinnert.

Die Einwohner Bermudas zahlen keine Steuern. Wer jedoch als Ausländer in den Genuß der Steu-

erfreiheit kommen will, muß sich erst einmal mit einer Million Dollar einkaufen. Das verringert den Zuzug. Man setzt auf Exklusivität – auch im Tourismus.

Es gibt rund 8500 Gästebetten auf den Bermudas. Und ein neues Hotel darf erst gebaut werden, wenn ein Hotel gleicher Größe schließt. Auch Kreuzfahrtschiffe dürfen nicht mehr als viermal pro Woche anlegen. Zudem zahlt jeder Kreuzfahrer noch 60 Dollar „Eintritt".

Überhaupt geben die Bermudianer viel Geld dafür aus, daß alles so bleibt wie es ist, und daß Zivilisationseinflüsse das Inselparadies nicht zerstören. Die Straßenverkehrsordnung bis 1946 läßt sich kurz zusammenfassen: Jedes Motorfahrzeug, das auf die Insel kommt, wird konfisziert. Auch heute gibt es außer einigen Taxen, Kranken- und Feuerwehrwagen nur ein Fahrzeug pro Familie. Es gilt ein generelles Tempolimit von 32 km/h, und Raser landen sehr schnell für einige Monate im Gefängnis – allerdings mit Meerblick.

Bermuda ist ein subtropischer Garten, umspült von warmen, kristallklarem Meerwasser

Bekannter als die Insel selbst ist die Hose, die ihren Namen trägt. Allerdings würde ein echter Bermudianer die sogenannten Bermuda-Shorts meistens nicht anziehen, weil diese den Vorschriften nicht entsprechen: Eine echte Bermuda endet drei Inches über dem Knie; dazu werden passende Kniestrümpfe mit Umschlag getragen, die ihrerseits drei Inches unter dem Knie enden. Macht sechs Inches Beinfreiheit, mehr wäre frivol. Last, but not least hat die echte Bermuda einen Saum von drei Inches, damit die Bügelfalte besser hält.

Cambridge Beaches

82 individuelle Zimmer und Suiten, alle renoviert mit Terasse und überwiegend Meerblick.

Service

2 Restaurants (leger und formell), Dinneraustausch mit 6 anderen Restaurants, Lunchservice und Picknick am Strand oder Pool, Meerwasserpool, 5 private Buchten, keine Kreditkarten.

Aktivitäten

Gesundheits- und Schönheitszentrum europäischen Formats, Croquet, Putting Green, 3 Tennisplätze (einer mit Flutlicht), Schnorcheln, Segeln, Windsurfen, Kanu, Tauchen, Fischen, Moped- und Radverleih, Golfplatz in der Nähe.

Unterhaltung

Während der Saison jeden Abend spezielle Cruises und Tanz.

Cambridge Beaches
Kings Point
Somerset, Bermuda, MA 02
Tel. 001/809/23 40 331
Fax 001/809/23 43 352

Dieses Hideaway versteckt sich in einer langgezogenen, dicht bewachsenen Halbinsel am westlichen Ende von Bermuda, in der Nähe des Dorfes Somerset. Fünf Sandbuchten umarmen dieses Refugium mit den kleinen pinkfarbenen Steinhütten. Das Cambridge Beaches hat Geschichte. Das Main House ist schon 300 Jahre alt, und sein antikes, ehrwürdiges Mobiliar mit den tiefen Bibliotheksesseln, der Kaminbar und der kontinentalen Küche ergibt alles im allem ein sehr gediegenes, europäisches Landhaus-Ambiente.

Die Wohn- und Schlafräume mit ihren großblumigen Dekoren und schweren Stoffen ähneln dann auch eher dem privatem Zuhause denn einem Hotel. Zu diesem Hauch romantischem Landleben gesellen sich der karibische „Sonnenuntergang“, der „Sonnenaufgang“ oder die „Schildkrötenhöhle“. Das sind auch Namen für die luxuriösen Cambridge Suiten. Dieses Resort ist ein Zufluchtsort, obwohl es selbst Möglichkeiten bietet, von neuem zu entfliehen. Jeden Tag kann man sich aus der großen

Southhampton Princess Hotel

600 Zimmer inklusive 37 Suiten mit Klimaanlage, Telefon, Radio, Sateliten-TV, Meerblick und Balkon.

Service

7 Restaurants, 2 Bars, 14 Konferenzräume, Fitness Center, Shoppingarkade, Beauty, Babysitting, Mopedverleih, Wäscherei, Kreditkarten

Aktivitäten

18-Loch-Golfplatz, 11 Tennisplätze (3 mit Flutlicht), 2 Swimming-Pools, privater Strand mit Beach Club, alle Wassersportarten,

Southampton Princess Hotel
P.O. Box HM 1379,
Hamilton 5, Bermuda, HMFX
Tel. 001/809/23 88 000
Fax 001/809/23 88 245

Das Southhampton Princess gehört zu den Leading Hotels, bei denen man auch im Tennistreff noch schick aussehen sollte – aber das legendäre Hotel gilt ja ohnehin als ein Sportler-Paradies. Immerhin erwarten ihn ein 18-Loch-Golfplatz, der zu den besten der Welt zählt, elf Allwetter-Tennisplätze und natürlich die passenden Tennisprofis und Golf-Pros, die selbst den Anfänger zum Champion zu trimmen vermögen.

Auch das Wasser bietet das ideale Form für ungebremsten Wassersport. In dem herrlich türkis-blau schimmernden Naß darf man segeln, schnorcheln, baden, tauchen – alles, was das Herz begehrt. Getrennt durch ein Fel-

Das Southhampton Princess atmet britischen Geist

Die Ruhe eines europäischen Landhauses, die Sportmöglichkeiten der Karibik, dazu Fitness- und Schönheitsprogramme auf dem allerneuesten Stand: das Cambridge Beaches.

Flotte ein neues Boot wählen, ein Rad oder Moped mieten oder sich dem Führer für eine Inseltour anzuschließen.

Als wahrhaft exklusiv, elegant und sehr europäisch darf man das Spa im Cambridge Beaches bezeichnen. Es offeriert neben Schönheitspflege Beratung.

senkliff findet der Urlauber Platz genug an den weißen Puderstränden, die sich unterhalb den Hotelhauptkomplexes und zu Füßen des Tenniscourts entlangschlängeln.

Die Faszination der Karibik läßt aber auch nicht nach, wenn man im Zimmer ist. Während man aus seinem Raum im Hauptgebäude vom Hügel hinab auf die See schaut, taucht die untergehende Sonne das Zimmer in eine sanfte Farbpalette. Man diniert in der über 300 Jahre alten Waterlot Inn, wo einst geheime Pläne für George Washington ausgearbeitet wurden. Nachts blüht das Entertainment im Southhampton Princess. Überall ertönen Musik, Sound und Sensationen.

Anreise
Die Bermudas sind täglich via Atlanta, Philadelphia oder New York sowie mehrmals wöchentlich via London mit Linienflügen zu erreichen. Die Flugzeit von London beträgt sieben Stunden.

Auskunft
Bermuda Department of Tourism, c/o Mangum Management GmbH, Herzogspitalstraße 5, 80331 München, Tel. 089/26 77 20, Fax 089/26 04 009. Vor Ort: Bermuda Department of Tourism, Global House, P.O. Box HM 465, Hamilton HM BX, Bermuda.

Einreise-Formalitäten:
Bei der Einreise wird die Vorlage des Reisepasses und ein Flugschein für die Rückreise verlangt.

Elektrizität
Das Stromnetz ist auf 115 Volt ausgelegt, amerikanische Steckdosen.

Essen und Trinken
Das kulinarische Niveau auf den Bermudas ist durchweg hoch und vielfältig: Die Speisekarten offerieren internationale wie einheimische-exotische Gerichte.

Einkaufen
In der Hauptstadt Hamilton findet man alles. Die Stadt ist stolz darauf, ein Schaufenster der besten Luxusgüter aus aller Welt zu haben.

Unternehmungen
Zu den wichtigsten Veranstaltungen der Inselgruppe gehören die Feiern zum Geburtstag der Königin im Juni mit einer Militärparade. Neben Hamilton sollte man auch die alte Hauptstadt St. George besuchen, das malerische Fort Catherine aus dem Jahre 1613. Von Ely's Harbour kann man mit mit dem Glasbodenboot nach Sea Gardens fahren durch eine farbenprächtige Unterwasserwelt mit Wracks und Korallenbänken. Die Bermudas sind zudem eines der beliebtesten Ziele für Verliebte: Heiraten kann man überall, auch am rosafarbenen Strand.

Fotografieren
Die Höflichkeit gebietet es Touristen, Einheimische vor dem Ablichten zu fragen.

Geld
Offizielles Zahlungmittel ist der Bermuda-Dollar (BD $). Der US-Dollar wird ebenfalls gleichwertig akzeptiert.

Klima
Der Golfstrom hält das Klima temperiert. Es gibt keine Regenzeit. Von Anfang Mai bis Ende Oktober liegen die Temperaturen bei 24 bis 29 Grad Celsius, das Wasser wird 23 bis 27 Grad warm. Im „Winter", zwischen November und April, sind es auch noch 23 bis 20 Grad, und das Wasser hat noch 18 Grad.

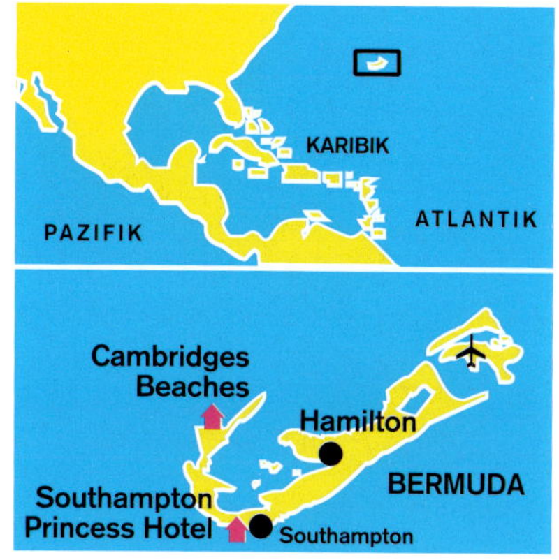

Kleidung
Grundsätzlich gilt die Faustregel: eher konservativ. Tagsüber kleidet man sich im legerem Freizeitlook, abends empfiehlt sich in den feineren Restaurants Jackett und Krawatte.

Sport
Bermuda ist das Paradies für Golfer schlechthin. Es stehen acht Plätze zur Verfügung, die zum Teil von weltbekannten „Architekten" wie Robert Trent Jones entworfen wurden. Aber natürlich bietet auch diese Insel die ganze bunte Palette der Wassersportmöglichkeiten, aber auch Sportarten mit englischer Tradition, z.B. Rugby und Cricket oder Reiten (am Strand!). Von den über 100 Tennisplätzen besitzen viele Flutlicht.

Sprache
Amtssprache ist Englisch.

Transport
Es gibt keinen Autoverleih auf Bermuda. Die Verkehrsregeln sind den britischen angepaßt (Linksverkehr). Mopeds können ohne Führerschein gemietet werden. Die Höchstgeschwindigkeit beträgt 32 km/h. Mit dem Bus sind alle wichtigen Punkte der Inseln zu erreichen. Der Fahrpreis sollte als Münzgeld bereithalten werden. Außerdem können Taxis stundenweise oder nach Kilometer mieten, Pferdekutschen sind halbstündlich mietbar. Die Fähren fahren täglich von und nach Hamilton, Paget, Warwick, Sandys und Somerset.

Jan.	Feb.	Mrch.	Apr.	May	June	July	Aug.	Sept.	Oct.	Nov.	Dec.	
21	20	21	21	24	27	28	29	29	26	23	21	○
16	15	16	16	19	21	23	24	23	21	18	16	☾
8	8	8	8	8	8	9	8	7	7	7	7	☼
17	16	18	18	23	25	27	29	27	25	21	18	≋
8	5	6	7	10	12	14	14	14	12	10	10	☂

USA, Mexiko und Bahamas
Kalifornien
Long Island (New York)
Georgia
Florida
Bermudas (GB)
Bahamas
Mexiko

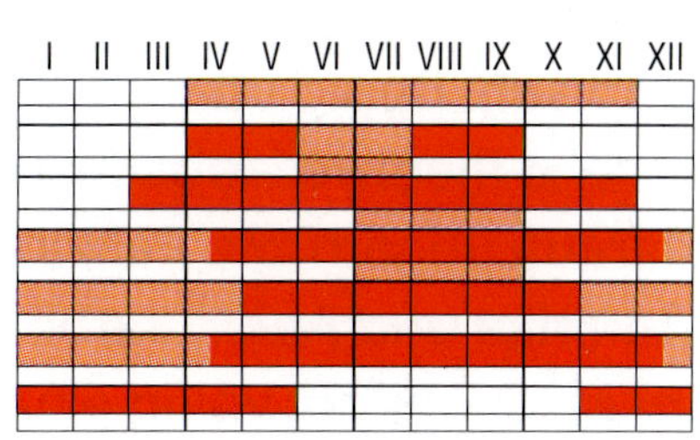

Kaleidoskop erfüllter Träume

Knallbunt und laut, romantisch und verschwiegen, tropisch, üppig und vor allem lebensfroh: Die karibische Inselwelt lebt ihre Gegensätze und schöpft daraus ungetrübte Faszination. Europa, Afrika, Amerika und Asien verbinden sich auf dem Archipel zu einer neuen, völlig einzigartigen Mischung.

Karibik heißt: tropischer Regenwald, endlose Strände, steil aufragende Vulkane oder Korallenriffe in glasklarem Meer. Diese landschaftliche Vielfalt findet ihr Pendant in kultureller Unterschiedlichkeit. Barbados pflegt britisches Understatement, Guadeloupe den französischen Lebensstil, und die Dominikanische Republik gibt sich an manchen Stellen wie das tiefste Kastilien.

Gesprochen wird Englisch, Französisch, Holländisch, sogar Hindi – und natürlich überall das lustig klingende Papiamento, ein ureigenes karibisches Sprachgebräu.

Auch die Charaktere der Menschen im karibischen Kaleidoskop sind vielfältig. Hier vornehme Zurückhaltung, da pulsierende Offenheit – überall afrikanische Ausgelassenheit. Stolz sind diese Menschen, ungezwungen, selbstbewußt und schön. Die Zuversicht trotz allgegenwärtiger Armut, den fröhlichen Charme und die Anmut scheint die ewige Sonne tief in die Herzen der karibischen Völker eingebrannt zu haben – so tief, daß der europäische Besucher ein immer wieder überraschendes Farbenspiel der Gemüter entdeckt.

Dabei waren die 500 Jahre karibischer Geschichte auch immer geprägt von Ausbeutung, Hunger und Haß. Um den Reichtum an Zucker, Kaffee und Gewürzen – um nur einiges zu nennen – für Europa zu erschließen, wurden ganze Völker von Westafrika auf die Inseln „unter und über dem Wind“ verschleppt. Über Jahrhunderte waren die Menschen von allen Kontinenten der eigentliche Reichtum des Archipels, und ihre ethnische Vermischung ist heute eines der großen Wunder der karibischen Inselwelt.

Touristenströme in Nassau, und gleich daneben Stille, Einsamkeit, unbewohnte Inseln – die Bahamas bieten mehr als einen mondänen Ruf.

Phantasielose Hotelburgen, in denen Massenabfertigung regiert, laute Kasinos mit einarmigen Banditen und knallbunten Shows, Steuernischen, Briefkastenfirmen und rund 300 Bankinstitute – es scheint so, als sei die nur 80 Kilometer vor Floridas Küste gelegene Inselgruppe der Bahamas zu einem zweiten Las Vegas heruntergekommen. Doch: Die schrillen Attribute eines nachgeahmten „American way of life" treffen nur auf die Hauptstadt Nassau zu. Die leibhaftige Anwesenheit der Mikkey Mouse würde dort wohl niemanden wirklich ernsthaft verwundern.

Die fast 800 Inseln und rund 2000 Inselchen der Bahamas sind aber allen Unkenrufen zum Trotz weit mehr! Kilometerweite Strände und unberührte Natur auf den touristisch fast unerschlossenen „Family Islands" sind ebenso existent wie die berühmten „Blauen Grotten", die Korallenriffe und eine Hotellerie, die ihresgleichen sucht.

Etwa 12.000 Quadratkilometer groß ist die ehemalige britische Kolonie und der heutige Commonwealth-Staat. Auch wenn die Einnahmen durch den Tourismus mittlerweile zwei Drittel des Bruttosozialprodukts der Bahamas ausmachen, findet dennoch jeder Reisende, der danach sucht, dort romantische Karibik pur.

Columbus sichtete als erstes Stück der Neuen Welt das Bahama-Eiland San Salvador. Doch von der blutigen Geschichte des karibischen Inselbogens blieben

Blendend weiße Strände wie auf der Insel Great Abaco (rechts) machen den Reiz der Bahamas ebenso aus wie erstklassige Hotel- und Golfanlagen.

die Bahamas weitgehend verschont. Nur die goldbeladenen Flotten der europäischen Eroberer hatten mit den Untiefen der Gewässer und den zahlreichen Piraten zu kämpfen. Bis heute liegen noch viele der Schätze versunken im karibischen Meer.

Freundliche und stolze Menschen leben heute auf den Bahamas. Die ihnen angedichtete Arroganz erweist sich bei näherem Hinsehen nur als ausgeprägte Selbstsicherheit. Die Heimat der Familie Bacardi, das Inselreich, in dem Al Capone während der amerikanischen Prohibition Whisky brennen ließ, empfängt die Reisenden aus aller Welt mit offenen Armen und mit Stränden, die mehr halten, als die Prospekte versprechen. Etwa auf der Insel Paradise Island, die ehemals Schweine-Insel hieß und über eine zollpflichtige Brücke zu erreichen ist. Der heutige Name ist allerdings zutreffender, denn an den cremefarbenen Superstränden hätten sich wohl auch Adam und Eva wohlgefühlt.

Neben einem Unterhaltungsangebot wie in Las Vegas lockt Nassau auch mit freundlichen Menschen und verwinkelten Gassen.

Ocean Club Hotel

71 Superior-Zimmer mit Klimaanlage, Telefon, Minibar, Deckenventilator, Safe, Balkon mit Meerblick; vier Suiten, mehrere Villen.

Service
Zwei Restaurants, Bar, großer Pool mit Liegewiese, Salon, Boutique, Airport-Transport. Die Gäste können die Restaurants des nahe gelegenen Paradise Island Resort mit nutzen.

Aktivitäten
Neun Tennisplätze (Sand) mit Flutlicht (tagsüber kostenlos), 18-Loch-Golfplatz in der Nähe, Wasserski, Tauchen, Reiten, Volleyball.

Unterhaltung
Bar, Strand-Barbecue, Kasino und Kabarett in fünf Minuten Entfernung beim Paradise Island Resort.

Ocean Club Hotel
P.O. Box N 4777,
Nassau Paradise Island, Bahamas
Tel. 001/809/36 33 000
Fax 001/809/36 32 424

Direkt am herrlichen Cabbage Beach auf Paradise Island liegt der Ocean Club in einer Parklandschaft im Stile von Versailles. Gleich daneben – welch ein Kontrast! – wurde ein aus Europa importiertes Anglikanerkloster aus dem 14. Jahrhundert Stein für Stein wieder aufgebaut. Ruhe, Abgeschiedenheit, Exklusivität und nicht zuletzt ein weit über die Grenzen der Bahamas hinaus bekanntes Restaurant sind charakteristische Merkmale des Ocean Club.

Die elegant möblierten Zimmer lassen den Blick von Balkon und Terrasse auf das Meer oder die Gartenanlage des Hotels mit ihren Skulpturen frei. Für Familien stehen sogar Villen mit eigenem Whirl-Pool zur Verfügung – eigentlich kaum nötig, denn der langgestreckte Pool erfüllt alle

Wünsche. Luxus und Eleganz in Vollendung bietet auch das Hauptgebäude mit mehreren Springbrunnen im Innenhof und der tropisch bewachsenen Frühstücksterrasse.

Die phantastische Küche des Ocean Club läßt Gourmet-Herzen höher schlagen. Doch dieses vorwiegend von älteren amerikanischen Gästen besuchte Haus bietet noch mehr als nur die eige-

Club Med Columbus Isle

167 Zimmer mit Telefon, TV und Meerblick

Service
Ein Haupt- und zwei Spezialitäten-Restaurants, zwei Bars, Boutique, Swimming-Pool, Atelier für Kunsthandwerk, Spieleverleih. „Alles inklusive"-Resort.

Aktivitäten
Wasserski, Kajak, Segeln, Windsurfen, Schnorcheln, Intensiv-Tauchkurse, neun Tennisplätze (drei mit Flutlicht), Fahrräder, Volleyball, Fußball, Baseball, Tischtennis, Petanque.

Unterhaltung
Stereo-Konzerte und abendliche Club-Shows

Club Med Columbus Isle
San Salvador Island,
Bahamas
Tel. 001/809/33 12 000
Fax 001/809/3312 458

Wo Columbus auf die neue Welt stieß, relaxen heute Europäer und Amerikaner in einem Club der Spitzenklasse.

Auf den Spuren von Christoph Columbus wandelt man in diesem Club Med auf den Bahamas: 1492 soll Columbus genau an dem heutigen Strand gelandet sein...

Das Columbus Isle auf San Salvador Island bietet Karibikträume aus dem Hochglanz-Prospekt. Wie Smaragde funkeln die Inseln tausendfach im westlichen Atlantik – hier haben Sonnenanbeter, Wassersportler und Globetrotter gleichermaßen ihr Ziel gefunden. Ein riesiger Strand aus feinstem Sand und ein Unterwassergarten in den schillernsten Farben erwarten den Gast. Wer die angebotenen Intensiv-Tauchkurse nutzt,

Abgeschieden liegen die eleganten Gebäude des Ocean Club in einem Park. Zum Kasino und all den Vergnügungsmöglichkeiten des Paradise Island Resort brauchen die Gäste nur wenige Minuten.

ne Küche. Die Ocean Club-Bewohner können zusätzlich in allen 14 Restaurants des nahe gelegenen Paradise Island Resorts dinieren. Eine gute Gelegenheit, sich auf den vielleicht folgenden Kasino-Besuch einzustimmen. Mit einem Satz: Der Ocean Club ist eine Zierde der Hotellerie auf den Bahamas und zählt auch im weltweiten Vergleich zu den herausragenden Hotels.

taucht kurz danach selbst buchstäblich ein in schönste Karibik-Gewässer.

Das Clubdorf liegt auf einem 32 Hektar großen Gelände an der Ostküste; San Salvador liegt etwa 300 Kilometer östlich von Nassau. Die Zimmer sind mit 36 Quadratmetern sehr geräumig und strahlen Südländisches aus mit ihren Farbtönen weiß, grün und blau, den Farben des Himmels und des Meeres.

Die Anlage bietet wirklich für jeden Geschmack etwas. Und wer Island-Hopping betreiben will, kann sich einen Tagesausflug per Flugzeug nach Nassau organisieren, einen halben Tag zum Hochseefischen ausfahren oder eine Inselrundfahrt mitmachen.

Anreise
Von Frankfurt im Direktflug mit Condor nach Nassau. Ansonsten alle Flugmöglichkeiten über Florida (Miami, Ft. Lauderdale, Orlando) nach Nassau bzw. Freeport oder den sogenannten Out Islands (der Name „Family Islands“ ist nicht mehr gebräuchlich). Paradise Island ist per Taxi von Nassau International Airport oder mit Paradise Island Airlines von Miami bzw. Ft. Lauderdale und Orlando zu erreichen.

Auskunft
Bahamas Tourist Office, Mörfelder Landstraße 45, 60598 Frankfurt, Tel.: 069/62 60 51, Fax: 069/62 73 11. Vor Ort: Bahamas Ministry of Tourism, Bay Street, P.O. Box N 3701, Nassau, The Bahamas. Tel.: 001/809/32 27 500, Fax: 001/809/32 80 945.

Einreise-Formalitäten
Gültiger Reisepaß mit einer Laufzeit von mind. 6 Monaten, Rückflugticket.

Elektrizität
120 Volt, 60 Hz, amerikanischer Flachstecker.

Essen und Trinken
Außer im Ocean Club darf man auf den Bahamas nicht unbedingt kulinarische Höhenflüge erwarten. Nationalgericht auf den Inseln ist die Riesenmuschel Conch, die gebraten, als Salat, in Suppen oder als Sandwich zubereitet wird. Das Poop Deck in Nassau ist empfehlenswert.

Einkaufen
In Nassaus Bay Street oder dem internationalen Basar der Stadt Freeport auf Grand Bahama sind zollfreie Waren aus aller Welt zu erstehen.

Unternehmungen
Die wirklichen Bahamas entdecken die Reisenden, die die entlegenen Inselchen der Out Islands besuchen, per Flugzeug oder etwas abenteuerlicher mit den kargen Postschiffen, die aber nicht regelmäßig verkehren. Auf Grand Bahama kann man sich die 1953 auf dem Reißbrett entworfene Stadt Freeport und den Lucaya Nationalpark anschauen. Eine besondere Attraktion: Am Port Lucaya wurden Delphine darauf dressiert, Taucher beim Ausflug in die Korallenriffe zu begleiten. Zwischen Weihnachten und Neujahr tobt auf den Inseln der Junkanoo, eine Art Karneval mit Tanz, Musik und Verkleidung.

Klima
Bei Durchschnittstemperaturen von 27 Grad kann zwischen April und Oktober häufiger einmal Regen fallen. In den übrigen Monaten können Kaltluftfronten die Lufttemperatur bis auf 20 Grad drücken.

Fotografieren
Filme sollte man besser mitbringen, da sie vor Ort manchmal überlagert und auf den Out Islands nicht immer zu bekommen sind. Die Bahamesen sind stolz und lassen sich nicht allzu gern ablichten. Unbedingt vorher fragen!

Geld
Auf den Inseln gelten sowohl der Bahamas-Dollar als auch der US-Dollar als Zahlungsmittel.

Kleidung
Sakko-/Krawattenzwang in einigen Restaurants abends (Ocean Club, Café Martinique). Sonst leichte, legere Kleidung.

Sport
Die Inselwelt ist ein El Dorado für Wassersport (Tauchen, Segeln, Fischen), Tennis und Golf. Die Organisation „Sport Information Line“ gibt Auskunft über alle Sportmöglichkeiten.

Sprache
Die Amtssprache ist Englisch, das sehr melodisch gesprochen wird.

Transport
Die Inseln sind durch Flugverkehr und Postboote miteinander verbunden. Die Flüge gehen meist über Nassau. Nur rund um Nassau und Freeport sind die Taxipreise festgelegt. An allen anderen Orten sollte man sich vor Fahrtantritt genau über den Preis erkundigen. Wer einen Mietwagen leiht (nur rund um Nassau, Freeport und auf Out Islands möglich), muß auf Bodenwellen, Linksverkehr und Tempolimit achten.

Jan.	Feb.	Mrch.	Apr.	May	June	July	Aug.	Sept.	Oct.	Nov.	Dec.	
27	27	27	28	29	29	29	29	30	30	28	27	○
21	21	22	22	23	24	24	24	24	24	23	22	☾
7	8	8	8	8	8	8	8	8	7	7	7	☼
26	26	26	27	27	28	28	28	29	29	28	27	≋
13	7	8	10	15	14	18	15	14	12	13	14	☂

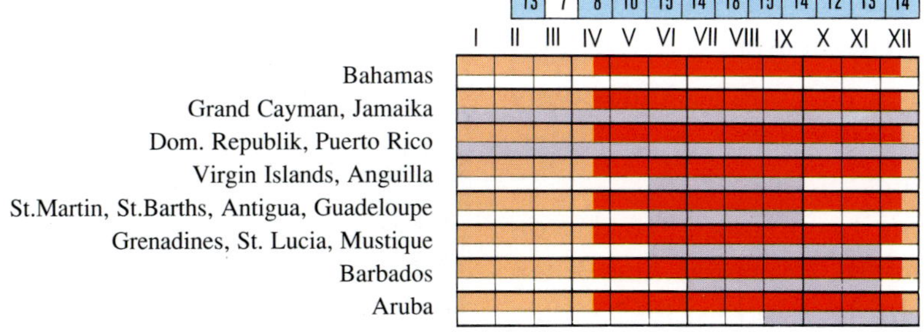

Grand Turk, Caicos, Salt Cay, Providenciales, Parrot Cay ... 42 Inseln und Cays südöstlich der Bahamas und ein Name, von dem niemand genau weiß, woher er kommt:

Der schmale, 200 km lange Archipel der Turks & Caicos besteht aus zwei Inselgruppen mit sechs Hauptinseln, die durch eine 30 Kilometer breite Passage getrennt sind. Im Westen liegen die Caicos-Inseln mit North-, South-, Middle-, East- und West Caicos und der Insel Providenciales, die sich mit einer 80 m hohen Hügelkette von den restlichen flachen Inseln des Archipels abhebt. Im Osten liegt die Turks-Gruppe mit den Haupt-Inseln Grand Turk und Salt Cay. Zusammen bieten die Turks & Caicos auf 430 Quadratkilometern Karibik pur.

Salz zog im 17. Jahrhundert die ersten weißen Siedler auf die Inseln. Ihnen folgten die Piraten der günstigen Lage wegen – die Inseln liegen nur 50 km von den Bahamas entfernt. Während die Siedler Grand Turk, Salt Cay und South Caicos kolonisierten und bewohnbar machten, wählten die Piratenköniginnen Mary Read und die blutrünstige Anne Bonny die Insel Parrot Cay als Unterschlupf.

Die Kolonialzeit wurde von Spaniern, Franzosen und Briten geschrieben, und erst 1962 durften

An den Stränden der Turks & Caicos ist jeder Urlauber noch fast für sich. Lange interessierten sich eigentlich nur Piraten für die Inselgruppe. Heute ist sie ein Geheimtip für Taucher, Wassersportler und Zivilisationsmüde.

die Turks & Caicos als frischgebackene britische Kronkolonie erstmals ihre eigene Flagge hissen.

Fische und Krustentiere sind der Exportschlager und damit die Haupteinnahmequelle der Insulaner. Was in den Netzen der Fischer landet, dominiert, zubereitet in allen Variationen, auch den Speiseplan.

Seitdem die Regierung die direkten Steuern und Umtausch-Kontrollen ersatzlos gestrichen hat, sind die Turks & Caicos zum Steuerparadies geworden. Paradiesische Verhältnisse erwarten auch Taucher vor den Küsten von Grand Turk und Provenciales. Bunte Muscheln und Korallenbänke in 18 Metern Tiefe reihen sich in Strandnähe aneinander.

So kommen auch die meisten Urlauber zum Tauchen auf die Insel. Wegen des groben Korallensandes in der Uferzone sind Badeschuhe angeraten. Die ruhige See vor Grand Turk ist auch für andere Wassersportarten wie Segeln, Surfen, Schnorcheln und Fischen geeignet, und die Blue Water Divers auf Grand Turk vermieten sogar Unterwasserkameras.

Der Tourismus steckt noch in den Anfängen, und so kann man hier die Karibik erleben, wie sie vielleicht noch vor 25 Jahren war. Der Wunsch, dieses Paradies in seiner Ursprünglichkeit zu bewahren, spricht wohl auch aus dem Motto der Blue-Water-Divers: „Take only pictures, kill only time, leave only bubbles".

Ein 2100 Meter tiefer Tiefseegraben trennt die Turks und die Caicos-Inseln. Seine Randzonen sind ein Dorado für Unterwasserforscher.

Club Med Turquoise Providenciales

288 Zimmer in dreistöckigen Bungalows mit Klimaanlage, Safe, teilweise mit Meerblick.

Service

3 Restaurants, 3 Bars, ein Süßwasser-Swimming-Pool, Boutique, Bazar, Buchverleih, Kurse in Kunsthandwerk, Postdienst, Bügelmöglichkeit, Wäscherei, Spieleverleih.

Aktivitäten

Segeln, Windsurfen, Wasserski, Schnorcheln, Flaschentauchkurse, Wassergymnastik, 9 Tennisplätze (4 mit Flutlicht), Tischtennis, Volleyball (mit Flutlichtanlage), Fitnessraum, 18-Loch-Golfplatz außerhalb des Clubs mit Kostenbeteiligung.

Unterhaltung

Diskothek, Abendshows, Konzerte, Tagesausflüge.

Club Méditerranée
Turquoise Providenciales
Turks & Caicos Islands
British West Indies
Tel. 001/809/94 65 500
Fax 001/809/94 65 501

Im Nordosten von Providenciales, im Archipel von Turks & Caicos, befindet sich das Dorf des Club Méditerranée. Die Bungalows reihen sich entlang des Strands auf. Das 28 Hektar große Clubgelände bietet unterdessen genügend Platz zum Spazieren, Sporttreiben und Faulenzen. Wie in jedem Club Med sind auch hier die meisten Aktivitäten im Preis inbegriffen. Lediglich die Flaschentauchkurse und separaten Ausflüge muß man extra zahlen. Jedoch wird auch hier jeder Urlauber begeistert sein, vom Hochseefischen, von den Sonnenuntergangsfahrten, Schnorchelausflügen und Grottenbesichtigungen. Am feinsandigen weißen Sandstrand darf sich indessen jeder tummeln: er ist öffentlich. Und

bräunungssüchtige Damen sollten vorsichtig sein: FKK und topless sonnenbaden sind hier verboten.

Kulinarisch hat der Gast die Wahl zwischen einem Hauptrestaurant und den beiden Spezialitätenrestaurants „Le Grill“ und

The Meridian Club

12 Suiten und ein Cottage direkt am Strand, mit separater Sitzecke, Kühlschrank, Deckenventilator, Safe; kein Telefon.

Service

Ein Restaurant, 2 Bars, keine Kreditkarten, keine Autos auf der Insel erlaubt, Airport-Transport.

Aktivitäten

Tennisplatz, Fahrradverleih, Schnorcheln, Segeln, Windsurfen, Strandpicknick, Fischen, Inselausflüge; Tauchen gegen Gebühr.

Unterhaltung

Barbecue mit einheimischer Band an Samstagen, karibisch- kulinarische Nacht mittwochs am Pool.

The Meridian Club
Pine Cay
Turks & Caicos Islands
British West Indies
Fax: 001/809/94 65 128
Kein Telefon.

Ein exklusives Resort auf eiinem der schönsten Inselparadiese der Karibik: Der Meridian Club verwöhnt seine Gäste mit Stil.

Nur 22 elegante Studios und Penthäuser prägen dieses exklusive, im spanischen Stil gehaltene Resort. Es liegt an einem 12 Meilen langen weißen Sandstrand auf Pine Cay, einem privatem Inselchen in der Turks & Caicos-Gruppe. Stille prägt das Resort. Hier stört den Gast kein Telefon – es gibt nämlich keines!

Ursprünglich gebaut in den sechziger Jahren, integriert Pine

Faulenzen in der Sonne, Hinabtauchen in die Unterwassergärten: Der Club Med auf Providenciales ist ein Strandhotel für Kenner.

„La Pizzeria". Ungewöhnlich für ein Karibik-Resort, aber sehr attraktiv: die Kurse im Kunsthandwerk. Hier bekommt man bei Seidenmalerei und Schmuckarbeiten einen kleinen Einblick auch in heimische Traditionen.

Cay auch private Häuser. Einige dieser Hütten kann man heute auch noch pro Woche mieten. Der ursprünglich private Club von Pine Cay entwickelte sich zum Resort, dem Meridian Club. Dort ist die Atmosphäre auch heute noch sehr ruhig und ebenso relaxed. Nach dem Einchecken sieht man selten noch einen Gast Schuhe tragen...

Die Sportmöglichkeiten sind umfassend: Neben den Wassersportarten kann man selbst noch unter Flutlicht Tennis spielen oder sich auf ein Spiel auf dem 18-Loch-Golfplatz vorbereiten, der in der Nähe liegt.

Rechtzeitig zur Saison 1994 hat das Resort übrigens seinen Dining Room verschönert und zugleich auch neue kulinarische Initiativen gestartet.

Anreise
Die einzige Linienflugverbindung bietet Pan Am ab Miami. Die nationale Fluggesellschaft Turks & Caicos National Airline fliegt nur die Dominikanische Republik, Haiti und die Bahamas an.

Auskunft
Turcs & Caicos Islands Tourist Board, c/o Morris Kevan International Limited, International House, 47, Chase Side Enfield, Middx. EN2 6NB, United Kingdom, Tel. 00 44/81/36 75 175, Fax: 00 44/81/36 79 949.

Einreise-Formalitäten:
Bei der Einreise wird die Vorlage des Reisepasses und eines Rückflugtickets verlangt. Die Einfuhr von Harpunen oder ähnlichen Ausrüstungen ist verboten.

Elektrizität
Das Stromnetz ist auf 115 Volt ausgelegt, amerikanische Steckdosen.

Essen und Trinken
Die Einheimischen ernähren sich hauptsächlich von Meerestieren. Aber auch Geflügel- und Rindfleischgerichte sind erhältlich.

Einkaufen
Eine kleine Souvenir-Industrie bietet Schmuck aus Conch-Muscheln und selbstgesammelten „Sand-Dollar"-Muscheln.

Unternehmungen
Zu den wichtigsten Veranstaltungen der Inselgruppe gehören die Geburtstagsfeier der Königin von England im Juni, das große Sommerfestival „Provo Day" im Juli und das „Turcs & Caicos Billfish Tournament", das große Wettfischen der Hochseeangler.
So wie der Tourismus konzentriert sich auch das Nachtleben auf die Insel Providenciales.
Jede Insel hat etwas anderes zu bieten: Grand Turk die Kulisse des Städtchens Cockburn Town, Salt Cay alte Windmühlen und Salinen und South Caicos einen Fischerhafen. Die Conch Bar Caves auf Middle Caicos sind kaum erforschte Kalksteinhöhlen mit riesigen Stalaktiten und Stalagmiten, North Caicos hat die üppigste Vegetation aller T&C-Inseln.

Fotografieren
Vor dem Ablichten sollte man höflicherweise fragen.

Klima
Auf den Inseln herrscht subtropisches Klima. Die Temperaturen in den Sommermonaten liegen bei durchschnittlich 28 Grad, die Luftfeuchtigkeit beträgt 90%, die Wassertemperatur bewegt sich zwischen 22 Grad und 26 Grad.

Geld
Offizielles Zahlungmittel ist der US-Dollar, US-Reiseschecks können problemlos eingetauscht werden, bei Reiseschecks in anderen Währungen werden Gebühren erhoben. Kreditkarten werden in einigen Hotels, Restaurants und Geschäften akzeptiert. Internationale Banken auf Grand Turk, Providenciales und South Caicos.

Kleidung
Leichte, bequeme Baumwoll- oder Leinenkleidung trägt sich angenehm im subtropischen Klima. Für die Abendstunden sollte man eine Strickjacke oder einen Baumwollpullover einpacken; denn oft weht ein kühler Wind über die Inseln. In den Hotels und Restaurants werden weder Jakkett noch Krawatte erwartet.

Sport
230 Meilen goldener und weißer Strände geben die Aktivitäten vor: Tauchen, Schnorcheln, Surfen. Seit 1992 existiert ein 18-Loch-Golfplatz.

Sprache
Amtssprache ist Englisch.

Transport
Innerhalb der Inselgruppe bietet die nationale Airline Flüge zwischen allen bewohnten Inseln an. Zu den kleineren Inseln gibt es häufig Bootscharter-Verbindungen. Charterflüge sind ins unbewohnte West-Caicos möglich. Auf den Inseln gilt Linksverkehr. Gefahren wird allerdings häufig in der Mitte – der Schlaglöcher wegen. PKWs und Mopeds vermieten die Hotels.

Jan.	Feb.	Mrch.	Apr.	May	June	July	Aug.	Sept.	Oct.	Nov.	Dec.	
27	27	27	28	29	29	29	29	30	30	28	27	○
21	21	22	22	23	24	24	24	24	24	23	22	☾
7	8	8	8	8	8	8	8	8	7	7	7	☼
26	26	26	27	27	28	28	28	29	29	28	27	≋
13	7	8	10	15	14	18	15	14	12	13	14	☂

Internationales Flair an weltberühmten Stränden im Steuerparadies – nicht nur die Finanzwelt weiß, was die Cayman Islands so reizvoll macht.

Naturliebhaber, Honeymooners und Taucher geraten beim Anblick der drei flachen Cayman Inseln auf Anhieb ins Schwärmen. Das Tauchen um die Riffe dieser Koralleninseln in kristallklarem Wasser besitzt „Weltklasse"-Format. Genauso traumhaft empfinden Strandfans das südlich von Kuba gelegene Insel-Trio, das Columbus im Jahre 1503 auf seiner vierten Reise entdeckte.

Das gilt besonders für den „Seven Mile Beach" auf Grand Cayman, einen der schönsten Strände der Karibik, an dem wohl auch schon die ehemals so gefürchteten englischen Piraten Henry Morgan und Blackbeard an Land gingen. Blackbeard soll hier sogar einige Schätze vergraben haben. Gefunden hat sie aber noch niemand... 1670 wurden die Inseln der britischen Monarchie zugeschlagen und von englischen Söldnern aus Jamaika besiedelt. Vor allem die abgelegene Lage machte die Inselgruppe zum idealen Freibeuter-Schlupfwinkel, und in gewisser Weise ist sie es bis heute geblieben.

Die mit nur 260 Quadratkilometern recht kleinen Inseln kennen weder Bodenschätze noch Industrie und haben aus dieser Not eine Tugend gemacht. Man blieb freiwillig britische Kolonie, entschied sich 1966 für Steuerfreiheit und propagierte wirtschaftliches Wachstum durch den Tourismus. Heute gibt es angeblich 13.000 (Briefkasten-)Firmen mit einem jährlichen Geldverkehr von rund 70 Milliarden Dollar auf den Inseln.

Der Geld-Boom hat rasch zahlreiche Ausländer aus den entfern-

Der „Seven Mile Beach" vor der Beach Club Colony (unten) ist so flach, daß die Gäste mit den Liegen oft direkt im Wasser sitzen. Dieser Strand gehört zu den schönsten der Karibik und ist zudem ein El Dorado für Taucher.

testen Ecken der Welt angelockt, so daß auf Grand Cayman eine durchaus geschäftige und exklusive internationale Atmosphäre herrscht. Doch all das hat den Charakter der Nachfahren englischer Söldner und afrikanischer Sklaven nicht verdorben. Die lächelnden Menschen auf den Cayman Islands sind die freundlichsten des ganzen karibischen Archipels.

Caribbean Club

18 Villen mit ein oder zwei Schlafzimmern, Wohnzimmer, Küche, Aircondition, Telefon, Safe, Satelliten-TV.

Service
Ein Restaurant; Kreditkarten.

Aktivitäten
Ein Tennisplatz. Wassersport wird auf Wunsch organisiert.

Unterhaltung
Nur wenige Fußminuten entfernt gibt es etliche Night Clubs, Restaurants etc.

Caribbean Club
P.O. Box 30499, Seven Mile Beach,
Grand Cayman Island, British West Indies
Tel. 001/809/94 74 099
Fax 001/809/94 74 443

Hellblaues Meer, weißer, feinkörniger Sandstrand, in Zartrosa gehaltene Bungalows unter tropischem Grün – architektonisch und farblich abgestimmter kann ein Strandresort eigentlich nicht aussehen. Hinzu kommt: Der Caribbean Club im Herzen des Seven Mile Beach, nur wenige Kilometer von George Town entfernt, bietet eine persönliche Atmosphäre, wie man sie nur selten in der Karibik findet.

Sechs der achtzehn komfortablen Villen liegen direkt am Strand. Sie beherbergen neben einem großen Wohnraum ein oder zwei Schlafzimmer. Die wirklich traumhafte Anlage kann also nur wenige Gäste aufnehmen. Somit bleiben Intimität und Abgeschiedenheit gewahrt. Deshalb gibt es im Resort auch nur einen Tennisplatz. Wer Wassersport treiben will, verabredet sich mit den örtlichen Veranstaltern. Sie holen die Gäste im Hotel ab. Am Abend trifft man sich im Restaurant – dem besten auf

Hyatt Regency Grand Cayman Resort & Villas

235 Zimmer oder Suiten in zwei Ebenen oder Villas mit zwei Schlafzimmern, Klimaanlage, Mini-Bar, Satelliten-TV, Telefon, Safe.

Service
Zwei Restaurants, drei Grills, Bar, vier Swimming-Pools, Baby-Sitting, Shops, Massage, Beauty, Spieleraum, Mietwagen.

Aktivitäten
Segel- und Tauchschule, Schnorcheln, Paddelboot, Parasailing, Fischen, Crocket, 18-Loch Golfplatz von Jack Nicklaus, Kinder- und Teenager-Programme.

Unterhaltung
Live-Entertainment montags bis samstags in den Restaurants.

Hyatt Regency Grand Cayman Resort & Villas
Seven Mile Beach
Grand Cayman, British West Indies
Tel. 001/809/94 91 234
Fax 001/809/94 98 528

Im britischen Kolonialstil erbaut, ist Hyatts Grand Cayman-Resort das Herzstück direkt am Britannia Golfplatz. Jack Nicklaus konstruierte drei Golf-Plätze in einem: Bespielen kann man ihn nämlich in drei verschiedenen Arten. Zu reservieren ist wichtig, denn es ist der einzige Golfplatz auf Cayman Islands.

Die Qual der Wahl hat der Urlauber auch bei der Unterkunft. Den höchsten Service bieten die 44 Regency Club Rooms mit zusätzlichen Cocktails, Hors d'Œuvre und erweiterten Bad-Amenities. Eine besondere Raumatmosphäre versprühen aber auch die Splitlevel-Suiten.

Wie in jedem Hyatt-Resort kümmern sich auch hier Wassersport-Profis um die Anfänger. Der Ausflug in die bunte und bizzarre Unterwasserwelt gehört für einen Europäer vor allem hier, an den spektakulärsten Riffen der Welt, zu einem der unvergeßlichsten

Im Hyatt Regency Grand Cayman blieben Luxus und Noblesse der britischen Kolonialzeit lebendig.

Ein ideales Strandhotel für Ruhesuchende, die ungestört relaxen wollen, ist der Caribbean Club auf Grand Cayman.

Grand Cayman – oder in den Nightclubs der Umgebung. Jubel und Trubel sind dabei nicht eben die Attribute des Caribbean Club, der sich insgesamt eher Ruhesuchenden empfiehlt.

Erlebnisse. Abends entdeckt man das Wasser am besten von der romantischen Seite: beim Dinner-Segeln mit dem „Spirit of Palu"-Katamaran...

Anreise

Von Frankfurt nach Miami und von dort weiter mit Cayman Airways, Northwest, American und United Airlines nach George Town auf Grand Cayman.

Auskunft

Cayman Island Department of Tourism, Liebigstr. 8, 60323 Frankfurt, Tel.: 069/72 63 42, Fax: 069/72 77 14. Vor Ort: Department of Tourism, P.O. Box 67, George Town, Tel.: 001/ 809/94 97 999.

Einreise-Formalitäten

Ein gültiger Reisepaß reicht, ein Rück- oder Weiterflugticket muß vorgelegt werden. Bei Aufenthalt in den USA ist für dort ein Visum notwendig.

Elektrizität

110 Volt aus amerikanischen Steckdosen.

Essen und Trinken

Die vielen amerikanischen Geschäftsleute erwarten internationale Gerichte und bekommen diese auch, obwohl es vor Ort auch einheimische Spezialitäten gibt. Das Schwergewicht der Speisekarten liegt bei Fischgerichten und Meeresfrüchten. Getrunken wird alles, was die zollfreien Läden so bieten.

Einkaufen

Grand Caymans Schlager waren vor langer Zeit handgeknüpfte Hängematten, doch längst haben sich die Einwohner auf ertragreichere Geschäfte verlegt. Zollfrei kauft man internationale Waren in den Boutiquen und Geschäften von George Town.

Unternehmungen

Viel zu sehen gibt es auf den flachen Koralleninseln nicht, dafür werden etliche Ausflugsmöglichkeiten zum benachbarten Jamaika organisiert. Während jeweils Ende Oktober anläßlich der „Pirates Week" endlos getanzt wird, spielt der karibische Karneval auf Cayman keine Rolle.

Fotografieren

Die Filme sind dort nicht teurer als in heimischen Gefilden, und die freundlichen Bewohner haben

– was eher selten ist in der Karibik – auch nichts dagegen, abgelichtet zu werden.

Geld

Landeswährung ist der Cayman-Dollar, bezahlt wird aber auch oft mit dem US-Dollar. Kreditkarten werden fast überall akzeptiert.

Kleidung

Einige Lokale in George Town wünschen eher exklusive Garderobe. Ansonsten reicht legere Freizeitbekleidung.

Sport

Für alle Wassersport- und Unterwasserfreunde halten die Hotels ein reichhaltiges bis ausgezeichnetes Angebot bereit. Auf dem Jack-Nicklaus-Golfplatz spielen die Gäste mit Spezialbällen, die nur halb so weit fliegen wie die regulären Bälle. Es existieren drei weitere Plätze, darunter der neue 18-Loch-Course „The Links".

Sprache

Gesprochen wird Englisch mit wohlklingendem westindischen Akzent.

Transport

Auf Grand Cayman verkehrt stündlich ein Bus, der von der Hauptstadt aus vorbei am Seven Mile Beach bis zur Wet Bay fährt. Die Taxipreise sind festgelegt. Wer ein Auto oder Motorrad mietet, muß auf Linksverkehr achten.

Klima

Zwischen Juni und November ist es feuchtheiß bei Durchschnittstemperaturen von 28 Grad. Während es in diesen Monaten häufiger regnet, ist die restliche Zeit des Jahres trockener bei etwa 26 Grad.

Jan.	Feb.	Mrch.	Apr.	May	June	July	Aug.	Sept.	Oct.	Nov.	Dec.	
27	27	27	28	29	29	29	29	30	30	28	27	○
21	21	22	22	23	24	24	24	24	24	23	22	☾
7	8	8	8	8	8	8	8	8	7	7	7	☼
26	26	26	27	27	28	28	28	29	29	28	27	≈
13	7	8	10	15	14	18	15	14	12	13	14	☂

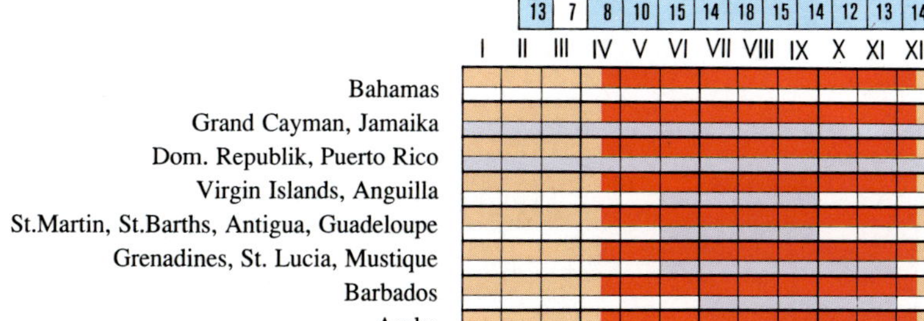

Rasta, Reggae, Religionen, Tropenwälder, weiße Strände, städtisches Leben – Jamaika birgt die ganze Vielfalt der Karibik in sich.

Das Glaubensbekenntnis des „island in the sun" ist knapp und deutlich: „Cool, mahn!" Überall auf Jamaika begegnet dem Reisenden diese Aufforderung, doch „cool" kann wohl niemand auf der abwechslungsreichsten Insel der Karibik bleiben.

Jamaika, rund 200 Kilometer lang und bis zu 80 Kilometer breit, ist wahrhaftig eine Trauminsel. Aber die Unschuld eines Paradieses hat sie längst verloren. Denn: In der Hauptstadt Kingston, wo die soziale Misere der Karibik überdeutlich wird, und auch in den Touristikgefilden Montego Bay, Ocho Rios und Port Antonio wird die weiße Hautfarbe oft genug mit prall gefüllten Geldbeuteln gleichgesetzt. Aufdringliche Jamaikaner, die für kleinste Dienste höchsten Lohn erwarten, sind dort keine Seltenheit. Im bergigen Inland hingegen, wo noch immer zu Tausenden die Maroons genannten Nachfahren entlaufener Sklaven leben, geben sich die Menschen noch freundlich und zurückhaltend.

Jamaikas Geschichte – zwischen 1655 und 1962 war die Insel britische Kolonie und zählt seither zu den Commonwealth-Staaten – schillert ebenso wie seine Gegenwart. Die im 17. Jahrhundert als „Sündennabel der Welt“ bezeichnete Hafenstadt Port Royal wurde zwar durch ein Erdbeben zerstört, Kingston hingegen hat sich mittlerweile nicht nur für die Rastafaris, die Anhänger des Reggae und Verehrer des äthiopischen Ex-Kaisers Haile

Selassie, zum Babylon entwickelt. Soziale Unruhen gab es immer wieder. Selbst die großen politischen Parteien trugen ihre Meinungsverschiedenheiten oft genug in blutigen Fehden aus. Von den ungezählten Sklavenaufständen bis in unsere Tage zieht sich ein Bekenntnis der Jamaikaner zu „Mutter Afrika“. Wobei es nicht verwundert, daß Jamaika mit Bob Marley den ersten Superstar der Dritten Welt hervorbrachte.

An einigen Stränden hinterläßt der Tourismus durchaus seine Spuren. Die Half Moon Bay (links) ist zwar immer noch paradiesisch, doch die anliegenden Hotels verschmutzen zunehmend das Wasser. Natürlich und mitreißend sind dagegen die Dunhill Falls (oben), eine von vielen Attraktionen der Insel. Die Jamaikaner selbst (unten) genießen ihr „island in the sun“, und Besuchern gegenüber gibt man gerne seine Lebensphilosophie preis: „Cool, mahn!“

Jamaika will entdeckt werden. Wer sich nur an den Stränden aufhält, verpaßt viel. Der 200 Meter hohe Wasserfall von Dunn's River, die unberührte Natur in den Blue Mountains, die grün-gold-rot gestrichenen Holzhütten der orthodoxen Rasta bei Bull Bay oder die aufregende fünfstündige Zugfahrt von Kingston nach Montego Bay – all dies verspricht unvergeßliche Erlebnisse für moderne „Seh-Räuber“.

Der schönste Strand Jamaikas heißt Negril und liegt ganz im Westen der Insel, etwa 100 Kilometer Luftlinie von Montego Bay entfernt. Fünf Kilometer lang ist das Strandgefilde. Allerdings: Überdimensionierte Hotelanlagen gibt es trotz dieser idealen Lage nicht.

Jamaica Inn

45 Superior-, Deluxe- und Premier-Zimmer mit Bad/WC, Telefon, Klimaanlage, Deckenventilator, Wohnterrasse; Standard-Zimmer mit gleicher Ausstattung, jedoch kleinerem Balkon.

Service

Zwei Restaurants, kleiner Swimming-Pool, Bar, Strandbar, Bibliothek, Airport-Transport.

Aktivitäten

Surfen, Segeln, Schnorcheln, Kajak; Tennis und Golf in der Nähe; neuer Fitnessraum.

Unterhaltung

Abendliches Entertainment, Tanz, organisierte Ausflüge.

Jamaika Inn
P.O. Box 1, Ocho Rios
Jamaika, W.I.
Tel.: 001/809/97 42 51 4
Fax: 001/809/97 42 44 9

Einen wunderbaren Blick über die Bucht von Ocho Rios hat man von der Terrasse des Jamaica Inn. Es empfiehlt sich nicht nur wegen seiner ruhigen Lage – sein herrlicher Strand ist auf ganz Jamaika konkurrenzlos.

Östlich von Montego Bay liegt in einer überwältigenden Landschaft aus Palmenhainen, Farnwäldern und Zuckerrohrplantagen Ocho Rios und etwas außerhalb das Jamaika Inn. Der weiße Sandstrand vor dem Hotel ist etwa 100 Meter lang und läßt den kleinen Swimming-Pool vergessen.

Das Jamaika Inn, im Kolonialstil erbaut, renovierte 1993 all seine Deluxe- und Premier-Zimmer. Die großen, mit Antiquitäten eingerichteten Zimmer verfügen alle über eine große Wohnterrasse oder einen Balkon mit Meerblick. Ein sehr gepflegter Garten lädt dazu ein, die Bücher der Bibliothek in Muße zu durchstöbern. Das unter deutscher Leitung stehende Jamaika Inn empfiehlt sich durch seine abgeschiedene Lage, die vor allem ältere Gäste besonders schätzen.

Sans Souci Lido

111 Deluxe-Zimmer und Suiten mit Aircondition, Coffee Facilities, Terrasse oder Balkon. All-Inclusive-Resort.

Service

Gourmet-Restaurant, Strandgrill, vier Bars, zwei Swimming-Pools, Spieleraum, Airport-Transport.

Aktivitäten

Drei Tennis-Plätze (zwei mit Flutlicht), Golfplatz in der Nähe, Crocket, Schnorcheln, Windsurfen, Tiefseefischen, Wasserski (in allen Wassersportarten Kursangebot), Massage, Sauna, Fitnessgeräte.

Unterhaltung

Karibik-Musik live, Strandmusik, Cocktail-Partys, Barbecue, organisierte Ausflüge.

Sans Souci Hotel Club & Spa
P.O. Box 103, Ocho Rios
Jamaika
Tel. 001/809/97 42 353
Fax 001/809/97 42 544

Das Sans Souci strömt das Flair eines britischen Landhauses aus, wenn auch alles viel, viel exklusiver gehalten ist.

Idyllisch, elegant und mit einem Restaurant der Spitzenklasse ausgestattet, gehört das Sans Souci Lido (ebenfalls in Ocho Rios) zu den eindrucksvollsten Inclusive-Hotels weltweit. Die an einen schroffen Abhang gebaute Anlage wird von vielen Treppen geprägt und verlangt daher eine gute Kondition.

Einer der beiden Swimming-Pools wird durch Mineralquellen gespeist. Wie das Plantation und das Jamaika Inn verfügt das Sans Souci über einen Privatstrand. Wasserski, Schnorcheln, Tiefseefischen, Surfen, Segeln – die ganze Palette der Wassersportarten wird angeboten. Und dazu aufregende Fahrten im Glasboot.

Nicht weit vom Jamaica Inn entfernt wurde ein weiteres Spitzenhotel erbaut: das Plantation Inn. Inmitten eines tropischen Gartens, oberhalb von zwei malerischen kleinen Sandbuchten werden die Gäste in sehr geräumigen, im landesüblichen Stil eingerichteten Zimmern untergebracht. Etwas abseits vom Haupthaus liegen zwei große, besonders zu empfehlende Villen mit je drei Schlafräumen. Das Plantation Inn bietet eine kultivierte Atmosphäre, wobei vor allem jamaikanische Einflüsse in Architektur, Küche und den Aktivitäten betont werden.

Zwar ist der Swimming-Pool viel zu klein geraten, dafür werden aber alle Wassersportarten (außer Wasserski) sowie Tennis kostenlos angeboten. Fitnessraum, Sauna, Ladengalerie und Friseur gehören zum Plantation Inn, das ein wenig an die koloniale Ära der Briten erinnert: Um fünf Uhr nachmittags wird Tee serviert.

Der etwas zu kleine Swimming-Pool des Plantation Inn lädt zwar nicht gerade zum Baden ein, aber die üppige Vegetation drumherum und zwei wunderschöne Strandbuchten garantieren unvergeßliche Eindrücke.

Plantation Inn

80 Zimmer mit Bad/WC, Klimaanlage, Deckenventilator, Telefon, Balkon mit Meerblick.

Service

Restaurant, Bar, Strandbar, kleiner Swimming-Pool im Garten, Ladengalerie, Friseur, Kosmetik, Mietwagen, Airport-Transport.

Aktivitäten

Zwei Golfplätze in der Nähe, zwei Tennisplätze (einer mit Flutlicht), Sauna, Fitnessraum, Surfen, Segeln, Schnorcheln, Kajak, Touren im Glasboot; alles kostenlos, nur Tauchen und Fischen gegen Gebühr.

Unterhaltung

Jeden Abend Tanz; wöchentlich Kabarett.

Plantation Inn
P.O. Box 2, Ocho Rios
Jamaika, W.I.
Tel.: 001/809/97 45 60 1
Fax: 001/809/97 45 91 2

Nur wenige Kilometer von Negril Village entfernt liegt eines der jüngsten und beliebtestes „All Inclusive"-Resorts der Karibik: Von Balkon oder Terrasse blickt man durch Palmen hindurch auf die langgezogene Bucht und den feinen Sandstrand. Das Grand Lido besitzt zwei Strände: der kleinere ist Nacktbadenden vorbehalten, während der größere zum „regulären" Strandleben und den Wassersportaktivitäten einlädt. Neben dem Terrassen-Restaurant, auf dem Frühstück und Lunch serviert werden, darf man abends im „La Pasta" italienisch essen, im „Cafe Lido" eher kontinental, und im „Piacere" speisen die Anhänger der feinen französischen Küche. Täglich wechseln sich Talent-Shows, Karneval-Nächte, Galas und nächtliche Strandpartys ab. Entfliehen kann man dieser Lebenslust höchstens durch eine Sunset-Cruise auf der Yacht „MY Zein" – einst das Hochzeitsgeschenk von Aristoteles Onassis an Grace Kelly und Fürst Rainier von Monaco.

Allround-Komfort: das Grand Lido Negril.

Grand Lido Negril

200 Zimmer, davon 176 mit Meer- und Strandblick, Telefon, Satelliten-TV, Deckenventilator, Aircondition, Patio oder Balkon.

Service

4 Restaurants, 9 Bars, 2 Swimming-Pools, 5 Jacuzzis, Videoverleih, Spieleraum, Bibliothek, Kosmetik, Boutique, Airport-Transport. „All Inclusive-Resort".

Aktivitäten

Fitnesscenter, 4 Tennisplätze (zwei mit Flutlicht), Surfen, Segeln, Wasserski, Kajak, Tauchen, Unterwasser-Bootstouren, Kochkurse, Weinverkostungen, Golf in der Nähe.

Unterhaltung

Lunchtime-Jazz, jeden Abend Karibik-Musik, Shows, Sonnenuntergangs-Kreuzfahrten.

Grand Lido Negril
P.O. Box 88
Negril, Jamaica
Tel. 001/809/95 74 01 0
Fax 001/809/95 74 31 7

Negril Gardens

54 klimatisierte Zimmer in verschiedenen Gebäuden direkt am Strand oder im Garten mit Bad/Dusche/WC, Terrasse mit Blick auf das Meer oder den Garten.

Service
Restaurant, Swimming-Pool mit Bar, Sonnenterrasse, Beachbar, TV-Raum, Boutique, Mietwagen.

Aktivitäten
Ein Tennisplatz, Surfen, Segeln, Schnorcheln, Volleyball, Fahrrad-Verleih.

Unterhaltung
Abendliches Entertainment, Diskothek, organisierte Ausflüge.

Negril Gardens Hotel
Norman Manluy Boulevard
Negril P.O., Jamaika
Tel. 001/809/95 74 408
Fax 001/809/95 74 374

In Negril dreht sich alles um das Strandleben. So ist denn auch der zentrale Punkt der Anlage Negril Gardens die große Bar direkt am Strand. Das erst 1988 erbaute Hotel beherbergt 54 Zimmer, wobei das dem Strand am nächsten gelegene Haus (Zimmer 35 bis 38) am beliebtesten ist. Die Zimmer sind einfach, aber gemütlich eingerichtet. Ein Swimming-Pool, ein Tennisplatz (beide liegen auf der anderen Straßenseite) und eine ganze Palette von Wassersportarten laden zu vielfältigen Aktivitäten ein.

Das Restaurant mit internationaler und kreolischer Küche, die Strandbar sowie abendliches Live-Entertainment lassen keine Langeweile aufkommen. Dieses Hotel besticht insgesamt durch seine

Das auf einer Klippe erbaute Trident Villas & Hotel bietet allerhöchste Exklusivität.

Trident Villas & Hotel

26 Wohneinheiten in Villen oder Luxus-Studios/-Suiten mit Meerblick, Radio, Minibar, Safe, Telefon, Klimaanlage, Deckenventilator.

Service
Klimatisierter Speisesaal, Swimming-Pool, Liegewiese, Sonnenterrasse, Bar, Salon, Kreditkarten, Mietwagen, Airport-Transport mit dem Privatflugzeug.

Aktivitäten
Zwei Tennisplätze, Reiten (beides kostenlos); Surfen, Tauchen, Wasserski und Segeln gegen Gebühr.

Unterhaltung
Jeden Abend karibisches Entertainment mit Calypso-Bands und Picnic-Bar, Cocktail.

Trident Villas & Hotel
P.O. Box 119
Port Antonio, Jamaica
Tel. 001/809/99 32 602
Fax 001/809/99 32 590

Östlich von Ocho Rios liegt der von Hollywood-Star Errol Flynn „entdeckte“ Ort Port Antonio. Dort dachte sich vor Jahren Ian Flemming seine James-Bond-Abenteuer aus. Auch Truman Capote und Graham Green ließen sich hier inspirieren.

Zwischen schroffen Felsen finden sich in diesem Teil Jamaikas viele kleine Sandbuchten. Auch das Trident Villas & Hotel verfügt nur über einen Mini-Strand. Dafür werden die Gäste kostenfrei zu anderen, weiter entfernten Stränden transportiert. Apropos Transport: Wer im Trident absteigt, wird mit Privatmaschinen vom Flughafen in Montego Bay nach Port Antonio geflogen.

Die 26 Villen und Studios in zwei Haupthäusern wurden

Am schönsten Strand Jamaikas liegt das Negril Gardens. Das neuerbaute Hotel verspricht für illustre Gäste eine lockere Atmosphäre.

lockere Atmosphäre und empfiehlt sich aufgrund der Kontaktfreudigkeit vieler Gäste vor allem Alleinreisenden.

direkt am Meer auf einer Klippe erbaut und verbinden in einer traumhaften Kombination europäische und karibische Architektur-Traditionen.

Ein großer Swimming-Pool in einem parkähnlichen Garten, ein Gourmet-Restaurant mit exquisitem Weinkeller, Sonnenterrasse, abendliches Unterhaltungsprogramm – alles im Trident ist von höchster Exklusivität. Da versteht es sich von selbst, daß Tennis und Reiten auf der nahe gelegenen Errol Flynn-Ranch nicht extra bezahlt werden müssen. Die vielfältigen Wassersportmöglichkeiten in der zwei Kilometer entfernten Blue Lagoon (Hoteltransport) sind hingegen nicht im Preis inbegriffen. Selbstverständlich ist es hier allerdings, daß jede Wohneinheit über eine eigene Veranda verfügt und der Blick von der Klippe auf das karibische Meer zu dem Schönsten zählt, was Jamaika an optischen Reizen zu bieten hat.

Anreise
Rund ein Dutzend Linien bedienen den internationalen Flughafen von Montego Bay. Hoteleigene Transporte führen zu den Zielorten.

Auskunft
Jamaica Tourist Board, Falkstraße 72-74, 60487 Frankfurt, Tel.: 069/7074065, Fax: 069/701007. Vor Ort: Negril, Plaza de Negril, Shop No. 20, Tel.: 001/809/957 42 43; Ocho Rios, Ocean Village, Shopping Center, Tel.: 001/809/974 25 82; Port Antonio, City Center Plaza, Tel.: 001/809/993 30 51 - Jamaica.

Einreise-Formalitäten
Gültiger Reisepaß und Rückflugticket.

Elektrizität
110 Volt, amerikanischer Zwischenstecker.

Essen und Trinken
Die genannten Hotels bieten eine durchweg ausgezeichnete Küche. Die meisten Restaurants kredenzen internationale Gerichte. Karibische Spezialitäten wie Ziege mit Curry sollte man erfragen. Biertrinker schwärmen vom Red Stripe, Cocktail-Fans über den landeseigenen Rum.

Einkaufen
Vor allem in den letzten Jahren hat sich auf Jamaika eine Modebranche entwickelt, die mit ihren knallbunten Stoffen viele Freunde findet. Schmuck aus in den Blue Mountains gefundenen Halbedelsteinen ist schön und preiswert.

Unternehmungen
In Kingston sollte der Besucher mehr als nur einen Blick in die National Gallery mit ihren unzähligen Exponaten werfen. Das ehemalige Seeräuberstädtchen Port Royal bietet heute Fischeridylle und ein archäologisches Museum. Das weltberühmte Reggae Sunsplash Festival wird Ende Juli/Anfang August in Montego Bay gefeiert. Für Friedhofsgänger: Das Grab von Bob Marley befindet sich in einer Kapelle nahe der Ortschaft Nine Miles.

Fotografieren
Wer Jamaikaner, ihre Häuser oder ihre Tiere ablichten will, muß dafür oft einen Obulus zahlen, um Ärger zu vermeiden. Dies gilt auch bei Straßenszenen. Jamaikaner können recht aggressiv werden, wenn man sie ohne Einwilligung fotografiert.

Geld
Die Währung heißt Jamaika-Dollar (J$). 1 DM = 15 J$ (Stand Juni 94). Prinzipiell sind zwar alle Preisangaben in dieser Währung gemeint, oft genug wird aber gegenüber Touristen argumentiert, die Preise seien in US-Dollar angegeben.

Kleidung
Die genannten Hotels erwarten zum Dinner formelle Kleidung. Ansonsten reicht ein gepflegter Freizeitdress.

Sport
In Montego Bay und in Ocho Rios bieten die ansässigen Reitställe mehrtägige Ausritte an; auch sind manche Hotels an einen Reitstall angeschlossen. Wanderer und Bergsteiger gehen in die Blue Mountains, deren Peak 2256 m hoch ist. Daneben sind alle Wassersportarten und Fallschirmfliegen möglich. 6 Golfplätze gibt es auf der Insel.

Sprache
Weit verbreitet ist Patois, ein Dialekt aus englischen, afrikanischen und spanischen Vokabeln. Die meisten Jamaikaner sprechen aber auch Englisch, die offizielle Umgangssprache.

Transport
Wer einen Wagen mietet, muß sich an den Linksverkehr und die selbstmörderische Fahrweise der Einheimischen gewöhnen. Taxipreise sollten grundsätzlich vor Fahrtbeginn ausgehandelt werden.

Klima
An der Nordküste liegen die Temperaturen ganzjährig zwischen 25 und 30 Grad, in Kingston können sie sogar auf 35 Grad steigen. In den Blue Mountains fallen die Temperaturen manchmal bis auf 10 Grad ab.

Jan.	Feb.	Mrch.	Apr.	May	June	July	Aug.	Sept.	Oct.	Nov.	Dec.	
27	27	27	28	29	29	29	29	30	30	28	27	○
21	21	22	22	23	24	24	24	24	24	23	22	☾
7	8	8	8	8	8	8	8	8	7	7	7	☼
26	26	26	27	27	28	28	28	29	29	28	27	≋
13	7	8	10	15	14	18	15	14	12	13	14	☂

Bahamas
Grand Cayman, Jamaika
Dom. Republik, Puerto Rico
Virgin Islands, Anguilla
St.Martin, St.Barths, Antigua, Guadeloupe
Grenadines, St. Lucia, Mustique
Barbados
Aruba

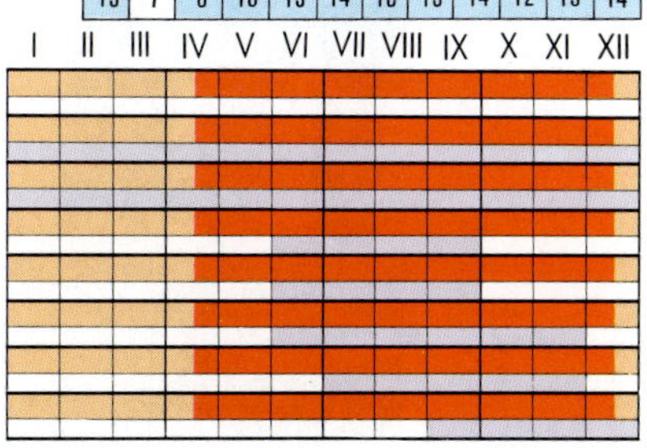

Die ausgedehntesten Zuckerrohrplantagen, der höchste Berg, die blutigste Geschichte und vielleicht die glücklichste Zukunft der Antillen – die Dominikanische Republik lebt seit jeher in Extremen.

Die älteste Kathedrale, die älteste Universität, die ältesten Festungsmauern und Straßen – in Santo Domingo, Hauptstadt der Dominikanischen Republik, begann die Neue Welt. Von dort ausgehend, eroberten die Spanier weite Teile des amerikanischen Kontinents. Santo Domingo war schon wenige Jahrzehnte nach der Gründung eine steinreiche Stadt.

Die Spanier festigten ihre Kultur auf der Insel so nachhaltig, daß bis heute so typisch iberische Eigenschaften wie Würde, Höflichkeit und Respekt in der Volksseele der Dominikaner verwurzelt geblieben sind. Während es im francophonen Haiti, dem westlichen Teil Hispaniolas, schrill, mystisch, bunt und laut zugeht, sind in der östlichen La Republica Dominicana Stolz, Ehrlichkeit und eine große Aufgeschlossenheit gegenüber den Fremden wesentliche Attribute der Einheimischen.

Künstlerdomäne und neuzeitliches Altertum: Altos de Chavon, eine der Siedlungsweise des 16. Jahrhunderts nachempfundene Anlage.

Die Perle der Karibik wurde Hispaniola genannt. Doch an dieser Perle haftet viel Blut. Fünfzig Revolutionen und Auf-

Zuckerrohrfelder kleiden den Inselstaat in ein prachtvolles Grün. Doch neben dem „süßen Stoff" ist der Tourismus seit langem ein entscheidender Wirtschaftsfaktor. Verglichen mit anderen karibischen Zielen ist die Dominikanische Republik durchaus preiswert und bietet eine bunte Erlebniswelt. Der Pico Duarte, mit 3175 Metern höchster Berg der Antillen, die Bernsteinküste „Costa de Ambar" die Stalagmiten in der Höhle von „Los Tres Ochos de Agua" oder das Naturschutzgebiet im Südwesten sind nur einige der sehenswerten Attraktionen. Hinzu kommen 500 Kilometer lange Sandstrände im Norden, eine vorbildlich renovierte Altstadt in Santo Domingo und das Casa de Campo nahe der Ortschaft La Romana im Süden, die vielleicht kompakteste Ferienanlage der ganzen Welt.

Traumstrände wie Punta Cana (links) haben das Image der Dominikanischen Republik als einer der attraktivsten Ferieninseln der Antillen geprägt. Doch auch wenn die Touristen mittlerweile viele Devisen bringen, sind Zuckerrohr- und Bananenanbau nach wie vor Grundlagen der Wirtschaft. Viel Mühe haben sich Regierung und Bevölkerung mit der Renovierung der Altstadt von Santo Domingo gegeben. Die Stadt (unten) gehört zu den Glanzlichtern einer jeden Karibikreise.

stände brachten in den vergangenen 85 Jahren 43 Präsidenten an die Macht. In seiner menschenverachtenden Haltung stand der langjährige dominikanische Diktator Trujillo seinen haitianischen Kollegen Papa und Baby Doc in nichts nach. Längst vorbei, wenn auch nicht vergessen, sind diese blutigen Zeiten. Heute wächst in der politisch stabilen Republik eine ebenso weltoffene wie kritische und arbeitsame Jugend heran.

Casa de Campo

300 großzügige Casita Rooms mit Blick auf Garten, Golf und Meer, 150 Villen mit bis zu vier Schlafzimmern und Privat-Pool; Klimaanlage, Deckenventilator, Telefon, Minibar, Safe, Kühlschrank, Balkon oder Patio.

Service

Neun Restaurants, 6 Bars, Strandbar, Konferenz-Zentrum, 14 Swimming-Pools, mehrere Boutiquen, Friseur, Schönheitssalon, Transport auf dem Hotelgelände, Kreditkarten, Airport-Transport, Mietwagen, Privatflughafen.

Aktivitäten

Drei 18-Loch-Golfplätze, 13 Tennisplätze (zehn mit Flutlicht), 3 Polofelder mit 200 Ponies, Reitschule mit 2000 Pferden, Fitnesscenter, Sauna, Dampfbad, Squash, Racket, Yachtclub, Tontaubenschießen, Schnorcheln, Segeln, Windsurfen, Hochseefischen, Kanus, Paddelboote, Flußfischen.

Unterhaltung

Karibisches Abendentertainment, Discos, Konzerte, Theater, Ausstellungen, Strand-Barbecues, Cocktail-Partys, organisierte Ausflüge.

Casa de Campo
P.O. Box 140, La Romana
Dominikanische Republik
Tel.: 001/809/52 33 33 3
Fax: 001/809/52 38 54 8

Zunächst einige der Superlative: Eigener Flugplatz, eigenes Tennisdorf mit 13 Plätzen, drei Pete-Dye-Golfplätze, 2200 Pferde und eine eigene Reit- und Poloschule, Marina mit mehreren Yachten, zehn Swimming-Pools, Fitnesscenter, Squashcourts und Racketballplätze, neun Restaurants, unterschiedlichste Bars, eigenes Konferenz-Zentrum, mehrere Boutiquen, fast alle Wassersportarten und ein eigenes Künstlerdorf – das Casa de Campo ist in vielerlei Hinsicht kaum zu übertreffen.

Die Super-Anlage – zum Teil vom weltberühmten Architekten Oscar de la Renta entworfen – gehörte einst der traditionsreichen Paramount-Filmgesellschaft. Einige Leinwand-Stars haben auf der 3000 Hektar großen Anlage ihr Refugium errichtet. 300 luxuriöse Studios und 150 Villen mit einem oder mehreren Schlafräumen – alles mit Edelhölzern und Rattanmöbeln eingerichtet – stehen den Gästen zur Verfügung.

Trotz dieser Größenordnung findet im Casa de Campo alles andere als die Massenabfertigung statt, die man vermuten könnte.

Die Hotelanlage wurde an einer Felsenküste erbaut. Mit einem Kutschservice erreichen die Gäste den künstlich aufgeschütteten Minitas Beach, in 20 Autominuten den Bayahibe Beach. Dort findet der Besucher einen der schönsten Strände der Welt. Umkleidekabinen, Duschen sowie eine Strandbar sind selbstverständlicher Service.

Zur Anlage gehört auch Altos de Chavon, eine nachgebaute

Die Strände beim Casa de Campo sind sowohl für Ruhesuchende als auch für Sportfans ein El Dorado. Alles andere als Gedränge herrscht auch an den 14 Swimming-Pools.

Siedlung aus dem 16. Jahrhundert, die der Ölmagnat Charles Bluhdorn errichten ließ. Das romantisch oberhalb eines Flusses gelegene Dorf ist eine wahre Künstlerdomäne, in der sich Konzerte, Filmfestivals, Ausstellungen und Prunkhochzeiten ablösen. Zur Eröffnung 1982 sang Frank Sinatra im dortigen Amphitheater. Seither traten so unterschiedliche Weltstars wie Julio Iglesias, Chick Corea oder Sergio Mendes auf.

Auch wenn mal gerade kein Superstar zugegen ist, erfüllt das Unterhaltungsprogramm mit Strand-Barbecues, karibischen Nächten oder heißen Merengue-Tänzer in der Diskothek alle Wünsche. Ob es um Unterhaltung, um Sport oder um Entspannung in einer exklusiven Atmosphäre geht – das Casa de Campo geizt mit nichts. Hinzu kommt ein freundlicher, ausgefeilter Service, der weltweit seinesgleichen sucht.

Anreise
Es gibt von der Bundesrepublik aus Direktflüge in die Dominikanische Republik. Die hoteleigene Abholung sorgt für den Weitertransport.

Auskunft
Dominikanisches Fremdenverkehrsamt, Voelckerstraße 24, 60322 Frankfurt/M, Tel. 069/59 70 330, Fax 069/59 09 28. Vor Ort: Über das Hotel Casa de Campo, P.O. Box 140, La Romana, Dom. Republik, Tel. 001/809/52 33 333, Fax 001/809/52 38 548.

Einreise-Formalitäten
Ein gültiger Reisepaß reicht aus. Visa oder Impfungen werden nicht benötigt.

Elektrizität
110 Volt. Meistens amerik. Flachstecker.

Essen und Trinken
Die Restaurants auf dem Gelände des Casa de Campo scheinen alle Spezialitäten der Welt auf ihren Speisekarten zu vereinigen. Wer einmal andernorts speisen möchte, sollte in Santo Domingo das Charlet Suizo oder das Meson de la Cave aufsuchen. Als Spezialität gelten vor allem gebratenes Schweine- und Ziegenfleisch sowie das Dessert „Quesillo de Leche".

Einkaufen
Die Naive Malerei aus dem Nachbarstaat Haiti hat mittlerweile Weltrang. Auch in der Dominikanischen Republik wird viel von dieser Kunst angeboten. Interessant ist außerdem der Bernsteinschmuck in allen Variationen. Die Hauptstadt Santo Domingo bietet zudem noch die exklusive Geschäftsstraße Calle Conde für die anspruchsvollen Kunden und die volkstümliche Calle Duarte mit guten Einkaufsmöglichkeiten.

Unternehmungen
Kurz vor der haitianischen Grenze liegt ein Naturschutzgebiet mit dem Lago Enriquillo, einem 40 Meter unter dem Meeresspiegel liegenden Salzwassersee. Krokodile und Flamingos haben dort ihre Heimat. Die vorbildlich renovierte Altstadt von Santo Domingo, der historische Seehafen Puerto Plata sowie das liebenswerte Fischerdorf Samana sind ebenfalls Ausflüge wert. Tanzfreudige dürfen sich auf heiße Nächte bei der Nationalmusik Merengue in den Diskotheken von Santo Domingo freuen.

Fotografieren
Im Gegensatz zu vielen dunkelhäutigen Völkern der Karibik lassen sich die zu 80 Prozent weißen oder kreolischen Dominikaner gerne ablichten. Fotomaterial sollte man allein aus Preisgründen von zu Hause mitbringen.

Geld
Die Landeswährung Peso sollte man aus Vorsichtsgründen nicht auf der Straße, sondern in den Banken oder Hotels wechseln. Kreditkarten werden von allen größeren Hotels akzeptiert.

Kleidung
Außerhalb der Hotels trägt man lange Hosen oder Röcke. Gäste in Shorts oder gar Badedress werden auf der Straße nicht gern gesehen.

Sport
Das Angebot im Casa de Campo ist allumfassend. Wer etwas ganz Besonderes will, sollte eine Klettertour auf den Pico Duarte unternehmen oder an einer Floßfahrt teilnehmen.

Sprache
Neben Spanisch verstehen viele Dominikaner auch Englisch. Es gibt sogar eine englischsprachige Wochenzeitung.

Transport
Von der Hauptstadt führen klimatisierte Busse in alle größeren Zentren. Innerhalb der Stadt gibt es ein gut funktionierendes Nahverkehrssystem mit Kleinbussen. Die Taxipreise werden ausgehandelt. Mietwagenfahrer müssen sich auf Schlaglöcher in den Straßen einstellen.

Klima
In den europäischen Sommermonaten wird es bis zu 33 Grad warm, während des Winterhalbjahres kann man mit etwa 27 Grad rechnen.

Jan.	Feb.	Mrch.	Apr.	May	June	July	Aug.	Sept.	Oct.	Nov.	Dec.	
27	27	27	28	29	29	29	29	30	30	28	27	○
21	21	22	22	23	24	24	24	24	24	23	22	☾
7	8	8	8	8	8	8	8	8	7	7	7	☼
26	26	26	27	27	28	28	28	29	29	28	27	≋
13	7	8	10	15	14	18	15	14	12	13	14	☂

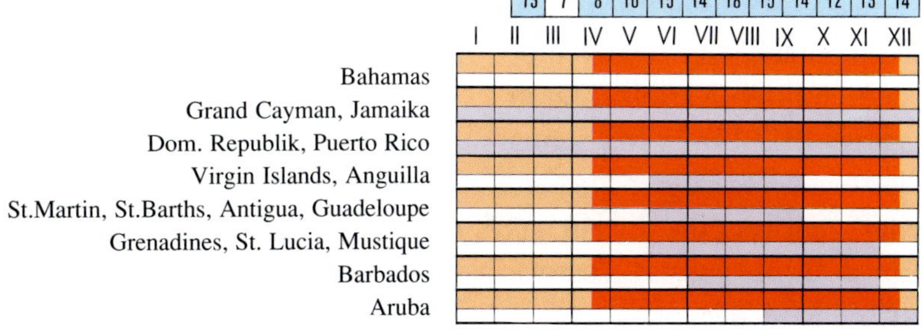

Steuernischen, Duty-Free und moderne Kreuzfahrer-Invasion – jungfräulich sind die Jungferninseln längst nicht mehr. Dafür aber schön, wunderschön.

Auf den Nummernschildern der Autos steht „American Paradise", und das entspricht der Wahrheit! Scheinbar täglich strömen Menschenmassen in die Hauptstadt Charlotte Amalie, um zollfreie Waren zu ergattern. Nach Geschäftsschluß legen die Schiffe samt Ladung wieder ab, und Ruhe kehrt dann auf der Insel St. Thomas ein.

Ruhig war es allerdings selten in der Geschichte der Virgin Islands, die der Entdecker Christoph Columbus im Jahre 1493 zu Ehren der Heiligen Ursula „Jungferninseln" nannte. Spanier, Franzosen, Engländer, Holländer, Dänen und Piraten lieferten sich heftige Kämpfe um die strategisch günstig gelegene Inselgruppe. Siegreich waren 1753 die Dänen. Städtchen wie Charlotte Amalie oder Christiansted auf St. Croix erinnern bis heute an die typische Architektur im fernen Dänemark. Die Nordlichter verkauften ihren Karibik-Traum allerdings 1917 für 25 Millionen Dollar an die Vereinigten Staaten. Seither gehören die Inseln als „nicht voll integriertes Territorium" zu den USA.

Einen ähnlich schnellen Flaggenwechsel in der Geschichte verzeichnen auch die weiter östlich gelegenen britischen Jungferninseln. Sie waren ehemals ein bevorzugter Schlupfwinkel karibischer Freibeuter aller Nationalitäten. In dem Gewirr der rund 1000 Inseln und zwischen den aus dem Meer herausragenden Klippen und Felsen gab es manch eine wahnwitzige Verfolgungsjagd. Unzählige Wracks in den flachen Inselgewässern sind noch heute Zeugen dieser abenteuerlichen Zeit. Nicht nur aus diesem Grund sind die British Virgin Islands

Langgezogene Strände vor tropischer Vegetation wie auf St. John sind auf den Virgin Islands keine Seltenheit. Die Inseln gelten zudem als Paradies für Segler und Taucher.

heute ein El Dorado für Taucher aus aller Welt – und darüber hinaus Treffpunkt für Segler sowie Ankerplatz diverser Geschäftsleute, die in diesem Steuerparadies Briefkastenfirmen unterhalten.

Apropos Paradies: Während die US-Virgin Islands schon lange das Ziel vor allem amerikanischer Besucher sind, träumen die britischen Jungfrauen noch von ihrer zweiten Entdeckung. Und entdecken können dort all jene viel, denen der Sinn nicht so sehr nach Unternehmung und Unterhaltung, sondern mehr nach Ruhe und Entspannung steht.

Für Erholungssuchende und Wassersportler sind die Strände vor der Hotelanlage gleichermaßen Traumgefilde. Die ein bis zweistöckigen Gebäude werden von tropischer Vegetation umringt und liegen teilweise direkt am Meer.

Ruhe, Ruhe, Ruhe – dieses Wort bestimmt den Charakter des Caneel Bay Hotels. Das Haus gehört zur Rosewood-Gruppe und wurde im Herzen des Virgin Island Nationalparks auf St. John gebaut. Sieben kleine Traumbuchten mit phantastisch weißem Pudersand umrahmen die Gästebungalows. Die niedrigen Gebäude verlieren sich fast in der

Hotel Caneel Bay, St. John

171 Gästebungalows und -zimmer an sieben kleinen Privatstränden, Windfenster, Ventilator, Telefon, Terrasse mit Garten- oder Meerblick.

Service

Vier Restaurants, Bars, Lounge, Bibliothek, Boutique, Pro-Shop.

Aktivitäten

Pool im Park; Tennispark mit elf Plätzen, Schnorcheln, Windsurfen, Segeln im Preis inbegriffen; gegen Gebühr Fischen, Hochseefischen, Tauchen.

Unterhaltung

Mehrmals wöchentlich abendliches Entertainment, Filmabende, Cocktail-Fahrten, Bootsausflüge, Wanderausflüge in den nahe gelegenen Nationalpark.

Caneel Bay
P.O. Box 720, Cruz Bay, St. John
U.S. Virgin Islands
00831-0720
Tel. 001/809/77 66 111
Fax 001/809/77 62 030

ausgedehnten Parkanlage. Im und am türkisfarbenen Wasser finden Sportler hier ideale Voraussetzungen für einen Aktiv-Urlaub.

Alles im Caneel Bay hat einen beschaulichen, in sich geschlossenen Charakter. Vielleicht ein Grund, warum gerade ältere Gäste dieses Hotel so sehr mögen. Die Zimmer und Restaurants ließ Rosewood gerade vorsichtig renovieren. So bekamen die Zimmer erstmals Telefon. 440 Angestellte kümmern sich um die Caneel-Gäste.

Ausgezeichnet sind die drei Restaurants, wovon eines, errichtet in einer Zuckermühle aus dem 18. Jahrhundert, zum Dinieren in kolonialem Ambiente einlädt.

Peter Island Resort and Yacht Harbour

51 Zimmer mit Mini-Bar, Telefon, Radio, Balkon, Klimaanlage, Deckenventilator; Villen mit 4 Schlafzimmern.

Service

Offenes Restaurant, Bar, Boutique, Postservice, Wäscherei, Shop, Massage- und Fitness-Center.

Aktivitäten

Bootsverleih, Segeln, Hochseefischen, Schnorcheln, 4 Tennisplätze (2 mit Flutlicht), Windsurfen, Wasserski, Golf auf St. Thomas.

Unterhaltung

Organisierte Ausflüge.

Peter Island Resort and Yacht Harbour
P.O. Box 211, Road Town
Tortola, British Virgin Islands
Tel. 001/809/49 42 561
Fax 001/809/49 42 313

Aus ein paar Ferienhäusern entwickelte sich ein Resort der absoluten Spitzenklasse. Die wilde Natur der Tropen umgibt es zu Land und zu Wasser.

Peter Island Resort ist eine der größeren der 50 British Virgin Islands. Das Resort liegt fünf Meilen südlich von Tortola und nur fünf Meilen östlich von St. John, der nächsten US-Nachbarinsel. Peter Island gehört zu jenen Inseln, die Columbus während seiner zweiten Reise in die neue Welt streifte. Heute noch gilt die Insel als ungezügeltes Land, mit all ihren tropischen Pflanzen und Blumen, den undurchdringlichen Hügeln und dem vielen Wild.

Das Resort entstand in den sechziger Jahren auf Initiative eines norwegischen Millionärs. Der Gast kann heute wählen: 28 Zimmer haben Blick auf die Sprat Bay und den Francis Drake Channel; 20 Räume sind der Deadman's Bay zugeordnet. Von au-

Little Dix Bay, Virgin Gorda

98 Zimmer (davon 44 klimatisiert) und vier vollklimatisierte Suiten, Telefon, Deckenventilatoren, Windfenster, Patio oder Terrasse mit Meerblick.

Service

Zwei Restaurants, eines davon in offener Bauweise, eine Bar, Boutique, Wassertaxis, eigener Yachthafen, Airport-Transport nach Virgin Gorda.

Aktivitäten

Sieben Tennisplätze, Surfen, Schnorcheln, Segelboote, Wasserski; gegen Gebühr Tauchen, Hochseefischen und Reiten.

Unterhaltung

Beach Partys, Film- und Tanzabende, Ausflüge zu anderen Inseln.

Little Dix Bay
P.O. Box 70, Virgin Gorda, British Virgin Islands
Tel. 001/809/49 55 555
Fax 001/809/49 55 083

Futuristisch verspielte Architektur inmitten prachtvoller Flora: Das Little Dix Bay Resort.

Der vor noch gar nicht so langer Zeit erst erwachte Tourismus auf den British-Virgin Islands findet auf Virgin Gorda (zu deutsch: fette Jungfrau) seinen Höhepunkt. Das Little Dix Bay Resort gehört ebenfalls zu der Rockefeller-Gruppe. Was die Zimmereinrich-

ßergewöhnlichem Flair sind die beiden Villen „Crows Nest“ und „Hawk‘s Nest“, deren Namen schon sagen was sie vermitteln: Nestwärme in absolutem Luxus. Entsprechend der Geschichte verbindet die Architektur auch hier skandinavische Gewohnheiten mit karibischen Stil.

Strandfreaks dürfen unter fünf verschiedenen Stränden wählen: In „Deadman's Bay“ sind alle Wassersporteinrichtungen plaziert. Die kleinste und intimste heißt „Honeymoon Beach“, während „Little Deadman's Bay“ für jedermann zugänglich ist. Hier aber sind die Schnorchelmöglichkeiten mit am besten. Der „Reef Bay“-Strand zieht sich über fünf Kilometer in die Länge, und „White Bay“ erlaubt einen traumhaften Blick auf die Nachbarinseln Norman Island und St. John.

tung und das Sportangebot angeht, so trifft dort das gleiche zu wie im Hotel Caneel Bay. Das Little Dix Bay jedoch wirkt etwas familiärer und beengter. Umgeben von sanften Hügeln, führt ein langgestreckter Strand an einer Bucht entlang, von einem Korallenriff geschützt wird. Das Wasser ist deshalb spiegelglatt, und darunter verbirgt sich eine reizvolle Flora und Fauna.

Für Taucher ist dieses Gebiet eine wahre Sensation. Vulkanausbrüche haben auf Virgin Gorda Unterwasserhöhlen und Grotten geformt, die nur von der Meerseite aus zu erreichen sind: „The Bath“. Allein ein Ausflug in diese Unterwasserwelt macht die Reise bereits lohnenswert.

Anreise

US-Virgin Islands: Über Puerto Rico, Miami oder New York nach St. Thomas. Von dort geht es weiter per Flugzeug oder Boot zu den Zielorten. British-Virgin Islands: Über Frankfurt nach San Juan (Puerto Rico), Antigua oder St. Maarten. Von dort aus Weiterflug nach Tortola (Beef Island Airport).

Auskunft

Fremdenverkehrsamt der US-Jungferninseln: Herderstraße 6-8, 63263 Neu-Isenburg, Tel.: 06 102/89 70 3, Fax: 06 102/89 70 1. Vor Ort: Division of Tourism, P.O. Box 6400, Charlotte Amalie, US-Virgin Islands 00840, Tel.: 001/809 7748784. British-Virgin Islands: British-Virgin Islands Tourist Board, Sophienstraße 5, 65189 Wiesbaden, Tel.: 0611/30 02 62, Fax: 0611/30 07 66. Vor Ort: BVI Tourist Board, P.O. Box 134, Road Town, Tortola, British-Virgin Islands.

Einreise-Formalitäten

Bei den US-Inseln muß außer dem gültigen Reisepaß auch ein Weiterflugticket vorgelegt werden. Dies gilt auch für die britischen Inseln.

Elektrizität

110 Volt, amerikanische Flachstecker.

Essen und Trinken

Auf allen Virgin Islands herrscht internationale Küche vor. Gefüllt wird die Speisekarte mit Fischgerichten und Meeresfrüchten. Kulinarisch ein Erlebnis ist der sogenannte Fish Fry, ein Strandpicknick mit reichhaltigem Buffet. Getrunken wird dazu Vin du Pays – kein französischer Wein, sondern ein Zuckerrohrgetränk.

Einkaufen

Britische wie US-Virgin Islands haben es in sich, die Amerikaner bieten jedoch die größere Auswahl. Da sie zollfreies Gebiet sind, kann aus der ganzen internationalen Warenwelt ausgewählt werden. Preise muß man vergleichen, teilweise liegen sie rund 20 Prozent unter den deutschen.

Unternehmungen

Auf St. John darf der Gast bei der Inselrundfahrt auf keinen Fall die Trunk Bay verpassen, die auf etlichen Plakaten für die Virgin Islands wirbt. Auf St. Croix ist außer dem malerischen Hauptort Christiansted auch das kleine, nur rund 25 Kilometer entfernte Frederiksted sehenswert. Von

St. Thomas aus kann man auch per U-Boot die Unterwasserwelt erkunden. Alte, halb zerfallene Plantagenhäuser, umgeben von hohem Gras, lokken bei der Inselrundfahrt sicher nicht nur die Romantiker. Wer im August Virgin Gorda besucht, darf sich auf eine viertägige Feier mit Tanz, Musik und Umzügen zur Erinnerung an die Sklavenbefreiung freuen.

Fotografieren

Auf St. Thomas kann man Filmmaterial ohne Probleme erstehen. Die Menschen lieben es gar nicht, abgelichtet zu werden.

Geld

Auf allen Inseln regiert der US-Dollar, auch auf den britischen Stützpunkten. Kreditkarten sind in den Hotels geläufig.

Kleidung

Freizeitbekleidung ist im allgemeinen ausreichend, doch zum Dinner (vor allem im Little Dix Bay) sollten sich die Gäste eleganter anziehen. Topless bräunen ist nicht gern gesehen.

Sport

Insgesamt gelten die Virgin Islands als ein Paradies für Yachties und Tauch-Fans.

Sprache

Gesprochen wird überwiegend Englisch.

Transport

Zwischen den Inseln verkehren kleine Fähren und Flugzeuge. Die festgelegten Taxipreise gelten jeweils für eine Person. Auch auf den Britischen Inseln liegen die Taxipreise fest.

Klima

Das Wetter ist nahezu perfekt. Die Tagestemperaturen liegen das ganze Jahr über zwischen 25 und 30 Grad. Die US-Inseln sind zwei, drei Grad kühler. Kurze Tropenschauer sind möglich, treten aber nur selten auf.

Jan.	Feb.	Mrch.	Apr.	May	June	July	Aug.	Sept.	Oct.	Nov.	Dec.	
27	27	27	28	29	29	29	29	30	30	28	27	○
21	21	22	22	23	24	24	24	24	24	23	22	☾
7	8	8	8	8	8	8	8	8	7	7	7	☼
26	26	26	27	27	28	28	28	29	29	28	27	≋
13	7	8	10	15	14	18	15	14	12	13	14	☂

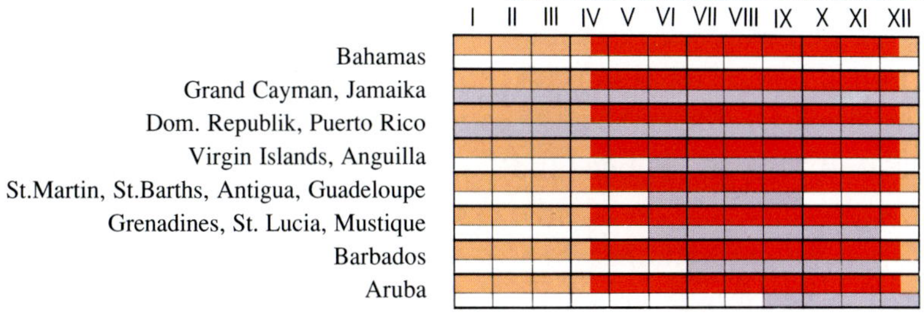

Erholsame Ruhe ist oberstes Gebot und Segeln der Nationalsport. Auf Anguilla fühlt man das Zerrinnen der Zeit und die Beständigkeit der Erinnerung.

Wenn der liebe Gott einen Platz für die himmlische Ruhe auf Erden suchen würde, so könnte sein Ziel Anguilla heißen. Ohne Hast, betulich und geruhsam verläuft das Leben auf der Insel am nördlichen Ende der Leeward-Kette. Langgestreckt wie ein Aal liegt das flache Eiland mit seinen dreißig Stränden, Korallenriffen und Unterwasserhöhlen zwischen Atlantik und karibischem Meer. An der breitesten Stelle mißt Anguilla gerade einmal fünf Kilometer und ist somit ein Wanderparadies zwischen der eher heftigen Atlantikbrandung und den ruhigeren Wogen der Karibik.

Kleine Holzhäuschen in Rot und Gelb, Fischer, die mit ihren schlanken, schnellen Booten an den Sandstränden anlanden, eine tropische, für diesen Breitengrad eher karge Vegetation und kleine, vorgelagerte Inseln – das sind nur einige optische Eindrücke einer in sich ruhenden Harmonie. Hinzu kommen freundliche, aufgeschlossene Menschen, die Tanz und Calypso lieben und den Nationalfeiertag am 30. Mai mit einer Bootsregatta begehen. Anguilla liegt fernab vom hektisch-lauten Geschehen der Welt – und das war eigentlich schon immer so.

Erst 1650 wurde die Insel durch Engländer besiedelt. Abgesehen von zwei Angriffen der Franzosen begannen damit zunächst einmal zwei Jahrhunderte geruhsamen Lebens. Seit 1825 gehörte die Insel zur britischen Krone, doch ab 1966 sollte sie von der Nachbarinsel St. Kitts aus regiert werden. Und da erwachte Anguilla plötzlich aus seinem Dornröschenschlaf. Erfolgreich wehrte es sich gegen die geplante Fremdregierung und rief zehn Jahre später durch den Mund des Geistlichen Ronald Webster die „kleinste Republik der Welt“ aus.

Ob an den Stränden wie vor dem Malliouhana (oben) oder auf der Restaurant-Terrasse des Cap Juluca (links) und in den fürstlichen Weinkellern: Die Hotels auf Anguilla locken in jeder Hinsicht mit höchster Exklusivität.

Malliouhana Hotel

53 Doppelzimmer im Haupthaus und in sieben Villas, sieben Junior Suiten mit Terrasse, drei große Suiten mit einem oder zwei Bädern, Patio und Terrasse. Alle Räume mit Telefon, Minibar, Deckenventilator, Privatbar, Safe und Klimaanlage.

Service

Sternengekrönte Französische Küche, Restaurant in teilweise offener Bauweise, großer Swimming-Pool mit Liegeterrasse, Bar, Hausbar, TV-Raum, Boutiquen, Friseur, Massage. Kreditkarten nur in Restaurants, Bar, Shops.

Aktivitäten

Vier Tennisplätze (drei mit Flutlicht), Wassersportzentrum für Segeln, Windsurfen, Schnorcheln, Wasserski (alles gratis); Hochseefischen und Tauchen; Fitneßraum.

Unterhaltung

Gelegentlich karibisches Entertainment.

Malliouhana Hotel
P.O. Box 173, Meads Bay Leeward Island
Anguilla British West Indies
Tel.: 001/809/49 76 11 1
Fax: 001/809/49 76 01 1

Romantisch geformt und idyllisch gelegen: Der Swimming-Pool des Malliouhana.

Seit das Malliouhana seine Tore geöffnet hat, verfügt der romantisch-verträumte Insel-Winzling über eines der prächtigsten Hotels der Karibik.

Werbung hat das Malliouhana kaum nötig, da das auf einem Felsen oberhalb eines langen weißen Sandstrandes gelegene Hotel längst genug treue Stammgäste hat. Wen wundert's, gehört die inmitten tropischer Vegetation errichtete Anlage doch zur absoluten Weltklasse. Marmorbäder mit teilweise vergoldeten Armaturen, edelste französische Eßkultur, ein traumhaft eingerichtetes Openair-Restaurant und

Cap Juluca

34 Zimmer mit Meerblick, besonders großzügigem Bad, Ankleideraum und Terrasse, einige Zimmer mit kleiner Küche; 18 Suiten mit ein oder zwei Schlafräumen, Wohnraum, zwei oder drei Bädern, Patio, privater Sonnenterrasse; Villen mit vier oder fünf Schlafzimmern. Alle Räume sind klimatisiert und verfügen über Safe und Privat-Bar.

Service

Restaurant, Bar, Boutique, Bibliothek, Abholdienst von Flughafen und Fähre.

Aktivitäten

Drei Tennis-Plätze (zwei mit Flutlicht), Segeln, Windsurfen, Schnorcheln, Hochseefischen, Wasserski, Crocket.

Unterhaltung

Bar, Yacht-Cruises, organisierte Ausflüge.

Cap Juluca
P.P. Box 240 Maunday's Bay,
Anguilla British West Indies
Tel. 001/809/49 76 666
Fax 001/809/49 76 617

Dieses neue Resort ist nicht nur für das Malliouhana Konkurrenz: Im Südwesten von Anguilla, auf einer 180 Hektar großen Halbinsel, entstand Cap Juluca. Das 72 Hektar große, nur dem Urlauber vorbehaltene tropische Paradies besteht aus 12 zweistöckigen Villas und sechs „Pool-Villas" – allesamt weiße Bauten im maurischen Stil, mit romantischen Kuppeln und Türmen, die sich hinter dichtverwobenen Bäumen verstecken. Vor Cap Juluca liegt ein etwa zwei Kilometer langer, schneeweißer Traumstrand. Am Liegestuhl hißt man einen Wimpel, und schon naht der kühle Drink.

Mindestens 50 Quadratmeter groß sind die Zimmer und Suiten. Alle besitzen eine schattige Terrasse oder eine Veranda. Frühstücken kann man im Restaurant

am Pool oder ganz selbstverständlich auf der Zimmer-Terrasse. Kulinarische Freuden mischen sich in den Restaurants Chatterton (leichte Gerichte) und Pimm's (französische Feinschmecker-Küche) mit der willkommenen Erfrischung durch die kühle Brise, die durch die offenen Arkaden hindurchweht.

Zimmer sowie Suiten, in denen Innenarchitekten ihre Vorstellungen auf gelungene Weise verwirklicht haben – das Malliouhana ist eine vollkommene Symbiose aus exklusiver Eleganz und tropischer Gelassenheit.

Wie ein maurischer Palast erscheinen die weißen Häuser vor grüner Vegetation. Alle Gebäude tragen Blumennamen – ein Hinweis auf die blühende Pflanzenpracht und die natürliche Eleganz der gesamten Anlage. Aktivitäten von Tennis (auch nachts) über Wassersport bis zum Hochseefischen und Tauchen sowie die lange Bucht mit dem hellgelben Sand bieten ungeahnte Möglichkeiten für ebenso erholsame wie anregende Tage.

Die Architektur des Cap Juluca verheimlicht nicht ihre arabischen Einflüsse, und in diesem Märchen-Hotel werden die Erinnerungen an 1001 Nacht wieder wach.

Die Küste vor Cap Juluca ist ein Dorado für Muscheltaucher. Das Sport-Angebot befriedigt jeden Wassersport-Wunsch. Doch auch wer diese Oase eines unaufdringlichen Luxus verläßt, findet nur Ruhe und freundliche Menschen. Das aufregendste an Anguilla sind nämlich freilaufende Ziegen.

Anreise
Von Frankfurt nach Antigua oder St. Maarten, San Juan (Puerto Rico), St. Kitts sowie St. Thomas. Alle diese Flughäfen haben Zubringerdienste nach Anguilla.

Auskunft
In der Bundesrepublik Deutschland keine Vertretung. Vor Ort: Anguilla Department of Tourism, The Valley, Anguilla, BWI, Tel. 001/809/497 275 9.

Einreise-Formalitäten
Ein gültiger Reisepaß ist ausreichend, ein Weiter- oder Rückflugticket muß bei der Einreise vorgelegt werden.

Elektrizität
110 Volt, amerikanische Steckdosen.

Essen und Trinken
Es gibt zahlreiche Restaurants auf der Insel – sowohl für Barfußläufer als auch für Krawattenträger –, die oftmals am Strand liegen. Am Abend wird zum Dinner Musik gespielt. Gekocht wird dort vielfach kreolisch mit Fisch und Meeresfrüchten sowie einheimischen Gemüsen, Tapioka und Süßkartoffeln. Neben den genannten Hotels empfiehlt sich auch die Küche des Le Fish Trap am Strand von Island Harbour.

Einkaufen
Anguilla ist ein Strand- und kein Einkaufsparadies. Die schönsten Andenken finden sich an der Maunday's Bay: Muscheln in skurrilen Formen und schillernden Farben.

Unternehmungen
Wer die Menschen auf Anguilla verstehen möchte, sollte einen Gottesdienst besuchen – es gibt auf der kleinen Insel sieben verschiedene Religionsgemeinschaften. Freitags und samstags lädt Johnny's Beach Bar zum Tanz unter karibischem Sternenhimmel ein. In der ersten Augustwoche tobt der Karneval.

Fotografieren
Filmmaterial sollte man unbedingt mitbringen. Die Menschen sind zwar sehr freundlich, doch vor dem Ablichten sollte man sie fragen!

Geld
Die offizielle Währung ist der East Caribbean Dollar. Devisen können in drei Banken getauscht werden. Kreditkarten werden häufig nicht akzeptiert.

Kleidung
Leichte Sommerkleidung ist im allgemeinen ausreichend, nur in den genannten Hotels kleidet man sich zum Dinner eleganter. Die Menschen auf Anguilla sind sehr christlich und sehen Gäste in Badekleidung an öffentlichen Orten nicht gern. Topless bräunen an den Stränden ist ebenfalls verpönt.

Sport
Außer den von den Hotels angebotenen Sportarten gibt es keine Betätigungsfelder für Urlauber; dafür aber jede Menge Ruhe und Entspannung.

Sprache
Eine problemlose Verständigung in Englisch ist gewährleistet.

Transport
Die Taxifahrer lieben es, den Fremdenführer zu spielen, und so kann der Gast Land und Leute bequem kennenlernen. Wer einen Mietwagen leiht, muß sich auf Linksverkehr einstellen. Vorher sollte man sich am Flughafen oder bei der Polizeiwache eine Fahrerlaubnis (sechs US-Dollar) kaufen.

Klima
Die Temperaturen sinken nie unter 25 Grad. Wenn es am Tage einmal regnet, dann nur in Form von kurzen Schauern.

Jan.	Feb.	Mrch.	Apr.	May	June	July	Aug.	Sept.	Oct.	Nov.	Dec.	
27	27	27	28	29	29	29	29	30	30	28	27	○
21	21	22	22	23	24	24	24	24	24	23	22	☾
7	8	8	8	8	8	8	8	8	7	7	7	☼
26	26	26	27	27	28	28	28	29	29	28	27	≋
13	7	8	10	15	14	18	15	14	12	13	14	☂

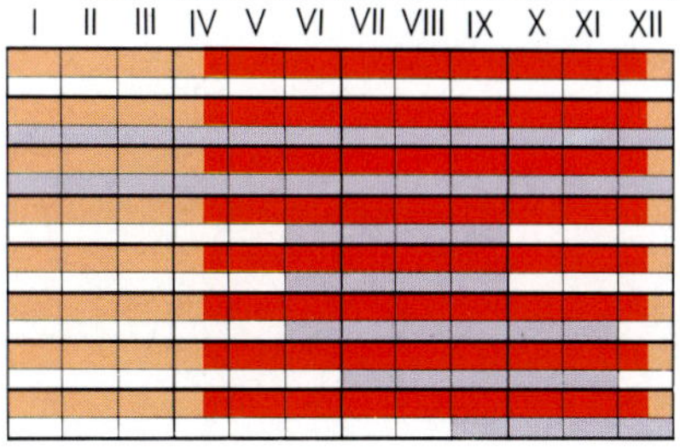

Frankreich trifft Holland auf den Antillen, und es folgen Jahrhunderte ohne Streit. Doch St. Martin ist mehr als ein politisches Novum in der Karibik.

Es ist schon bemerkenswert: Während die meisten Inseln der Antillen im Laufe ihrer Geschichte als Spielball europäischer Kolonialmächte in kriegerischen Auseinandersetzungen hin- und hergeworfen wurden, ist die Vergangenheit von St. Martin durch gegenseitige Akzeptanz verschiedener Nationen geprägt. Immerhin seit 1648 leben auf dem nur 99 Quadratkilometer großen Eiland Franzosen und Holländer in mehr oder weniger friedlicher Koexistenz. Es gibt zwei Hauptstädte, in drei Währungen wird gehandelt, und den meisten Bewohnern sind vier Sprachen geläufig. An der eher imaginären Grenze weisen nur zwei Schilder auf den Landeswechsel hin. Eine Paßkontrolle wird auf St. Martin

Wer sich mit dem Boot dem Hotel La Samanna auf St. Martin nähert, wird beim ersten Anblick von der maurisch anmutenden Architektur der Gebäude fasziniert sein. Nach anregendem Strandleben mit viel Wassersportmöglichkeiten lockt am Abend die exzellente Küche des Restaurants und ein wunderbarer Ausblick auf das Meer.

– oder holländisch „St. Maarten“ – nicht durchgeführt, jedoch ist die ganze Insel zollfreies Gebiet.

Columbus entdeckte das Eiland am Martinstag des Jahres 1493, und zunächst setzten sich die Spanier dort auch fest. Erst Peter Stuyvesant, holländischer Gouverneur von Aruba und späterer Begründer einer Stadt, die heute New York heißt, versuchte, die Spanier zu vertreiben. Diese wehrten sich anfangs mit Erfolg, zogen aber einige Jahre später freiwillig ab, da ihnen St. Martin keine Reichtümer versprach.

Der französische Teil der Insel wird heute von Guadeloupe aus verwaltet. Der recht freizügige Lebensstil der Grande Nation prägt auch das Wesen der Insel. Badekleidung wird nicht an allen der 36 Strände erwartet. Die Restaurants sind wegen ihrer Küche und des oftmals entzückenden Ambientes gleichermaßen empfehlenswert. Im Gegensatz dazu steht dann unerwartet das 1783 gegründete Städtchen Philippsburg mit seinen typisch altehrwürdigen holländischen Bürgerhäusern. Reizvolle Kontraste also auf der hügeligen Insel, entstanden in Jahrhunderte währender gegenseitiger Friedfertigkeit.

Hotel La Samanna

11 Superior-Zimmer im Haupthaus, 51 Zimmer und Suiten in 15 Villen, mit Telefon, Klimaanlage, alle mit Meerblick; Villen mit Küche, Wohnzimmer, Terrasse, Deckenventilatoren.

Service

Swimming-Pool am Haupthaus, Restaurants auf Terrassen, Bar, Boutique, Bibliothek, Kreditkarten, Mietwagen.

Aktivitäten

Drei Tennisplätze, Segeln, Windsurfen, Wasserski, Schnorcheln; gegen Gebühr Tauchen, Motorboot, 18-Loch-Golfplatz in vier Kilometern Entfernung, Fitness-Pavillon, Massage.

Unterhaltung

Kein eigenes Angebot, doch bietet das nahe gelegene Mullet Bay Resort neben sechs Restaurants, Diskothek und Barbecues auch ein Kasino.

Hotel La Samanna
B.P. 407797064
Saint Martin Cedex, French West Indies
Tel. 00 590/87 51 22
Fax 00 590/87 87 86

Schon die romantische Lage dieses Juwels macht deutlich, warum das La Samanna im französischen Teil der Insel von internationaler Prominenz geschätzt wird. Die Häuser der im maurischen Stil entworfenen Anlage liegen auf einer Klippe über einem langgestreckten, hellgelben Strand.

Blau und Weiß sind die Grundfarben der luxuriös eingerichteten Zimmer und Suiten. Eine Farbkombination, die der Eleganz des Hotels entspricht.

Das arkadengeschmückte Hauptgebäude ist wie die Villen ganz in Weiß gehalten und steht damit in eindrucksvollem Kontrast zu dem hellgelben Sand des Strandes und der dunkelgrünen Vegetation der Umgebung.

Das La Samanna liegt zwar nur zwölf Kilometer vom Flughafen entfernt, doch ist Abgeschiedenheit einer der Vorzüge dieser mit Millionenaufwand renovierten Luxusanlage. Erstklassige französische Kochkunst wird im Restaurant serviert, und die Weinauswahl läßt keinen Wunsch unerfüllt.

Die drei Greenset-Tennisplätze sind überaus gepflegt, der große Swimming-Pool wurde phantasievoll in die Architektur eingefügt, und das reiche Wassersportangebot entspricht dem hohen Standard der Spitzenhotels in der Karibik.

Grüne Vegetation, strahlend weiße Gebäude und ein imposanter Swimming-Pool sind nur einige der Gründe, warum die Prominenz aus allen Teilen der Welt oft im La Samanna zu Gast ist.

Die Atmosphäre in dem zur luxuriösen Rosewood-Hotelgruppe gehörenden Haus ist immer angenehm ungezwungen. Hinzu kommt, daß die Zimmerzahl überschaubar ist und der intime Charme der Anlage überall erhalten blieb. Besondere Erwähnung müssen die großzügig angelegten Suiten der Villen finden. Sie liegen direkt am Strand und haben eine eigene Sonnenterrasse. Von dort aus hat man einen phantastischen Ausblick auf das Meer am Long Beach.

So geschmackvoll das La Samanna errichtet wurde, so phantasievoll hat schon die Natur die nähere Umgebung geformt. Grün bewachsene Landzungen liegen weit und flach ausgestreckt im azurblauen karibischen Meer. Diese reizvolle Gesamtatmosphäre macht jede noch so weite Reise lohnenswert.

Anreise
Preiswert und doch schnell erreicht man St. Martin über San Juan in Puerto Rico oder über Antigua. Mit karibischen Linien geht es weiter. Ebenfalls möglich ist ein Direktflug ab Paris.

Auskunft
Französisches Verkehrsbüro, Westendstraße 47, 60325 Frankfurt, Tel.: 069/7560830, Fax 069/752187. Vor Ort: Tourist Office, De Ruyterpleu, St. Martin.

Einreise-Formalitäten
Reisepaß sowie Rück- oder Weiterflugticket.

Elektrizität
220 Volt im französischen Teil, 110 Volt im holländischen Gebiet.

Essen und Trinken
Die karibische Kochkunst ist längst von französischer und holländischer Küche verdrängt worden. Da Dinieren nicht nur bei den Besuchern, sondern auch bei den Inselbewohnern eine Lieblingsbeschäftigung ist, sind trotz zahlreicher Restaurants Tischbestellungen wichtig. Neben den französischen Restaurants in Marigot ist das La Maison des Pêcheurs wegen der guten kreolischen Küche bekannt.

Einkaufen
Zollfreie Waren werden in beiden Hauptstädten in zahlreichen Geschäften angeboten. Die holländische Hauptstadt Philipsburg sollte man beim Einkaufen an all jenen Tagen meiden, an denen Kreuzfahrtschiffe im Hafen liegen.

Unternehmungen
Die Markttage in Marigot und Philipsburg lokken mit einem bunten, ungezwungenen Treiben. Auf St. Martin befinden sich recht große Seen, oftmals nur durch eine Landzunge vom Meer getrennt. Ausflüge dorthin sprechen nicht nur Romantiker an. Den St. Martins-Tag am 11. November begehen die Bewohner zur Festigung der holländisch-französischen Freundschaft mit Paraden an der imaginären Grenze. Die Holländer feiern am 30. April und die Franzosen am 14. Juli mit viel Musik, Tanz und Feuerwerk ihren jeweiligen Nationalfeiertag. Im holländischen Teil wird daraus gleich ein dreiwöchiger Karneval gemacht. Insgesamt gilt aber: St. Martin ist eine Insel für stille Genießer.

Fotografieren
Die Bewohner von St. Martin haben sich längst daran gewöhnt, abgelichtet zu werden. Trotzdem sollte man sie vorher aus Gründen des Anstands um Erlaubnis bitten.

Geld
Je nachdem, wo man sich befindet, ist die Landeswährung der holländische Gulden oder der französische Franc. Der US-Dollar ist die dritte inselweit akzeptierte Währung. Zudem werden bei Barzahlung mit Dollar oft Rabatte gewährt.

Kleidung
St. Martin gehört zu den wenigen Inseln des karibischen Archipels, auf denen topless bräunen nicht verpönt ist. An einsamen Buchten braucht man sogar keinerlei Badekleidung. In den Hotels und auch in den Städten ist legere, aber korrekte Garderobe erwünscht.

Sport
Das Angebot dreht sich hauptsächlich um die Wassersportarten, doch die hügelige Insel lädt auch zu ausgedehnten Wanderungen ein.

Sprache
Neben der eigenen Sprache Papiamento wird natürlich Holländisch, Französisch und sogar Englisch gesprochen.

Transport
Zwischen allen wichtigen Orten der Insel verkehren Busse, die fast überall halten. Die Taxipreise werden anhand einer Liste ermittelt.

Klima
Regen ist recht selten, und wenn, dann gibt es kurze, aber heftige Schauer. Das ganze Jahr über bewegt sich die Lufttemperatur um 25 Grad.

Jan.	Feb.	Mrch.	Apr.	May	June	July	Aug.	Sept.	Oct.	Nov.	Dec.	
27	27	27	28	29	29	29	29	30	30	28	27	○
21	21	22	22	23	24	24	24	24	24	23	22	☾
7	8	8	8	8	8	8	8	8	7	7	7	☼
26	26	26	27	27	28	28	28	29	29	28	27	≈
13	7	8	10	15	14	18	15	14	12	13	14	☂

Bahamas
Grand Cayman, Jamaika
Dom. Republik, Puerto Rico
Virgin Islands, Anguilla
St.Martin, St.Barths, Antigua, Guadeloupe
Grenadines, St. Lucia, Mustique
Barbados
Aruba

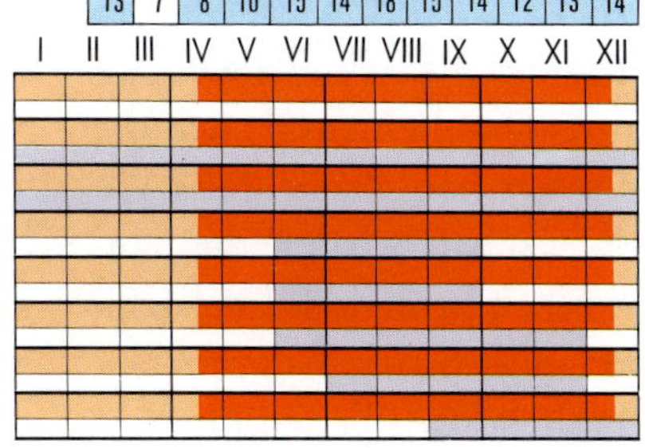

Klein aber fein, elegant aber zwanglos – St. Barthelémy verbindet spielend französischen Lebensstil mit karibischer Offenherzigkeit.

An karibischen Kuriositäten mangelt es dem 22 Quadratkilometer großen Inselwinzling nicht. So sind die meisten Einwohner blond, blauäugig und haben eine helle Haut. Die betagteren Herrschaften sprechen Französisch mit gallischem Akzent. Und während die jüngeren Damen sich sogar freizügig topless am Strand bewegen, tragen die älteren beim Kirchgang noch die weißen, traditionellen Hauben aus der Normandie. Aus diesem Teil Frankreichs und der Bretagne kamen auch im Jahre 1648 die ersten Siedler. Und ein karibisches Stück Grande Nation ist St. Barths, wie die Bewohner ihre Insel liebevoll nennen, bis heute geblieben.

Die Schweden übernahmen 1784 das Ruder, da sie dem Mutterland Frankreich im Gegenzug Handelsrechte in ihrem Land einräumten. Kurzerhand wurde dann St. Barths' Hauptort zu Ehren des damaligen schwedischen Herrschers in Gustavia umbenannt und der Freihandel eingeführt. Den behielten auch die Franzosen bei, als sie 1878 die Inselherrschaft wieder übernahmen. Noch heute blüht der zollfreie Handel. So frischen zum Beispiel etliche Antillen-Skipper in Gustavia regelmäßig ihre Getränkevorräte wieder auf.

Viele kleine Buchten und ebenso viele steile Hügel dominieren das Landschaftsbild von St. Barths. Die Hauptstadt, in der 90 Prozent aller Einwohner leben, liegt malerisch an einem kleinen Naturhafen. Die Ruinen von vier Festungen erinnern dort daran, daß es auf St. Barths nicht immer so friedlich und fröhlich zuging. Frohsinn und Lebenslust prägen allerdings heute ganz deutlich den Charakter der Insel. Sie befindet sich zu großen Teilen im Privatbesitz der Dynastien Rothschild und Rockefeller. Sehen und gesehen werden gehört zum Lebensstil auf St. Barths! Niemand versteckt sich hinter seinem eigenen Schatten, und wohl

nirgendwo andernorts gibt es so viele Privatpartys, die so privat dann doch gar nicht sind.

Feste feiern, vorzüglich speisen, preiswert trinken, tanzen, flirten und entspannt miteinander kommunizieren – das lieben die Besucher von St. Barths. Wer offen für all diese Genüsse ist, kann auf den Antillen keinen geeigneteren Ort finden.

Ob in der kleinen Hafenstadt Gustavia (oben) oder beim Hotel Guanahani: St. Barths lockt mit einem romantischen Ambiente.

Leicht erhöht auf einem kleinen Berg liegend, blickt das Hotel Guanahani gleich auf zwei Buchten hinunter. Allein schon diese romantische Lage hat Reisejournalisten und Gäste aus aller Welt immer wieder ins Schwärmen gebracht. Zu Recht, wenn auch die Bucht hinter dem kleinen, intimen Strand sehr flach ist. Begeisterte Schwimmer müssen zunächst einmal ein Stück durch Wasserpflanzen waten, bevor sie keinen Grund mehr unter den Füßen spüren. Aber: Der Swimming-Pool direkt am Strand gleicht diesen kleinen Makel spielend aus. Er gehört zum Schönsten, was es weltweit gibt. Zudem findet der Besucher nur 50 Meter Luftlinie entfernt einen hervorragenden, breiten Badestrand vor – wenn auch zunächst ein Zaun zum privaten Nachbargelände überklettert werden muß.

Das Restaurant „Bartolomeo" im Guanahani zählt zu den besten Adressen auf den „Inseln über dem Wind". Das Freiluft-Frühstücksrestaurant direkt am Pool ist zudem kulinarisch und optisch ein verwirklichter Traum für Gourmets, die Wert auf architektonische Eleganz legen. Die Zimmer und Suiten sind für ein Haus dieser Klasse zwar eher klein geraten, doch wurden sie dafür sehr funktional und geschmackvoll eingerichtet. Alle Zimmer bieten einen durch nichts beschränkten Blick auf das Meer. Die Suiten haben jeweils einen eigenen kleinen Pool.

Das Sportangebot ist über und unter dem Wasser allumfassend. Die zwei Tennisplätze, deren Benutzung kostenlos ist, sind gut gepflegt. Interessant ist vor allem auch die Lage des Guanahani: Bis zum Städtchen Gustavia mit all seinen Bars, Restaurants, Shops

Das Guanahani liegt inmitten blühender tropischer Vegetation direkt am Strand. Nach erholsamen Stunden am phantastischen Swimming-Pool locken erfrischende karibische Cocktails an der Bar.

Hotel Guanahani

79 Zimmer, überwiegend mit Meer- und Gartenblick. Mit Farb-TV, Radio, Minibar, Safe, Deckenventilator, Klimaanlage, Terrasse oder Balkon. Suiten mit Privatpool.

Service

Zwei Restaurants, zwei Swimming-Pools und Whirlpool, Bar, Kreditkarten, Mietwagen, Airport-Transport.

Aktivitäten

Zwei Tennisplätze mit Flutlicht sowie Pedal-Boote sind im Preis inbegriffen; zusätzlich Windsurfing, Segeln, Wasserski, Hobie Cats, Tauchen, Hochseefischen und Kurse in Wassersport und Tennis.

Unterhaltung

Segeltouren und Inselrundfahrten.

Hotel Guanahani
Anse de Grand Cul de Sac Marigot
B.P. 609 Saint-Barthélemy Cédex 97098
French West Indies
Tel.: 00 59 0/27 66 60
Fax: 00 59 0/27 70 70

Die Zimmer des Guanahani sind klein aber fein und vom Balkon oder der Terrasse blickt der Gast direkt auf das Meer.

und Unterhaltungsmöglichkeiten sind es nur 15 Fahrminuten. Ein idealer Ort also, um in exklusiver Atmosphäre am illustren Treiben auf St. Barths teilzunehmen.

Apropos Exklusivität: Das strahlende Weiß und die Pastelltöne der Inneneinrichtung des Guanahani sind höchst sensibel aufeinander abgestimmt, das Dekor kombiniert auf phantasievolle und charmante Weise französische Eleganz und karibische Leichtigkeit. Vielleicht liegt hierin ein Grund, warum namhafte Design-Publikationen immer wieder diese Hotel-Perle auf St. Barths vorstellen.

Anreise
Am einfachsten reist man über die Nachbarinsel St. Maarten an. Neben karibischen Fluggesellschaften übernehmen dort auch Boote den Weitertransfer. Zusätzliche Anreisemöglichkeiten gibt es über Guadeloupe, Antigua, Anguilla, Puerto Rico und St. Thomas.

Auskunft
Französisches Verkehrsbüro, Westendstr. 47, 60325 Frankfurt, Tel.: 069/75 60 830, Fax 069/75 21 87. Vor Ort: Office du Tourisme, Rathaus, Rue August-Nyam, Gustavia, St. Barthélemy.

Einreise-Formalitäten
Ein Reisepaß genügt. Wer über Guadeloupe einreist, benötigt nur einen Personalausweis.

Elektrizität
Die Stromspannung beträgt 220 Volt.

Essen und Trinken
Natürlich herrscht in den Küchen der ganzen Insel französische Kochkunst vor. In einigen Restaurants gastieren sogar mehrmals jährlich französische Köche. Neben dem Restaurant im Guanahani sind das L'Ananas sowie das Le Brigantin zu empfehlen. Frühzeitige Reservierungen sind unbedingt notwendig, da beide Häuser Treffpunkte all jener sind, die später zu den „öffentlichen" Privatpartys aufbrechen.

Einkaufen
Als Freihafen bietet St. Barths in unzähligen Geschäften exklusive Waren aus aller Welt zu weniger exklusiven Preisen als andernorts üblich. Eine schöne Erinnerung sind sicherlich die bunten, fröhlich wirkenden Strandsachen.

Unternehmungen
Natürlich wird jeder Besucher viel Zeit im Ort Gustavia verbringen, liegt dieser doch nicht nur romantisch an einer wunderschönen Bucht, sondern hat trotz oder gerade wegen der Puppenstuben-Architektur ungemein viel Flair. St. Barths ist ausgezeichnet mit den anderen „Inseln über dem Wind" verbunden. Erkundungsfahrten dorthin sind also problemlos möglich. Ende August feiert man ein Sportfest mit vielen kulinarischen Köstlichkeiten auf St. Barths. Und zu den gewohnten Daten (sechs Wochen vor Ostern) legt der Karneval die Insel lahm. Gefeiert wird auch am 14. Juli der Bastille-Tag.

Fotografieren
Wie auf allen französisch geprägten Inseln der Karibik lassen sich die Menschen von St. Barths nicht gern auf's Negativ bannen. Schöne Motive finden sich an den unzähligen kleinen Strandbuchten und im Hauptstädtchen Gustavia.

Geld
Zahlungsmittel ist der französische Franc, doch mit amerikanischen Dollars kommt man gut zurecht. Außerhalb des Hotels Guanahani werden Kreditkarten oft nicht akzeptiert.

Kleidung
Nach Sonnenuntergang sind im Hotel Shorts oder T-Shirts nicht gern gesehen. Bei dem freizügigen Charakter der Insel reicht ansonsten aber leichte Freizeitkleidung. St. Barths ist eine der wenigen Inseln der Karibik, auf denen die Damen topless baden können.

Sport
Außerhalb der Hotels wird nichts angeboten. Für Wanderer ist die kleine hügelige Insel allerdings ein Ort erfüllter Träume.

Sprache
Gesprochen wird Französisch; einige Einheimische verstehen aber auch Englisch.

Transport
Taxis sind oft nur zur Hand, wenn Besucher aus St. Maarten zu einem Tagesausflug auf St. Barths landen. Da ein öffentliches Verkehrsnetz fehlt, sind Mietwagen die beste Möglichkeit, die Insel zu erkunden.

Klima
Eigentlich das ganze Jahr über liegt die Temperatur bei 28 Grad. Regen ist sehr selten, und wenn überhaupt, dann tritt er nur in Form kurzer Tropenschauer auf.

Jan.	Feb.	Mrch.	Apr.	May	June	July	Aug.	Sept.	Oct.	Nov.	Dec.	
27	27	27	28	29	29	29	29	30	30	28	27	○
21	21	22	22	23	24	24	24	24	24	23	22	☾
7	8	8	8	8	8	8	8	8	7	7	7	☼
26	26	26	27	27	28	28	28	29	29	28	27	≋
13	7	8	10	15	14	18	15	14	12	13	14	☂

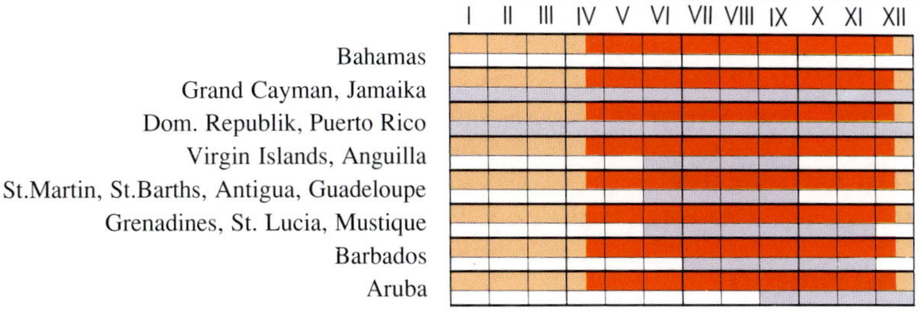

Lebhafte Geschichte, karge Landschaft und britisch geprägter Lebensstil. Wer Karibik sagt und Strand meint, landet auf Antigua und Barbuda genau richtig.

Ob er sich wohl auch so amüsiert hat wie die heutigen Besucher der geschichtsreichen Insel? Horatio Nelson, der spätere Admiral und britische Held von Trafalgar, verbrachte einige stürmische Jahre auf Antigua. Die Insel war im 17. und 18. Jahrhundert Operationsbasis der Engländer. Und Mr. Nelson selbst war am Bau einer Werft auf der Insel beteiligt, die nach ihm benannt wurde: Nelson's Dockyard.

Die im Jahre 1493 von Columbus entdeckte und 130 Jahre später von den Briten besiedelte Insel war von jeher einer der politischen und wirtschaftlichen Knotenpunkte der Antillen. Das gilt

Nicht nur für Flugreisende, sondern auch für Segler ist Antigua eine der Drehscheiben auf den Antillen. Große, traumhafte Buchten finden sich dort eigentlich überall. Während die meisten Strände der Insel palmenumsäumt sind, gibt sich die zentrale Ebene eher karg. Die Architektur der Gotteshäuser auf der Insel ist nur einer von vielen Hinweisen auf das britische Erbe. Vor allem durch die farbenprächtigen Häuser ist St. John's – der Mittelpunkt Antiguas – eine der malerischsten Städte auf den Antillen.

auch gegenwärtig noch, ist Antigua doch neben Barbados das Drehkreuz der Karibik-Reisenden. Doch: Trotz des Besucherzustroms aus allen Teilen der Welt hat Antigua nichts von seiner Ursprünglichkeit eingebüßt. Vor und in den bunten Holzhäusern vieler verschlafener Dörfer in der zentralen Ebene leben gemütlich-gemächliche Menschen noch immer fernab von westlicher Hektik. Etwa 80.000 Einwohner zählt Antigua heute, genau wie auf Barbuda zumeist Nachfahren von Sklaven.

Die Geschichte von Antiguas Schwesterinsel Barbuda, 28 Meilen nordwestlich gelegen, beginnt 1680, als die englische Krone Christopher Codrington, dem Gouverneur der Leeward Islands, die Insel schenkt. Er machte sein Geld mit dem Bergen von Schiffen – die Riffe um Barbuda liegen noch heute angeblich voller unentdeckter Wracks. In dem nach ihm benannten verschlafenen Dörfchen mit Postamt und Polizeistation leben heute fast alle Bewohner der

Zum Empfang steht eine Flasche Champagner auf dem Tisch, und wer zum Lunch den Strand nicht verlassen will, dem bringt der Service ein exzellentes Picknick samt Wein ans Wasser. Das sind nur zwei der exklusiven Selbstverständlichkeiten, mit denen das Jumby Bay auf dem Inselchen Long Island – nur fünf Minuten mit dem Speedboat von Antigua entfernt – seine Gäste verwöhnt. Hinzu kommen ein makelloser Service, die erstklassigen Speisen des französischen Kochs und seiner Mannschaft, eine ebenso umwerfende Weinkarte und kostenlose Cocktails an der Bar. Die 38 Zimmer (weitere sind geplant) liegen verstreut auf dieser kleinen Privatinsel, und die Architektur erinnert an spanische Einflüsse. Die aufgelockerte Hotelanlage

Insel, rund 1500 Menschen. Das Eiland selbst ist flach, imponiert aber durch seine langen, einsamen Korallenstrände...

Antigua gehört zu den regenarmen Inseln der Antillen. Und so gibt es neben tropischer Pracht auch karge Landstriche. So wie Salvador in Brasilien mit 365 Kirchen wirbt, so sollen es auf Antigua 365 Strände sein. Außer den sehr gut erschlossenen Buchten mit erstklassigen Hotels finden sich auch kleine, schwer zugängliche Strandabschnitte.

Vor allem durch die farbenprächtigen Häuser ist St. John's – der Mittelpunkt Antiguas – eine der malerischsten Städte auf den Antillen.

Das Resort ist das Tüpfelchen auf dem i – ein Refugium an der Spitze der Curtain Bluff-Landzunge. Die Bungalows hangeln sich zur Zungenspitze nach oben, hinauf auf Felsbrocken, zu deren Füßen man ideal schnorcheln kann. Die Sportmöglichkeiten lassen es an

Klein aber fein, so scheint das Paradies auf Erden: Das Jumby Bay Hotel auf der Privatinsel Long Island bietet sogar ein exzellentes Picknick samt Wein am Wasser.

gewährleistet den Gästen ein hohes Maß an Abgeschiedenheit. Das Jumby Bay ist das Strand-Paradies auf Erden und somit der Traumort aller Ruhesuchenden. Wer dennoch das Paradies verlassen möchte, für den stehen an fast jeder Ecke Fahrräder bereit, um die vielfältigen Reize der Insel zu erkunden.

Zwei wunderschöne weiße Strände – an einem darf nackt gebadet werden – laden zum Bräunen und zum Wassersport ein. Wie alles in diesem Hotel, sind auch die Tennisplätze erste Wahl. Rattanmöbel, pastellfarbene Inneneinrichtung und riesige Duschen runden den hervorragenden Gesamteindruck ab. Trotz aller Exklusivität: Beim Dinner dürfen sich die Gäste leger geben und auf besondere Abendgarderobe verzichten.

Jumby Bay Hotel

38 renovierte Zimmer inklusive 14 spanischer Villen, mit Sitzecke, Ankleideraum, Terrasse.

Service

Zwei Restaurants (eines open-air), Bar, kleiner Swimming-Pool an den meisten Villen, Zimmer-Service, Post-Service, Wäscherei, täglich Gratis-Fähre nach Antigua, Flughafen-Transport.

Aktivitäten

Drei Tennis-Hartplätze (zwei mit Flutlicht), Wasserski, Schnorcheln, Segeln, Windsurfen, Fahrräder und Crocket sind im Preis enthalten. Tennisunterricht und Hochseefischen können arrangiert werden.

Unterhaltung

Segelausflüge, Kasino-Nächte und Golf-Nachmittage auf Antigua werden organisiert.

Jumby Bay Hotel
P.O. Box 243, Long Island
WI-Antigua
Tel. 001/809/46 26 000
Fax 001/809/46 26 020

Zwei Sandstrände rahmen das exklusive Curtain Bluff ein. Manche Kenner halten es für das beste Tennis-Hotel der Karibik.

nichts fehlen; Insider haben Curtain Bluff das einzige echte 5-Sterne-Tennis-Resort der Karibik genannt. Vier Tennisplätze liegen zwischen Palmen am Strand.

Curtain Bluff wird von zwei Sandstränden an unterschiedlichem Gewässern umrahmt. Während die eine Seite mit ihrem sanften Geplätscher zum Baden und Plantschen einlädt, spielen sich auf der welligeren Seite die Sportaktivitäten ab. Doch ob man schnorchelt, segelt, Wasserski übt oder nur schwimmt, die beiden Strände bieten Platz genug für Privatsphäre. Und die Wege zum Fitnesscenter sind nicht weit.

Schließlich kann man sich auch auf den großen Balkons ausruhen. Eingerahmt von Hibiskusbäumen und Bougainvilleen blickt man von jedem Schlafzimmer auf das Meer, und durch die Tür fühlt man die kühle Brise.

Die Gastronomie rundet den erlesenen Eindruck dieses privaten Resorts ab. Ein Glas Wein sollte man nie versäumen: Der Keller beherbergt 25.000 Flaschen.

Curtain Bluff

63 Zimmer (49 am Strand, 12 am Steilhang), 6 Suiten, mit Telefon, Deckenventilator, Safe, kleinem Kühlschrank.

Service

2 Restaurants, Bar, 2 Strände, kein Swimming-Pool, Friseur, Massage, Kreditkarten: nur American Express, Mietwagen.

Aktivitäten

4 Tennisplätze mit Flutlicht, Golf kann organisiert werden/Putting Green auf dem Hotelgelände, Aerobic, Wasserski, Windsurfen, Schnorcheln, Tauchen (nur für geübte Taucher), Fitnessraum, Squash Court, gegen Gebühr: Segeln und Hochseefischen

Unterhaltung

jeden Abend Live-Musik zum Dinner und Tanz, sonntags: Calypso, mittwochs: Steelband, Kasinobesuche werden organisiert.

Curtain Bluff
P.O. Box 288, Antigua,
West Indies
Tel. 001/809/46 28 400
Fax 001/809/46 28 409

K-Club

29 Cottages mit großen Bade-/Duschräumen, möblierter Veranda, Miniküche, Barbereich, kein TV; Suiten-Cottages mit separatem Wohnzimmer und/oder zwei Schlafzimmern.

Aktivitäten

Schnorcheln, Tauchen, Schwimmen, Jagen im Inselinneren, Vögel beobachten, 9-Loch-Golfplatz, 2 Tennisplätze, Wasserski, Fischen,

Service

Restaurant, Grill, Bar, Spiele, Bestseller-Bibliothek

Unterhaltung

Wind, Wasser, Meer

K-Club
Barbuda, Antigua, West Indies
Tel. 001/809/46 00 300
Fax 001/809/46 00 305

Geschmackvollste Architektur, edles Design, unberührte Natur: der K-Club.

Auf Barbuda gibt es nicht eine befestigte Straße, und es leben dort nur 2100 Menschen. Die Insel besteht nur aus Natur, und der K-Club ist ein kleines Paradies mittendrin. Entworfen von der Modedesignerin Krizia, gehört der K-Club zu dem Stoff, aus dem schimmernde Karibik-Träume sind. Parties, überfüllte Strände, Boutiquen, selbst Zeitungen und Fernsehen gibt es hier nicht.

Coco Point Lodge

34 Zimmer in 6 Cottages und 2 Bungalows direkt am Strand. Cottages mit zentralem Wohnzimmer, aber privater Sitzecke. Deckenventilator, private Bar, kein Telefon, Fernsehen oder Radio.

Service

Open-air-Restaurant, kein Swimming-Pool, Strandbar, Boutique, Spieleraum, hoteleigener Flugzeug-Zubringerdienst nach Antigua, keine Kreditkarten.

Aktivitäten

2 Tennisplätze, Schnorcheln, Tauchen, Wasserski, Segeln, Fischen, Hochseeangeln, Sightseeing-Touren, Bootsausflüge zum Picknicken.

Unterhaltung

Samstags Tanz zu Live-Calypso-Klängen.

Coco Point Lodge
P.O. Box 90
St. John's, Antigua
British West Indies
Tel. 001/809/46 23 816

Aus dem Flugzeug entdeckte der „wilde Bill", William Cody Kelly, 1959 diesen unendlich langen, puderweißen Sand-Strich an der südlichen Spitze von Barbuda. Auf den 12 Meilen Sandstrand stellte er sich sein Heim und ein, zwei Cottages für Freunde vor... 35 Jahre später ist Coco Point Lodge – genau wie der K-Club am anderen Ende des Strandes – noch ein karibisches Geheimnis.

Das aufregendste und zauberhafteste an Coco Point Lodge sind das Wasser und der Wind. Die Aktivitäten am und im Meer bestimmen das Leben in dieser stillen Palmen-Enklave. Neue Gäste kündigen sich einzig durch das Brummen der Propellermotoren an: Coco Point besitzt eine eigene kleine Landebahn.

Noch immer ein Insider-Tip: Das Coco Point Lodge am fast menschenleeren Strand von Barbuda.

Die Zimmer, alle nur einen Sprung vom Strand entfernt, präsentieren sich im schlichten tropischen Ambiente, lassen aber an Komfort nichts missen: Dicke Strandlaken und Obstkorb gibt's täglich frisch.

Das Frühstück darf man auf die Zimmerterrasse ordern, aber

Die weißen Bungalows, konzipiert von dem italienischen Hoteldesigner Gianni Gamondi, besitzen einen quadratischen Grundriß unter einem spitztütigen Dach. In diskreter Distanz zueinander plaziert, wirken sie wie Farbtupfer im einem riesengroßen Park, der auch noch einen 9-Loch-Golfplatz und zwei Tennisplätze beinhaltet. Das türkisblau bis smaragdgrün schimmernde Wasser inspirierte dann auch die Farbgebung bei der Zimmereinrichtung. Türkis wiederholt sich dort z.B. in den Balken der hohen Schrägdecke, in der Bettdecke und in den Sitzkissen.

Der K-Club besizt darüber hinaus ein eigenes kleines Flugzeug, das die Gäste am Antigua Airport aufpickt und binnen 15 Minuten nach Barbuda fliegt.

Hummer und Wein bei Sonnenuntergang im Open-Air-Restaurant sind auch nicht zu verschmähen... Und vielleicht entdeckt man dabei einen jener legendären grünen „Himmelsblitze", die hier, vor Coco Point Lodge, öfter zu sehen sein sollen als an jedem anderen Platz in der Karibik.

Anreise
Nach Antigua fliegt man nonstop ab Frankfurt oder mit einer Zwischenlandung in London. Die Hotels erreicht der Gast mit Taxis. Zur Schwesterinsel Barbuda gelangt man zweimal täglich mit dem Regionalflieger Liat (15 Minuten). K-Club und Coco Point Lodge haben ihre eigenen „Air-Taxis".

Auskunft
Verkehrsbüro für Antigua & Barbuda, Thomasstr. 11 D, 61348 Bad Homburg, Tel. 06 172/21504, Fax 06 172/21 513. Vor Ort: Government of Antigua and Barbuda, Dept. of Tourism, Thames & Long Streets, St. John's. Antigua, West Indies, Tel. 001/809/46 20 029, Fax 001/809/46 22 483.

Einreise-Formalitäten
Ein Reisepaß sowie ein Rück- oder Weiterflugticket müssen vorgelegt werden. Impfungen sind nicht notwendig.

Elektrizität
Manchmal 110 Volt, manchmal auch 220 Volt.

Essen und Trinken
Die lokalen Spezialitäten sind oft sehr scharf. Nicht umsonst nennt sich das Nationalgericht „Pepperpot". Schmackhafte lokale Gerichte sind Coo Coo (Maismehlbrei mit Okra) und Doucanah (Süßkartoffeln, Kokosnuß, Bananenblätter, Fisch, Auberginen mit Curry). Die Hotels pflegen allesamt eine gute Küche mit internationalen wie heimischen Gerichten.

Einkaufen
Antigua ist berühmt für seine Keramik-Waren, die nur wenige Kilometer von St. John's entfernt, in der Seaview Farm, hergestellt werden. Ebenfalls nur auf Antigua gibt es das Warry Board, eine Art Backgammon. Witzige Strandsachen und Muschelschmuck findet man in der High Street von St. John's.

Unternehmungen
St. John's mit seinen kleinen Häuschen Antiguas in allen Regenbogenfarben sollte man am besten sonnabends besuchen, da dann buntes Markttreiben herrscht. Ebenfalls einen Ausflug wert ist Nelson's Dockyard. Im Süden lockt der Fig Tree Drive, eine von bewachsenen Hügeln umsäumte Straße mit herrlichen Ausblicken.

Fotografieren
Filmmaterial sollte man mitbringen. Wer Menschen aufnehmen will, muß vorher fragen und eine ablehnende Haltung respektieren.

Geld
Landeswährung ist der East Caribbean Dollar, doch auch US-Dollar werden angenommen. Kreditkarten werden oft nicht akzeptiert.

Kleidung
Gäste in Shorts und Strandkleidung sind in der Stadt nicht gern gesehen. Auch in den Hotels ist davon abzuraten. Nur in der Haws Bay sonnen sich die Gäste ohne Badebekleidung.

Sport
Neben den von den Hotels angebotenen Sportarten gibt es auch einen 18-Loch-Golfplatz auf Antigua. Nationalsport ist allerdings Cricket, das auf unzähligen Plätzen gespielt wird. Zur Sailing Week im April wird Antigua zum Treffpunkt für Segler aus aller Welt.

Sprache
Die Menschen auf Antigua und Barbuda sind – bis auf Strandverkäufer – zurückhaltend und sprechen ein schwer zu verstehendes Englisch.

Transport
Auf das Bus-System ist wenig Verlaß. Taxifahrer sind oft gute Reiseführer. Wer einen Leihwagen mietet, muß sich vorher einen Inselführerschein zulegen und auf den Linksverkehr einstellen. Auf der kleinen Insel Barbuda bleibt nur das Taxi als Fortbewegungsmittel.

Klima
Antigua ist karg, denn es fällt nur wenig Regen. Barbuda besteht überwiegend aus Sand und Palmen. Die Durchschnittstemperatur von Luft und Wasser liegt ganzjährig zwischen 25 und 28 Grad.

Jan.	Feb.	Mrch.	Apr.	May	June	July	Aug.	Sept.	Oct.	Nov.	Dec.	
27	27	27	28	29	29	29	29	30	30	28	27	○
21	21	22	22	23	24	24	24	24	24	23	22	☾
7	8	8	8	8	8	8	8	8	7	7	7	☼
26	26	26	27	27	28	28	28	29	29	28	27	≈
13	7	8	10	15	14	18	15	14	12	13	14	☂

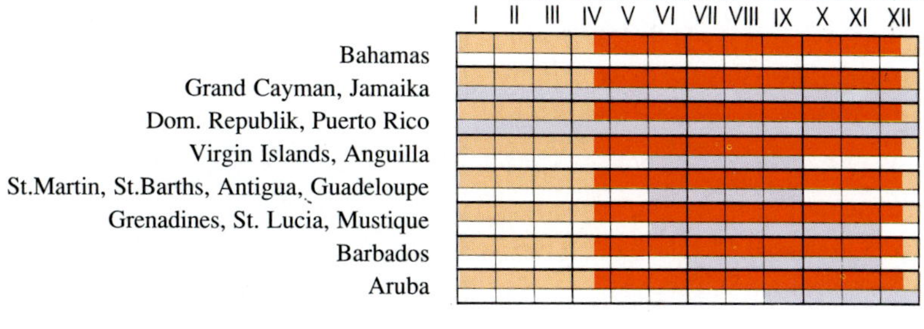

Exotische Landschaft, verführerische Menschen, französischer Lebensstil – Guadeloupe ist ein stolzes Stück Grande Nation.

Guadeloupe gibt es eigentlich zweimal! Der flache, trokkene Ostteil Grande Terre ist mit dem tropisch-gebirgigen Westteil Basse Terre durch eine Brücke über die schmale Meerenge von Rivière Salée verbunden. Während im Osten weite Strände die Besucher anlocken, ist der tropisch-bergige, landschaftlich reizvollere Westen nicht nur wegen des 1467 Meter hohen Vulkans Soufrière ein Paradies für unternehmungslustige Geister. Und während im Wirtschaftszentrum Pointe-à-Pitre das Leben brodelt wie in Nizza oder Cannes, wirkt das politische Verwaltungszentrum Basse Terre eher verschlafen.

Beiden Inselteilen ist jedoch eines gemeinsam: die französische Lebensart. Man zahlt in Franc, liest Le Monde, speist in unzähligen Restaurants, und die Damen sonnen sich topless am Strand. Guadeloupe ist unbestreitbar ein lebendiges Stück Frankreich mitten in der Karibik, wenn sich auch die Menschen dort nicht ganz so chic, stolz und erhaben geben wie auf der Schwesterinsel Martinique.

1635, genau 140 Jahre nach der Entdeckung, siedelten die ersten Franzosen auf Guadeloupe und ließen sich auch durch die vorherrschende britische Seemacht nicht vertreiben. Die jahrhundertelang gepflegten engen Bande zum fernen Paris sind gegenwärtig, wenn sie auch in der Historie viel Blut forderten. Die Siedler von Guadeloupe widersetzten sich der Abschaffung der Sklaverei im Zuge der französischen Revolution. Hunderte landeten dafür unter der Guillotine, die der neue Gouverneur Victor Hugues aus Frankreich mitgebracht hatte. Umsonst vergossenes Blut, denn nur wenige Jahre später führte Napoleon die Sklavenwirtschaft wieder ein.

Längst vergessen sind diese Zeiten. Heute wird Guadeloupe durch Finanzspritzen aus Frankreich wirtschaftlich am Leben erhalten. Speziell in der Zeit um den Jahreswechsel scheint man dort halb Paris anzutreffen. Und das ist nur allzu verständlich, sind doch nicht nur die Menschen auf Guadeloupe wirklich einzigartig schön.

Vor allem im Ostteil von Guadeloupe finden sich unendlich viele Strandabschnitte, die allesamt von tropischem Grün eingerahmt werden. Wer das Leben in diesem Teil Frankreichs wirklich kennenlernen möchte, darf nicht das bunte Markttreiben in den Städten und Dörfern verpassen.

Hotel Méridien

265 Zimmer mit TV, Telefon, Radio und Balkon mit Blick auf die Golfanlage oder das Meer.

Service

Swimming-Pool im Garten, zwei Restaurants, Bar, Boutiquen, Friseur.

Aktivitäten

Fünf Greenset-Tennisplätze (drei mit Flutlicht), Windsurfen, Segeln, Schnorcheln, Volleyball, Yoga, Gymnastik, Tischtennis im Preis inbegriffen; gegen Gebühr 18-Loch-Golfplatz, Wasserski, Hochseefischen, Fahrradverleih, Sportflugzeuge mit Flugstunden.

Unterhaltung

Diskothek, Kasino in der Nähe.

Hotel Méridien
P.O. Box 37, 97118
St. François
Guadeloupe
Tel.: 00 590/88 51 00
Fax: 00 590/88 40 71

Ob am Strand bei sportlichen Aktivitäten oder am Abend in der Diskothek und in den Restaurants – das Méridien pflegt eine lockere Atmosphäre.

An der Südküste von Grande Terre, rund 30 Kilometer von Pointe-à-Pitre entfernt, liegt das Hotel Méridien. Tagsüber wirkt es wie ausgestorben, denn nahezu alle Besucher finden sich an seinem romantisch gelegenen Traumstrand ein. Neben Erfrischungen an der Strandbar wird selbst der Lunch auf Wunsch am Wasser serviert. Eine kleine, vorgelagerte Insel und ein Yachthafen

Club Med La Caravelle

275 Doppelzimmer mit Klimaanlage, Balkon oder Patio.

Service

Zwei Restaurants, eines davon à la carte, Swimming-Pool, Bar, Boutique, Autovermietung.

Aktivitäten

Windsurfen, Segeln, Kajak, Schnorcheln, sechs Tennisplätze (vier mit Flutlicht), Gymnastik, Bodybuilding, Aerobic, Basketball, Volleyball; Kurse in allen Sportarten; ein 18-Loch-Golfplatz (Robert Trent Jones) liegt in 15 Autominuten Entfernung.

Unterhaltung

Picknick, Abendshow, Bootsfahrten, Inselrundflug, organisierte Ausflüge.

Club Med La Caravelle
97180 St. Anne, Guadeloupe
Tel.: 00 590/88 21 00
Fax: 00 590/88 06 06

Den schönsten Strand auf Guadeloupe nennt der Club Med La Caravelle bei St. Anne sein eigen. Die drei verschiedenen Häuser der Anlage wurden auf einer palmenbewachsenen Landzunge erbaut. Rundherum erstreckt sich ein feinkörniger weißer Sandstrand vor hellblauem Meer.

Junge Leute, aber auch Familien fühlen sich dort ausgesprochen wohl. Im Vordergrund des Interesses steht bei ihnen das reichhaltige Sportangebot des Clubs, das durch Kurse für Anfänger und andere Aktivitäten ergänzt wird. Die weiträumigen Zimmer entsprechen dem Niveau eines First-Class-Hotels. Besonders zu empfehlen sind die Zimmer des Wings „Marie Galante", wobei der Flügel B der ruhigere Teil ist. Für Familien eignen sich

besonders die Räume des Hauses „Corvette". Zwei Restaurants mit schmackhaften internationalen sowie karibischen Spezialitäten erinnern an die Kochkunst im weit entfernten Frankreich. Sowohl

fügen diesem Service noch optische Genüsse hinzu.

Das in der Nähe des kleinen Fischerortes St. François gelegene Méridien besticht außer durch diesen Traumstrand durch seine komfortabel und mit allen Raffinessen eingerichteten Zimmer sowie die in der ganzen Karibik bekannten Restaurants.

Sportbegeisterte werden im höchsten Maße verwöhnt. Und auch für abendliche Unterhaltung in der hoteleigenen Diskothek oder dem Kasino in St. François ist gesorgt. Insgesamt herrscht eine lebhafte, freizügige Stimmung in diesem Hotel vor. Eleganz und Luxus verbinden sich perfekt mit einem gelassenen und ungezwungenen französischen Lebensstil.

Ein Teil des langen Strandes vor dem Club La Caravelle ist den Freuden der Freikörperkultur vorbehalten. Eine besondere Attraktion: Die letzte halbe Stunde vor dem Sonnenuntergang kann man bei klassischer Musik am Strand genießen.

die Architektur als auch die sie umgebende Landschaft zeugen von einem gewissen Sinn für Großzügigkeit – die Besucher des Clubs stehen diesem Wesenszug in nichts nach.

Anreise
Die schnellste Verbindung führt über Paris. Es gibt aber auch Möglichkeiten von Frankfurt aus, beispielsweise über Antigua.

Auskunft
Fremdenverkehrsamt Guadeloupe: Bethmannstraße 58, 60311 Frankfurt, Tel.: 069/28 33 15, Fax: 069/28 75 44. Vor Ort: Office Départemental du Tourisme, 5 Square de la Banque, B.P.1099, 971 80 Pointe-à-Pitre, Tel.: 00 590/82 09 300.

Einreise-Formalitäten
Für EU-Mitglieder reicht der Personalausweis, sonst Reisepaß.

Elektrizität
220 Volt.

Essen und Trinken
Weit über 100 Restaurants locken hauptsächlich in den Orten Pointe-à-Pitre, Basse-Terre und Gosier. Vielfach speist man wie Gott in Frankreich, denn karibische Einflüsse sind nur exotische Geschmackstupfer in der ansonsten französischen Küche. In Öl gebackene Blutwurst (Boudin) oder auch gefüllte Krebse (Crabes farcis) sind zwei der lokalen Köstlichkeiten. Daneben gibt es natürlich die prachtvolle Fülle tropischer Früchte und ein daraus hergestelltes, ganz exquisites Eis.

Einkaufen
In den unzähligen Boutiquen hauptsächlich in Pointe-à-Pitre wird eine Warenwelt präsentiert, die auch in Nizza zu Hause sein könnte. Exotisches ist nur schwer zu entdecken. Wenn überhaupt, dann auf den Märkten in Pointe-à-Pitre und Basse-Terre.

Unternehmungen
Der Karneval beginnt eigentlich schon im Januar und endet sechs Wochen vor Ostern mit einem fünftägigen Rausch aus Tanz und Musik. Niemand sollte einen Besuch an der Pointe des Châteaux verpassen, wo die Brandung beeindruckend an die östliche Inselspitze schlägt. Ebenfalls einen Ausflug wert ist der wolkenverhangene Vulkan La Soufrière auf Basse-Terre sowie der an seinem Fuß entspringende Fluß Carbet mit fast kochend heißem Wasser. Das Fischerdorf Trois-Rivières lockt mit präkolumbianischen Felszeichnungen.

Klima
Regen ist nicht selten auf der üppig grünen Insel. Vor allem von August bis November können Regenfälle schon einmal mehrere Tage anhalten. Die Lufttemperaturen liegen zwischen 24 und 30 Grad. In den Bergen fallen sie bis auf 20 Grad ab.

Fotografieren
Die Menschen auf Guadeloupe sind stolz, und viele sehen blendend aus. Wer seine Kamera zücken möchte, sollte zuerst höflich fragen.

Geld
Zahlungsmittel ist der französische Franc. In den Boutiquen gibt es für US- oder DM-Reiseschecks oft 20 Prozent Rabatt. Kreditkarten werden nicht überall akzeptiert.

Kleidung
Während es tagsüber leger zugeht, kleiden sich die Menschen am Abend schon exklusiver. An den Stränden darf man topless liegen, an unbebauten Buchten sogar ohne Badebekleidung. Ein wärmerer Pullover und mehrere Paar Schuhe gehören wegen der Regenfälle ins Gepäck.

Sport
Neben den von den Hotels angebotenen Sportarten sind auf dem flachen Grande Terre herrliche Radtouren zu unternehmen. Das bergige Basse-Terre ist für Wanderer interessant. Auf Basse-Terre befindet sich auch der größte Nationalpark der Karibik; er nimmt ca. 60% der Insel ein.

Sprache
Amtssprache ist natürlich Französisch, doch in einigen Hotels spricht man auch Englisch.

Transport
Fahrten mit Bussen, die ein gut funktionierendes Netz bedienen, und Sammeltaxis kosten sehr wenig. Dafür zahlt man für Taxifahrten recht viel. Preiswerter kommt oft ein Mietwagen.

Jan.	Feb.	Mrch.	Apr.	May	June	July	Aug.	Sept.	Oct.	Nov.	Dec.	
27	27	27	28	29	29	29	29	30	30	28	27	○
21	21	22	22	23	24	24	24	24	24	23	22	☾
7	8	8	8	8	8	8	8	8	7	7	7	☼
26	26	26	27	27	28	28	28	29	29	28	27	≋
13	7	8	10	15	14	18	15	14	12	13	14	☂

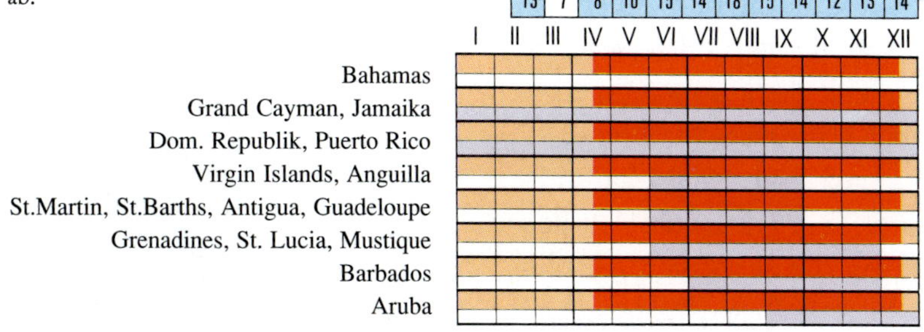

Von der Geschichte geprügelt und mit landschaftlichen Höhepunkten verwöhnt – St. Lucia bietet weit mehr als nur Strand.

Mit karibischen Einzigartigkeiten kann das nur 616 Quadratkilometer große St. Lucia durchaus dienen. Etwa mit den Vulkankegeln Petite und Gros Piton, dem wohl beliebtesten Fotomotiv der Karibik. Oder mit der malerischen Marigot Bay, wo Walt Disney den Welterfolg „Dr. Doolittle“ drehen ließ, und dem romantischen Dorf Soufrière am Fuß des gleichnamigen Vulkanberges, wo sich der einzige Drive-in-Krater der Welt befindet.

Einzigartigkeiten gibt es auch in der Geschichte. Wurden die ersten Siedler noch erfolgreich durch die kriegerischen Kariben vertrieben, so waren es später die Weltmächte Frankreich und England, die sich insgesamt vierzehnmal gegenseitig von dem Eiland verjagten. Auch die Hauptstadt Castries wurde vom Schicksal hart getroffen. Viermal brannte sie ab – zuletzt 1948. Klar, daß deshalb nur noch wenig koloniale Architektur zu bewundern ist und nur die typisch karibische Farbigkeit dem Städtchen einen eigenen Charakter verleiht.

St. Lucia, seit 1979 Commonwealth-Staat, gilt als die Antillen-Insel mit den schönsten Ausblikken. Dichter Regenwald wechselt

Nicht umsonst ist das Wahrzeichen von St. Lucia der Riesenfarn – weite Teile der Insel sind mit tropischem Regenwald übersät. Wer das bunte Treiben in den Markthallen von Castries bestaunen möchte wird bei der Anreise viele phantastische Ausblicke genießen. Am Abend locken in den Hotels die heißen Rhythmen der Steel-Bands.

ab mit Bananenplantagen und Bambuswäldern. An der herrlich zerklüfteten Küste reihen sich kleine verschlafene Buchten aneinander. Gäbe es nicht den Tourismus, wäre St. Lucia nach wie vor einzig vom Bananenexport abhängig, denn abgesehen von landschaftlichen Reichtümern ist die Insel an natürlichen Ressourcen recht arm.

Reich hingegen ist sie an aufgeschlossenen Menschen, deren Wesen die so gegensätzlichen Grundzüge der englischen und französischen Charaktere in sich vereint. Fröhlich, selbstbewußt und von karibischer Zurückhaltung sind die Leute von St. Lucia. Und ihnen ist wohl bewußt, daß sie an einem der gesegnetsten Orte dieser Welt leben.

Jalousie Plantation Resort and Spa

115 Zimmer in verschiedenen Cottages mit einem oder zwei Schlafzimmern, Pool- und Strandblick oder Veranda und Tauchbecken in privatem Garten, Telefon, Satelliten-TV, offene Bars, Kühlschrank.

Service
Alles inklusive. – Vier Restaurants, vier Bars, Airport- Transport, Hochzeiten.

Aktivitäten
Segeln, Tauchen, vier Tennisplätze (drei mit Flutlicht), Squash-Platz, Spa mit Massage, Beauty, Hydro-Therapie, Sauna, Aerobic, Schach

Unterhaltung
Organisierte Ausflüge.

Jalousie Plantation
Resort & Spa
P.O. Box 251, Soufriere,
St. Lucia, West Indies
Tel. 001/809/45 97 666
Fax 001/809/45 97 667

Dieses Resort liegt auf einem 130 Hektar großen ehemaligen Kokosnuß- und Zuckerplantagen-Land, inmitten der beiden majestätischen Pitons-Berge mit direktem Blick auf die Karibik. Das Jalousie Great House, erbaut aus gebeiztem Holz und Terracotta-Fliesen, ist Mittelpunkt jeder Aktivität. Am herausragendsten ist der Great Room, möbliert wie ein alter englischer Club, mit Butler-Service und einer Bibliothek.

Das Restaurant The Palm Court zelebriert täglich Tea-Time und serviert Cocktails bis Mitternacht. Gemälde und Silber aus der Privatsammlung eines englischen Lords, gravierte Kronleuchter und speziell angefertigte Möbel runden den englischen Touch ab. Alle Mahlzeiten, Drinks und Snacks sind bereits im Zimmerpreis inklusive.

Stil paart sich im Jalousie Plantation zudem eng mit Gesundheit und Sport. Das Spa-Programm beinhaltet sogar kalorienarme Gerichte und cholesterinbewußte Ernährung. In diesem Resort der

The Royal St. Lucian Hotel

98 Suiten mit Minibar, Safe, Telefon, Fernsehen, Radio, Balkon oder Terrasse, Garten-, Pool- und Meerblick.

Service
2 Restaurants, 2 Swimming-Pools mit Swim-up-Bar, Babysitting, Lese- und Spieleraum, Kreditkarten

Aktivitäten
Windsurfen, Schnorcheln; gegen Gebühr: Wasserski, Segeln. 2 Tennisplätze mit Flutlicht, Tauchen, Parasailing im Rex St. Lucian. Golfplatz und Reitclub fünf Kilometer entfernt.

Unterhaltung
Live-Musik und Tanz in der Mistral Lounge. Gäste haben auch Zutritt zu Splash Disco und Entertainment im Rex St. Lucian.

The Royal St. Lucian Hotel
P.O. Box 977
Reduit Beach, Castries
St. Lucia
Tel. 001/809/45 29 999
Fax 001/809/45 29 639

Anspruchsvolle Gäste verwöhnt das Royal St. Lucian mit königlichem Komfort. Es liegt direkt am schönsten Strand der Insel.

Fast einen Kilometer lang und etwa 25 Meter breit ist der Reduit Beach, der bevorzugte Strand auch der Inselbewohner. Palmenbeschattet geht der goldgelbe Sand sanft ins Meer über, und gleich davor liegt die dreistöckige Anlage des Royal St. Lucian Hotels – direkt neben dem bekannten Rex St. Lucian Hotel. Es gehört seit vielen Jahren aufgrund der wunderbaren Lage zu den Kronjuwelen der St. Lucian-Hotellerie, zumal viele der angebotenen Sportaktivitäten und Unterhaltungsmöglichkeiten dem Reisenden keine zusätzlichen Kosten verursachen.

Mit kolonialem Charme verführt das in einer atemberaubend schönen Landschaft gelegene Jalousie seine Gäste.

Sterling-Hotelgruppe kann man sogar Hydro-Therapie und Fango genießen. Dazu kommen natürlich Tennis, Squash, jede Art von Wassersport und Schwimmen im Meer oder im Pool. Selbst Segler können hier in der Jalousie Cove Marina anlegen.

Das neue „Royal" St. Lucian bietet „königlichen" Komfort. Konzipiert als reines Suitenhotel, bietet jede der 85 Pool-Suiten einen separaten Wohn- und Schlafraum, ein luxuriöses Bad und einen großen Balkon. Acht Suiten besitzen zusätzlich dem Strand zugewandte private Terrassen, während fünf Deluxe-Suiten eine abgeschlossene Terrasse und ein eigenes Tauchbecken besitzen.

So läßt sich's angenehm faulenzen, ohne dabei das rege Leben am Strand oder an den beiden großen, miteinander verbundenen Pools aus dem Blick zu verlieren. Jeder Royal-Gast darf alle Aktivitäten und Unterhaltungsangebote des Schwesterhotels nutzen. Und schließlich ist es auch von hier zum touristischen Hauptort Rodney Bay nur ein Katzensprung.

Anreise
Nonstop von Frankfurt mit BWIA, Direktflug von Frankfurt mit Condor.

Auskunft
St. Lucia Tourist Board, Postfach 2403, 61293 Bad Homburg, Tel.: 06 172/30 44 31, Fax: 06 172/30 50 72. Vor Ort: St. Lucia Tourist Board, P.O. Box 221, Pointe Seraphine, St. Lucia W.I., Tel.: 001/809/4522596.

Einreise-Formalitäten
Reisepaß mit noch mindestens 6 Monaten Gültigkeit. Ein Rück- oder Weiterflugticket muß vorgelegt werden.

Elektrizität
220 Volt, 50 Hz mit viereckigem, dreipoligen Stecker.

Essen und Trinken
Die Kochkunst auf St. Lucia ist dem Geschmack des internationalen Publikums angepaßt worden. Gefüllte Brotfrucht, Bananenbrot und die legendäre Callaloo-Suppe sind lokale Spezialitäten, die niemand verpassen sollte. Die meisten Restaurants befinden sich im touristischen Hauptort Rodney Bay, nahe dem Hotel St. Lucian. Getrunken werden viel Bier und Cocktails auf der Grundlage des einheimischen Rums.

Einkaufen
Ein interessanter Ort zum Stöbern sind die Markthallen von Castries. Dort kann man auch zollfreie Güter erstehen, wobei Tabakwaren und Spirituosen direkt an das Flugzeug gebracht werden können.

Unternehmungen
Ein Ausflug zur Marigot Bay, zu den beiden Vulkankratern Petit und Gros Piton sowie zum „Drive-in-Krater" in der Nähe von Soufrière sind eine Selbstverständlichkeit, will man etwas von der Insel entdecken. Bei Soufrière kann man auch durch Vulkanwasser gespeiste Badewannen bestaunen, die Ludwig XV. anlegen ließ. Lohnenswert ist ein Tagestrip mit dem Flugzeug oder Boot auf die Grenadinen. Jede Freitagnacht wird im Örtchen Gros Islet ein Straßenfest gefeiert. Der Karneval mit aufwendigen Paraden findet zur gleichen Zeit statt wie in Deutschland. Am 29. Juni begehen die Fischer ihren Petri-Tag mit einer Bootsprozession.

Klima
Warm ist es immer – nie unter 25 Grad, manchmal bis zu 32 Grad. Kurze Platzregen sind ganzjährig möglich.

Fotografieren
Die Einheimischen mögen nicht fotografiert werden, manchmal lassen sie sich aber durch ein kleines Trinkgeld überreden.

Geld
Die Landeswährung ist der East Caribbean Dollar. Den besten Wechselkurs gibt es für den US-Dollar. Kreditkarten werden in größeren Hotels und Geschäften akzeptiert.

Kleidung
In guten Hotels und Restaurants benötigen Herren Jackett und Krawatte. In den Ortschaften trägt niemand Shorts oder Strandkleidung.

Sport
Das so üppig-tropische St. Lucia eignet sich bestens für ausgedehnte Wanderungen. Im Hafen Rodney Bay kann man auch Segelboote chartern.

Sprache
Offizielle Landessprache ist Englisch, doch viele Menschen reden und verstehen auch den französischen Dialekt Patois.

Transport
Es gibt Minibusse, die nach einem kaum zu durchschauenden System verkehren. Da die Straßen eher schlecht sind und zudem kaum etwas ausgeschildert ist, kann eine Tour im Mietwagen (Achtung: Linksverkehr!) anstrengend werden. Besser geeignet sind Taxis, zumal sich die Fahrer als Reiseführer verstehen. Bei Ausflügen Preis vorher verhandeln.

Jan.	Feb.	Mrch.	Apr.	May	June	July	Aug.	Sept.	Oct.	Nov.	Dec.	
27	27	27	28	29	29	29	29	30	30	28	27	○
21	21	22	22	23	24	24	24	24	24	23	22	☾
7	8	8	8	8	8	8	8	8	7	7	7	☼
26	26	26	27	27	28	28	28	29	29	28	27	≈
13	7	8	10	15	14	18	15	14	12	13	14	☂

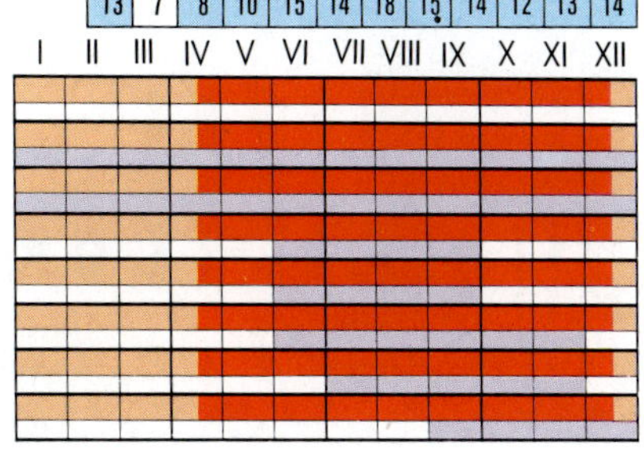

Britisches Fairplay und lässige Freundlichkeit, karge Landschaft und eine Goldküste für Sportfans – Barbados bietet mehr als Meer.

„Stolz und Industrie" lautet der Wahlspruch auf Barbados' Nationalwappen, und wer hier landet, kann sicher sein: Alles wird funktionieren! Barbados ist nach wie vor die Drehscheibe des Karibik-Tourismus und in jeder Hinsicht bemüht, dem Reisenden alles, wirklich alles zu bieten.

Die nur 430 Quadratkilometer große Insel besteht zum Großteil aus verkarstetem Korallenkalk. Und was die eher karge Landschaft an tropisch-grünem Ambiente vermissen läßt, das machen die freundlich-bemühten Bewohner, die weißen, endlosen Sandstrände an der Westküste und die unzähligen Sportmöglichkeiten wett.

Barbados liegt im geographischen Abseits der Karibik. Dies ist sicherlich einer der Gründe, war-

Die endlosen Sandstrände mit den bunten Holzhütten an der Westküste von Barbados (links) sind die Entschädigung dafür, daß die Insel für karibische Verhältnisse eher karg ist. Trotzdem gibt es Strandabschnitte wie die beim Sandy Lane Hotel (oben), die das typische Bild der Karibik widerspiegeln. Beim Spaziergang durch Bridgetown (oben links) locken Calypsosound, Limbotänzer, Nachtclubs, Diskos und auch verschwiegene Pubs.

um die Insel von den vielen politischen Umwälzungen des Archipels verschont geblieben ist. Bis 1966 gehörte der heutige Commonwealth-Staat zu Großbritannien, und die englischen Einflüsse sind bis heute spürbar.

Die „black gentlemen" von Barbados sind stolz auf ihre britische Bildung sowie auf ihre nicht weniger britische konservative und vornehm-zurückhaltende Art. Putsch und Revolution sind auf Barbados Fremdwörter, und die dicht besiedelte Insel selbst ist mit einer ausgezeichneten Infrastruktur, einem erfolgreichen Schulsystem und einem passablen Gesundheitswesen gesegnet. Selbst manche der ausgedehnten Zuckerrohr-Plantagen werden stilecht-englisch von schnurgeraden Hecken umsäumt. Ausflüge zur wilden Nordküste, in das emsige Städtchen Bridgetown mit seinem Trafalgar Square oder das Wildlife-Reservat im Bezirk St. Peter sind nur einige von unzähligen Möglichkeiten, noch mehr von dieser Insel zu entdecken als ihre Traumstrände.

Wie nur wenige Karibik-Inseln fördert Barbados den Tourismus, längst ist ein Schmelztiegel der Nationalitäten, ein kosmopolitisches Strandleben entstanden. Amerikaner, Kanadier, Europäer, ja selbst Japaner genießen das verführerisch-durchorganisierte Urlaubsgefilde, und wohl niemanden hat bisher der Besuch gereut.

Klassisch anmutende Architektur und ein großzügiger Garten mit tropischen Gewächsen sind nur zwei der Attraktionen des vornehmen Sandy Lane.

Sandy Lane

90 Zimmer, 27 Suiten, 3 Penthouse-Suiten mit Klimaanlage, Balkon oder Patio, 24-Stunden-Zimmerservice, täglich Zeitung aufs Zimmer, zweimal täglich Zimmermädchen, Kühlschrank, Weckruf, Direktwahl-Telefon, Safe, Haartrockner, Teekocher, Toaster.

Service

Begrüßung am Flughafen, privater Transfer, zwei Restaurants, Bedienungsservice am Strand, Friseur, Boutique, Golf- und Tennisshop, Drugstore.

Aktivitäten

Fünf Tennisplätze (2 beleuchtet), Tenniskurse, 18-Loch Golfkurs (72 par), Golfkurse, Wasserski, Windsurfen, Segeln (Sunfish, Hobie Cat), Schnorcheln, Fitnessraum mit Trainer sowie Vermittlung von Inselrundfahrten, Hochseefischen, Tauchen, Reiten.

Unterhaltung

Jeden Abend Programm, wöchentlich Cocktail-Empfang, Abendessen in sechs anderen Hotels möglich, Barbecue-Abend, fünf Bars tagsüber, eine Bar mit Pianomusik abends.

Sandy Lane
St. James Barbados, W.I.
Tel. 00809/432/1311
Fax 2954
Reservierung über Forte,
The Leading Hotels

Als das Sandy Lane 1961 eröffnete, setzte es in der Karibik Standards. So greift die Architektur auf edle, klassische Vorbilder zurück. Der Hauptbau öffnet sich im Halbrund zum Meer und wirkt fast wie ein klassischer griechischer Tempel. Unterstützt wird dies durch die Quader aus roten Korallenstein, aus denen der Bau gefügt ist. Ein von Hibiskus, Bougainvillea und Frangipani gesäumter Weg führt von der Mitte des Halbrunds auf den feinen Sandstrand zu.

Zu der eindrucksvollen Architektur gesellen sich Serviceleistungen, die sonst nur städtische Grandhotels bieten. Schon am Flughafen wird der Gast begrüßt und zum privaten Transferfahrzeug geleitet. Auf Wunsch ist dies ein weißer Rolls Royce. Im Zimmer bringen eine Flasche Champagner und ein Fruchtkorb erste Erfrischung. Täglich liegt morgens die Zeitung vor der Zimmertür, der Zimmerservice steht 24 Stunden zur Verfügung, der Concierge erledigt Zusatzwünsche, alles immer diskret und schnell. Der Clou: Selbst am feinen Sandstrand wird serviert.

Nach der Komplettrenovierung im Jahr 1991 sind auch die Zimmer wieder vom Feinsten. Die besten befinden sich im Nordflügel. Die 18 Räume besitzen besonders

Zur Spitzenklasse gehören auch die renovierten Zimmer des Sandy Lane.

große Bäder mit getrennter Dusche, die mit Zandobbio Marmor ausgekleidet sind. Sie haben auch größere Balkone oder Terrassen als zum Beispiel die Zimmer im Westflügel. Absolut ruhig liegen die drei Penthouse Suiten, die beispielsweise Luciano Pavarotti vorzieht, im New Wing, alle mit Gartenblick.

Ebenso komplett ist das sportliche Angebot: fünf Tennisplätze, davon zwei beleuchtet, daneben ein Süßwasser-Swimmingpool, ein eigener 18-Loch Golfkurs (72 par), Fitnessraum und Wassersport. Nach 19 Uhr ist im Sandy Lane gute Kleidung erwünscht. Im Restaurant Sandy Bay sollte die Krawatte nicht fehlen, im Sea Shell reicht das Jackett über der Stuhllehne. Beide Restaurants gehören zum Besten, was Barbados zu bieten hat und brauchen auch sonst keine Vergleiche scheuen.

Anreise
BWIA und Condor fliegen ab Frankfurt, LTU ab Düsseldorf und München. Ab London gibt es Flüge mit der Concorde.

Auskunft
Barbados Tourism Authority, Neue Mainzer Str. 22, 60311 Frankfurt, Tel. 069/232366, Fax 230077. Vor Ort: Barbados Board of Tourism, P.O. Box 242, Harbour Road, Bridgetown, WI-Barbados. Tel.: 001/809 427 2623, Telex: WB 0392/2420, Fax: 001/809 426 4080.

Einreise-Formalitäten
Ein gültiger Paß ist ausreichend. Bei der Abreise wird eine Abfluggebühr fällig.

Elektrizität
110 Volt, Flachstecker.

Essen und Trinken
Von Fast Food bis zu feinster Küche wird alles geboten. Empfehlenswerte Restaurants außerhalb des Sandy Lane: Bagatelle Great House, La Cage aux Folles, Carambola, Hotel Cobblers, Kingsley Inn Cove und zum Snack Waterfront Café.

Einkaufen
Die wichtigste Einkaufsstraße ist die Victoria Street in Bridgetown. Der Rum der Insel genießt einen guten Ruf.

Unternehmungen
Bridgetown, die Hauptstadt, ist ein liebenswertes Städtchen mit vielen britischen Bezügen. An der Nordküste bei Bathsheba kann man Surfer beobachten, die die großen Wellen abreiten, die hier auf die Küste zurollen. Weitere Empfehlungen: die Tropfsteinhöhle Harrison Cave, das U-Boot Atlantis, das „Piratenschiff" Jolly Roger".

Fotografieren
Filme gibt es zwar zu kaufen, aber zu höheren Preisen als zuhause. Beim Fotografieren von Menschen gehört es zur Höflichkeit, vorher zu fragen. In der Marktstraße von Bridgetown sind vor allem Rastas gegen Fotoapparate allergisch.

Geld
Zahlungsmittel ist der Barbados-Dollar. Getauscht wird so ziemlich jede Währung der Welt – bevorzugt allerdings der US-Dollar. Kreditkarten und Reiseschecks gehören auf Barbados zu den alltäglichen Dingen. Euroschecks werden nicht akzeptiert.

Kleidung
Dem Klima gemäß empfehlen sich luftige, legere Sachen. Nicht nur für das Sandy Lane, sondern auch für einige Nobel-Diskotheken und Nachtbars sollte der Barbados-Besucher allerdings auch elegante Abendgarderobe einpacken.

Sport
Barbados ist ein absolutes Sportparadies, und eigentlich gibt es nichts, was es hier nicht gibt (außer Eishockey). Die Hotels bieten ihren Besuchern ein umfangreiches Angebot zu angemessenen Preisen, vom Wassersport über Reiten bis hin zum Bogenschießen.

Sprache
Englisch wird überall gesprochen. Untereinander sprechen die Einheimischen das kreolisch gefärbte „bajan".

Transport
Bei Taxis ohne Taxameter ist der Preis vorher auszuhandeln. Zum Anmieten von Autos, Motorrädern und Rollern ist ein internationaler Führerschein notwendig sowie eine Fahrerlaubnis (gegen Gebühr), die der Vermieter besorgt oder die bei der Polizei erhältlich ist. Es herrscht Linksverkehr. Das Busnetz ist engmaschig, die Fahrten sind sehr günstig.

Klima
Sonne gehört zum Alltag, und nur zwischen August und November ist mit kurzen, heftigen Regenschauern zu rechnen. Die Lufttemperatur liegt im Jahresdurchschnitt bei 27 Grad, die Wassertemperatur erreicht im europäischen Winter glatte 26 Grad.

Jan.	Feb.	Mrch.	Apr.	May	June	July	Aug.	Sept.	Oct.	Nov.	Dec.	
27	27	27	28	29	29	29	29	30	30	28	27	○
21	21	22	22	23	24	24	24	24	24	23	22	☾
7	8	8	8	8	8	8	8	8	7	7	7	☼
26	26	26	27	27	28	28	28	29	29	28	27	≈
13	7	8	10	15	14	18	15	14	12	13	14	☂

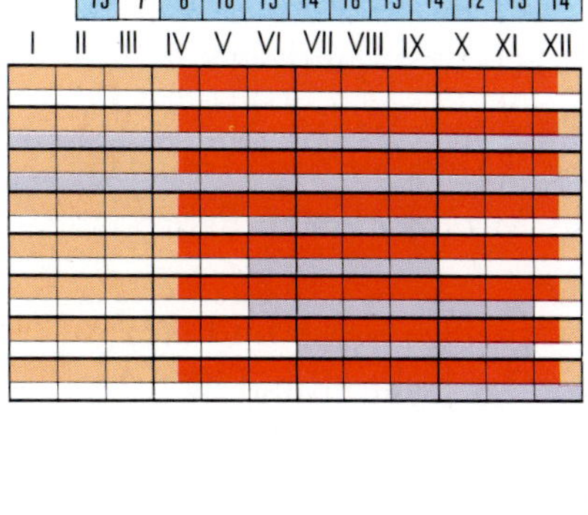

Einzigartiges Segelrevier und Ankerplatz für allerlei Prominenz – die Grenadines verzaubern durch ihre Abgeschiedenheit.

Die genaue Anzahl der Inseln ist auf den ersten Blick nicht zu ermitteln. Zählt man jedoch auch die oft nur wenige Quadratmeter großen Sandbänke und Felsen zu den Grenadines, dann kommt man auf rund 600 Inselchen. Wie Perlen an einer Kette reihen sie sich im flachen Meer zwischen St. Vincent und Grenada aneinander. Kein Wunder also, daß dort das bevorzugte Segelrevier der Antillen liegt.

Nur 118.000 Menschen leben auf St. Vincent und den Grenadines, deren ökonomische Basis neben dem Fischfang bis heute der Export von Bananen und Kokosnüssen ist. Nahezu völlige Abgeschiedenheit zeichnet die bezaubernde Inselgruppe aus. Die Fischer dort jagen noch mit Ruderboot oder Harpune die in diesen Gewässern gebärenden Buckelwale. Die Lebensformen der Menschen erscheinen vielfach tradiert. Wären da nicht die Segler und eine Handvoll Touristen, könnte man sich in längst vergangene Seeräuber-Jahrhunderte zurückversetzt fühlen. Oasen der Ruhe, die man am besten mit dem Postschiff oder einem Fährboot bereist.

Einmalige Natur und einzigartige Geschichte: Rund 200 Jahre

Die Grenadines sind nicht nur das schönste Segelrevier der Antillen, sondern auch der geeignete Ort für Träumer und romantische Einsiedler. Die Luftaufnahme von Petit St. Vincent läßt erahnen, wie viele traumhafte Plätze der Inselwinzling bietet.

lang widersetzten sich die Kariben erfolgreich der Kolonisierung. Sie vermischten sich mit entlaufenen Sklaven, so daß ein neuer Menschenschlag, die „Black Caribs", entstand. Im 18. Jahrhundert revoltierten diese gemeinsam mit einigen Franzosen gegen die britische Oberherrschaft auf der nördlich von den Grenadines gelegenen Insel St. Vincent. Die Rache der siegreichen Engländer war umfassend: Sie verbannten rund 5000 „Black Caribs" von dem Grenadines-Eiland Bequina nach Honduras.

Das ist aber auch so ziemlich die einzige traurige Erinnerung auf dem Archipel. Glücklich sind dort auch die Gäste aus aller Welt. Nicht umsonst finden sich auf der Insel Mustique Prominente wie Raquel Welch, Prinzessin Margaret oder Mick Jagger ein.

Petit St. Vincent Resort

22 luxuriöse und erneut verschönerte Cottages mit getrenntem Wohn- und Schlafbereich, Ankleideraum und Patio. Geöffnet von November bis August.

Service

Restaurant mit zwei zusätzlichen privaten Eßbereichen, Bar, Boutique, Babysitter.

Aktivitäten

Ein Tennisplatz mit Flutlicht, Segeln, Windsurfen, Schnorcheln; gegen Gebühr Wasser-Ski und Hochseefischen.

Unterhaltung

Wöchentlicher Tanzabend mit Steel Band, wöchentliches Strand-Dinner, verschiedene Segeltouren.

Petit St. Vincent Resort
Briefanschrift:
P.O. Box 12506
Cincinnati, Ott. 45212, USA
Tel. 001/513/24 21 333
Fax 001/513/24 26 951
Inseladresse:
St. Vincent, Grenadines
West Indies
Tel. 001/809/45 88 801

Das ist wohl einzigartig auf der Welt: Wer den Zimmer-Service bestellt, muß eine Flagge hissen! In den 22 Cottages auf der Insel Petit St. Vincent gibt es kein Telefon. Dafür erfüllen emsige Geister nach dem Flaggenspiel sofort jeden Wunsch. Immerhin 60 Angestellte stehen den maximal 44 Gästen zur Verfügung.

Petit St. Vincent liegt 40 Meilen südlich von St. Vincent. Das idyllische kleine Inselparadies ist im Privatbesitz – außer den Gästen und Angestellten teilt also niemand das Glück, dort zu wohnen. Die Cottages verteilen sich auf der ganzen Insel. Einige stehen direkt am Strand, die anderen auf Klippen sind das ideale „Versteck" für Honeymooners. Größtmögliche Privatsphäre ist also garantiert.

Wer die 46 Hektar große Insel umrundet, macht einen gemütlichen Spaziergang. Bis auf wenige Unterbrechungen durch Klippen führt der Weg immer am Meer und an dem feinkörnigen Sandstrand entlang, der Petit St. Vincent umgibt. Etwa die Hälfte des Hotel-Eilands ist mit dichtem Grün bewachsen, was dem Ganzen einen tropisch-verwunschenen Charakter gibt.

Alle Cottages sind luxuriös mit Wohn-, Schlaf-, Ankleide- und Badezimmer ausgestattet. Viele Gäste bevorzugen es, auf der eigenen Terrasse zu frühstücken. Das

Die verstreut liegenden Cottages wurden rustikal und mit viel Eleganz eingerichtet. Alle verfügen über eine eigene Terrasse, und bis zum Strand sind es nur wenige Augenblicke.

vorzügliche Restaurant liegt etwas abseits. Von dort blickt man direkt auf eine kleine Bucht mit dem Bootsanleger. Ein Tennis-Platz und diverse Wassersportangebote stehen den Freunden des Aktiv-Urlaubs zur Verfügung. Ein organisiertes Nachtleben gibt es, abgesehen vom wöchentlich stattfindenden Tanz zu Klängen einer Steel-Band, auf dem Inselchen allerdings nicht. Dafür werden alle sieben Tage einmal die Stühle und Tische des Restaurants direkt am Strand aufgebaut. Und sogar das inseleigene Piano macht diesen Umzug mit – ein überaus romantisches Dinner wird so garantiert.

Petit St. Vincent ist insgesamt eine luxuriöse Oase für all jene, die zu zweit allein sein wollen. Einsam hingegen fühlen sich die Gäste aufgrund der legeren Atmosphäre sicher nie.

Anreise
Der Flug geht nach Barbados. Von dort gibt es täglich einen Weiterflug zur Grenadines-Insel Union Island. Ein Bootstransfer bringt die Gäste in zwanzig Minuten zum Zielort.

Auskunft
St. Vincent and The Grenadines Tourist Office, Wurmbergstr. 26, 71063 Sindelfingen, Tel.: 07 031/80 62 60, Fax: 07 031/80 50 12. Vor Ort: St. Vincent Board of Tourism, St. Vincent, West Indies, Tel.: 001/809/45 71 502.

Einreise-Formalitäten
Ein gültiger Reisepaß reicht. Ein Rück- oder Weiterflugticket muß vorgelegt werden.

Elektrizität
Auf Petit St. Vincent beträgt die Stromspannung 110 Volt, auf anderen Inseln der Grenadines 220 Volt.

Essen und Trinken
Das Resort-Restaurant auf Petit St. Vincent bereichert den Genuß der romantischen Insellage mit vorzüglichen Speisen. Natürlich gibt es viel Fisch und Meeresfrüchte, doch auch gefüllte Ente oder Truthahn stehen auf der Speisekarte. Ein besonderer Leckerbissen ist Lambi, gehacktes und gekochtes Muschelfleisch, das kalt mit Limone serviert wird. Getrunken werden die regionale, unter deutscher Leitung gebraute Biermarke Hairoun sowie diverse Cocktails mit viel Rum.

Einkaufen
Die inseleigene Boutique bietet eine recht gute Auswahl an Batik-Arbeiten und naiven Bildern. Wer mehr sucht, sollte die Schwesterinsel St. Vincent aufsuchen. In den Geschäften der Hauptstadt finden sich neben Luxusartikeln auch Schnitzereien aus Mahagoni und attraktive Kleidungsstücke aus feinster Baumwolle.

Unternehmungen
Außer Segeltouren zu benachbarten Inseln bietet Petit St. Vincent nicht viel. Wer nicht nur dieses Eiland, sondern die ganze Wunderwelt der Grenadines für sich entdecken will, sollte das Postboot nutzen. Interessante Anlaufstationen sind die Inseln Mustique, Canouan und Bequia. Zudem sind auch Barbados und Grenada nicht weit entfernt.

Fotografieren
Filme sollte man unbedingt mitbringen.

Geld
Zahlungsmittel auf den Grenadines ist der East Caribbean Dollar. Auf Petit St. Vincent werden auch US-Dollar, französischer Franc und das englische Pfund angenommen.

Kleidung
Selbst im noblen Petit St. Vincent reicht es, wenn zum Dinner lange Hosen oder Kleider getragen werden. Jackett oder Krawatte sind nicht erforderlich.

Sport
Segeln steht natürlich an erster Stelle, sind die Grenadines doch bekannt als ein herausforderndes und wunderschönes Revier. Yachten können auf St. Vincent gemietet werden.
Die schönsten Tauchgründe der Grenadines liegen um die Inseln Bequina und St. Vincent.

Sprache
Gesprochen wird ein mit westindischen Vokabeln vermischtes Englisch.

Transport
Neben den schon erwähnten Fährverbindungen kann man einige Inseln heute auch problemlos mit dem Flugzeug erreichen. Auf St. Vincent gibt es Taxis (feste Preise; keine Taxameter) und Mietwagen. In der Hauptstadt Kingston verkehren Minibusse.

Klima
Die jährliche Durchschnittstemperatur liegt bei 25 Grad. In den Monaten zwischen Mai und November kann es schon einmal regnen. Ein stetiger Passatwind sorgt das ganze Jahr über für Abkühlung.

Jan.	Feb.	Mrch.	Apr.	May	June	July	Aug.	Sept.	Oct.	Nov.	Dec.	
27	27	27	28	29	29	29	29	30	30	28	27	○
21	21	22	22	23	24	24	24	24	24	23	22	☾
7	8	8	8	8	8	8	8	8	7	7	7	☼
26	26	26	27	27	28	28	28	29	29	28	27	≈
13	7	8	10	15	14	18	15	14	12	13	14	☂

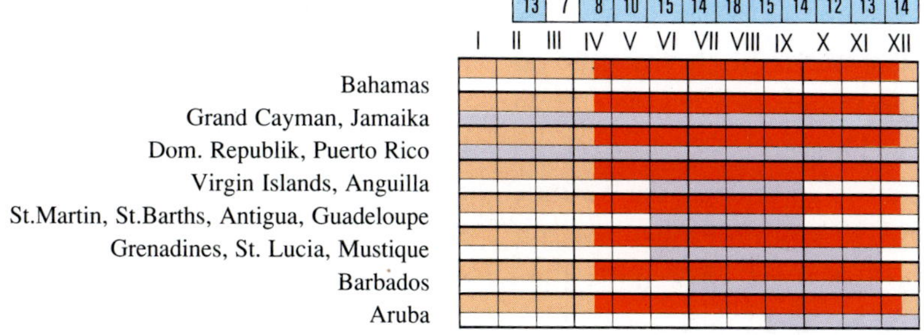

Zwar gehört Mustique administrativ zu den Grenadines, doch die nur knapp vier Quadratkilometer große Prominenten-Insel empfängt ihre Gäste mit einer solchen paradiesischen Atmosphäre, daß sie besonders hervorgehoben werden muß. Noch vor rund 20 Jahren teilten sich gerade einmal zwei Dutzend Nachkommen afrikanischer Sklaven die Strände sowie die sanften Hügel und mit Hibiskus und Bougainvilleas durchzogenen Täler.

Die Wende in der karibischen Vergessenheit kam mit Colin Tennant. Für sich und seine illustren Freunde erschloß er Mustique. Wege und Straßen wurden angelegt, Wasser- und Stromversorgung sichergestellt, erfolgreich die Moskitoplage bekämpft. Heute stehen verstreut auf der Insel 47 großzügige Villen. Architektureinflüsse verschiedener Kontinente verbinden sich zu einem harmonischem Ganzen. Besondere Beachtung verdient das „Great House", das dem indischen

Viel Platz für wenig Gäste und für die dann höchster Genuß – Mustique ist der schönste Traum im karibischen Raum.

Die Strände von Mustique suchen ihresgleichen – sehr feiner, nahezu weißer Sand steht im farblichen Kontrast zur tropisch-grünen Natur und zum türkisfarbenen Meer. Weitgereiste sind sich heute einig, daß das kleine karibische Eiland der Südsee-insel Boru Boru an Attraktivität in nichts nachsteht.

Taj Mahal nachempfunden wurde. Mustique ist so klein, daß es auf vielen Landkarten nicht zu finden ist. Doch Prominente aus aller Welt fühlen sich mittlerweile dort zu Hause. Wobei vor allem Prinzessin Margaret und Rockstars Mick Jagger und David Bowie das ehemals unbedeutende Eiland in den höchsten Kreisen bekannt machten. Übrigens sind die meisten Villen der Prominenten zu mieten, Preis ca. acht- bis fünfzehntausend Dollar die Woche. Näheres darüber erfährt man vom Grenadines Tourist Office in Sindelfingen bei Stuttgart.

Der ungemein beschauliche und doch im höchsten Maße anregende Inselwinzling kann mit dem Jeep, auf dem Pferderücken aber auch – vielleicht am besten – problemlos zu Fuß erkundet werden.

Zum Macaronistrand, dem schönsten des Eilands, gibt es eine Transportmöglichkeit und dort wartet ein Pavillion mit allem Komfort auf Picknick-Freunde. Kuriosität am Rande: Das inseleigene Hospital verfügt nur über ein einziges Bett und dazu einen Arzt.

Üppig blühende tropische Vegetation, romantische Strandidylle, Abgeschiedenheit und höchste Exklusivität sind die herausragenden Merkmale der Insel mit dem französischen Namen, die insgesamt aber eher einen britischen Gesamtcharakter pflegt. Ein kleines, doch ungemein feines Stück Karibik, das nicht umsonst die Créme de la créme zum Domizil erkor.

The Cotton House Hotel

10 Zimmer und 10 Suiten mit Balkon oder Terrasse, je nach Lage mit Meer- oder Gartenblick, Telefon.

Service

Swimming-Pool mit Bar und Sonnenterrasse, Openair-Restaurant, Boutique, Mietwagen.

Aktivitäten

Zwei Tennisplätze, Fischen, Reiten, Windsurfen, Wasserski, Schnorcheln, Tagesausflüge mit Segelbooten oder Flugzeug zu anderen Inseln.

Unterhaltung

Jeden Sonnabend Barbecue mit Calypso; Backgammon

The Cotton House Hotel
P. O. Box 349,
Mustique - St. Vincent,
West Indies
Tel. 001/809/45 64 777
Fax 001/809/45 65 887

Das Ende der 70er Jahre von dem Architekten Oliver Messel entworfene Cotton House verbindet britisches Understatement mit karibischer Leichtigkeit und historischem Ambiente. Die Anlage wurde auf den Grundmauern eines Korallen-Lagerhauses aus dem 18. Jahrhundert erbaut, von dem ein Teil liebevoll restauriert und geschmackvoll eingerichtet wurde.

Der Swimming-Pool mit Blick auf die beiden Tennisplätze wird im rückwärtigen Teil von einem schottischem Schloßgemäuer umrundet. In der Mitte zwischen den einzelnen Gästehäusern thront eine Mühle. Romantisch in einer Gartenanlage versteckt liegt das Hotel, umgrenzt von zwei sehr unterschiedlichen Stränden, etwas vorgeschoben auf einer Landzunge. Während auf der dem Atlantik zugewandten Seite die Wellen unaufhörlich kräftig an den feinen Sandstrand schlagen, ist das Meer

zur karibischen Seite hin äußerst ruhig. Und wer sich von Ruhe und Einsamkeit erholen muß, der kann mit dem Boot oder Flugzeug zu anderen Inseln aufbrechen.

Auf ganz Mustique und so auch im Cotton House herrscht eine himmlische Ruhe. Man ist für und unter sich, nur das Meer erscheint jederzeit spürbar. Extravaganter Luxus fehlt der Gesamtanlage sowie den Gästezimmern, die jedoch gemütlich, phantasievoll

Ein eher kleiner, doch phantasievoll angelegter Swimming-Pool ist eine echte Alternative zu den feinen Sandstränden. Das Cotton House besticht durch zurückhaltende Eleganz.

und praktisch eingerichtet sind. Von der lockeren Atmosphäre beim Frühstück auf der Pool-Terrasse über den traditionellen Vier-Uhr-Tee bis hin zum Dinner bei Kerzenschein – im Cotton House fühlt man sich jederzeit wohl als Gast. Für die Anlage gilt, was sich ein kluger Mensch für die nahegelegene Bar Basil's als Motto einfallen ließ: Leben in der Gegenwart, träumen von der Zukunft, lernen von der Vergangenheit.

Anreise
Mustique erreicht man am günstigsten über Barbados. Von dort geht es weiter mit der Mustique Airline. Eine Anreise von St. Lucia, Grenada, Martinique oder St. Vincent ist ebenfalls mit dem Flugzeug möglich.

Auskunft
St. Vincent and The Grenadines Tourist Office, Wurmbergstr. 26, 71063 Sindelfingen, Tel.: 07 031/80 62 60, Fax: 07 031/80 50 12. Vor Ort: St. Vincent Board of Tourism, St. Vincent, West Indies, Tel.: 001/809/45 71 502.

Einreise-Formalitäten
Ein gültiger Reisepaß sowie ein Rück- oder Weiterflugticket müssen vorgelegt werden.

Elektrizität
220 Volt

Essen und Trinken
Lobster, frischer Fisch und natürlich die Vielfalt der tropischen Früchte bestimmen die Speisenkarte. Im Cotton House werden exzellente französische Weine gereicht, und die Küche entspricht in ihrer Qualität dem paradiesischen Eiland. Frühstück wird am Pool serviert, gegen Mittag lockt ein Spezialitäten-Buffet, am Nachmittag die berühmte Tea-time des Cotton House und am Abend das Candlelight-Dinner.

Einkaufen
Bekannt sind die Baumwollsachen und Batikarbeiten, die bei Basil's angeboten werden. Wer darüber hinaus karibische Erinnerungsstücke sucht, muß sich nach St. Vincent begeben.

Unternehmungen
Das Zentrum für abendliche Ausflüge ist die Bar (und das angeschlossene Ladengeschäft) von Basil's an der Britannia Bay. Regelmäßig gibt es Calypso-Sound, honorige Gäste und bei entsprechender Stimmung auch später noch Disco-Musik. Neben den sportlichen Betätigungsfeldern und organisierten Ausflügen des Cotton House sollte man bei ausgedehnten Spaziergängen die gelungene Symbiose zwischen intakter Natur und eleganter Architektur genießen.

Fotografieren
Mustique ist ein Traum und der läßt sich einfacher als andernorts in der Karibik auf Celluloid bannen. Wer sich nicht ausreichend mit Filmen versorgt hat, kann diese im Cotton House erwerben.

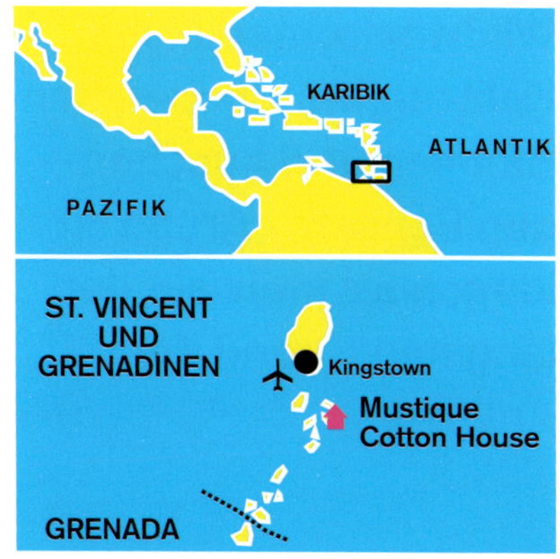

Geld
Der East Carribbean Dollar ist das offizielle Zahlungsmittel. Auf Mustique sind entsprechend der internationalen Prominenz aber auch US-Dollar, französische Franc und das englische Pfund gängig.

Kleidung
Beim Dinner im Cotton House sollten die Herren lange Hosen tragen. Ansonsten aber ist die Kleiderordnung relativ relaxed. Für den Tag reicht leichte Sommerkleidung.

Sport
Das Cotton House bietet seinen Gästen von Wassersportarten über Tennis bis zum Reiten eine breite Palette aktiver Betätigung. Aufgrund des Wassermangels fehlt ein Golfplatz.

Sprache
Die ausgewählten Gäste bringen es mit sich, daß im Cotton House alle Weltsprachen vertreten sind. Offizielle Landessprache ist Englisch, in das viele westindische Vokabeln einfließen.

Transport
Eigentlich sollte man Mustique zu Fuß erobern. Da die Insel einem tropischen Park gleicht, lädt jede Ecke zum Verweilen ein. Wer doch nicht auf ein Gefährt verzichten möchte, kann im Cotton House Jeeps oder Motorräder mieten.

Klima
Passatwind sorgt trotz einer jährlichen Durchschnittstemperatur von 25 Grad Celsius für eine angenehme erfrischende Brise. Regen fällt hauptsächlich zwischen Mai und November.

Jan.	Feb.	Mrch.	Apr.	May	June	July	Aug.	Sept.	Oct.	Nov.	Dec.	
27	27	27	28	29	29	29	29	30	30	28	27	○
21	21	22	22	23	24	24	24	24	24	23	22	☾
7	8	8	8	8	8	8	8	8	7	7	7	☼
26	26	26	27	27	28	28	28	29	29	28	27	≈
13	7	8	10	15	14	18	15	14	12	13	14	☂

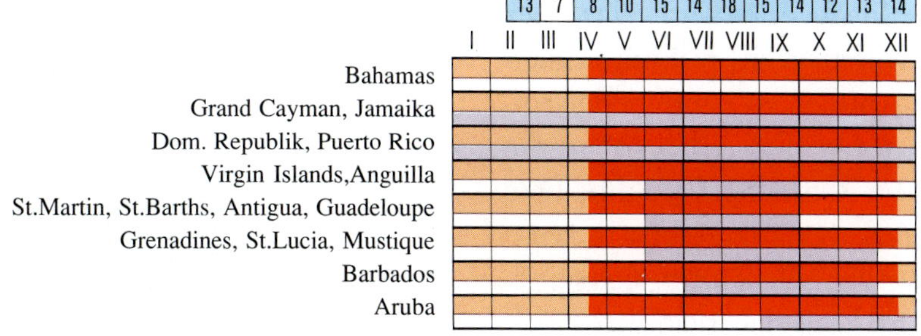

Wildwestromantik mit Kakteen, windgebeugten Bäumen und huschenden Echsen – Aruba ist karg, aber stolz auf den längsten Strand der Antillen.

In vielem unterscheidet sich Aruba von anderen Karibik-Inseln. Das 50 Kilometer vor der Küste Venezuelas gelegene Eiland ist nur 32 Kilometer lang und zehn Kilometer breit. Als tropische Gebirgsschönheit wie so viele andere westindische Inseln kann man sie wahrlich nicht bezeichnen. Aruba ist eher karg. Mannshohe Kakteen sowie die vom ständigen Nordostwind gebeugten Divi-Divi-Bäume prägen das Landschaftsbild im Inneren. Während im Osten die Brandung an die Küste peitscht, spürt man im Westen nur noch eine leichte Brise. Und dort, am elf Kilometer langen Palm Beach, liegt auch Arubas Zukunft. Der Strand ist bis zu 200 Meter breit. Palmen wiegen sich sanft im Wind. Der Sand ist fein wie Puderzucker und türmt sich an vielen Stellen zu hohen Dünen auf.

Aruba hat diesen Strand und seine Besucher bitter nötig, denn die Insel mit dem einstmals höchsten Pro-Kopf-Einkommen der Antillen ist heute bettelarm. Als der größte Arbeitgeber, die Exxon-Raffinerie, 1985 ihre Tore schloß, versank Aruba in wirtschaftliche Bedeutungslosigkeit. Zumal man sich 1986 auch noch

Strand, soweit das Auge reicht! Mehrere Kilometer lang ist der Palm Beach im Westen von Aruba. Die windgebeugten Divi-Divi-Bäume prägen neben Kakteen das Landschaftsbild im Inneren der Insel.

vom niederländischen Antillenverbund löste, was die ökonomischen Schwierigkeiten nur weiter verschärfte.

Dabei war in der Geschichte alles so glimpflich verlaufen. Seit 1636 wurde das von Spaniern entdeckte Aruba von den Holländern besiedelt. Diese verfolgten keine Kolonial-, sondern reine Handelsinteressen. Schnell war die Insel einer der wichtigsten Umschlagplätze für afrikanische Sklaven. Ein kurzer Goldrausch im vergangenen Jahrhundert und natürlich die Ölverarbeitung zogen Emigranten aus allen Teilen der Welt an. Heute leben auf Aruba rund 40 Nationalitäten friedlich vereint. Es ist ein lustiges Völkchen mit einer lustigen Sprache, in der es kein Wort für Wetter gibt. Denn Regen ist sehr selten. Und von der „Geißel der Karibik", den oft so verheerenden Hurrikanen, blieb diese Insel bisher ganz verschont.

Hyatt Regency Aruba

360 Zimmer, Regency Club Rooms und Suiten mit Meerblick, Klimaanlage, Mini-Bar, Satelliten-TV, Telefon, Safe, Deckenventilator, Kaffee-Facilities.

Service

Vier Restaurants, drei Bars, Swimming-Pool auf drei Ebenen mit Wasserkaskaden, tropischem Garten, Frischwasser-Lagune, Kinder- und Jugendprogramme, Baby-Sitting, Massage, Beauty, Shops, Spieleraum, Mietwagen.

Aktivitäten

Segel- und Tauchschule, Windsurfen, Schnorcheln, Sauna, Massage, Aerobic.

Hyatt Regency Aruba
L.G. Smith Boulevard 85
Palm Beach Aruba
Telefon 00 297/8/61 234
Fax 00 297/8/21 682

Dieses karibische Resort, nur fünfzehn Meilen vor der Küste Venezuelas und nur zwei Meilen von der Inselhauptstadt Oranjestad entfernt, enttäuscht auf den ersten Blick, weil der Hotelkomplex ein neunstöckiger Tower mit zwei Flügeln ist. Aber Designer Howard Fields schuf hier einen wundervollen Wasserpark: Wasserkaskaden verbinden den Swimming-Pool auf drei verschienen Ebenen, und über zwei Etagen zieht sich die Wasserrutsche. Das Ganze umrahmt ein riesengroßer tropischer Garten mit einer 5000 Quadratmeter großen Lagune.

Daneben werden aber hier Aktivitäten groß geschrieben. Hyatts eigene Sportschule führt in alle Wasseraktivitäten ein. Mieten kann man Segelboote, Paddelboote und Wellenreiter. Die „Balia", ein Luxus-Katamaran, bringt Schnorchler und Segler nicht nur zur zum Baden, sondern entführt sie auch zum Dinner-Segeln. Windsurfen ist hier international anerkannter Sport. Aruba ist berühmt für seine Passatwinde. Und vor dem Kasinobesuch am Abend kann man sich dann in einem der sechs Restau-

Costa Linda Beach Resort

155 Suiten mit zwei oder drei Schlafzimmern, Klimaanlage, Deckenventilator, Küche, Eß- und Wohnzimmer, Satelliten-TV, Safe, Telefon, Radio, Terrasse.

Service

3 Restaurants, 3 Bars, Swimming-Pool, 6 Jacuzzis, Shop, Kreditkarten, Mietwagen.

Aktivitäten

2 Tennisplätze mit Flutlicht, Fitness-Center, Shuffle-Board, Spielplatz, in der Nähe: Golfplatz, Wasseraktivitäten, Einkaufszentrum, Casino.

Unterhaltung:

Coktail-Party wöchentlich, Live-Musik im Fun-Club, wöchentlich Karneval-Barbecue und italienische Nacht.

Costa Linda Beach Resort
P.O. Box 1345
J.E. Irausquin Boulevard 59
Oranjestad, Aruba
Tel. 00 297/8/38 000
Fax 00 297/8/36 040

Weich geformt und von vielen Pflanzeninseln umrahmt ist der große Swimming-Pool des Costa Linda Beach Resort.

Zweifellos ist das Costa Linda die erste Hoteladresse auf Aruba. Dafür spricht einmal sein Standort an der Eagle Beach, dem schönsten Sandstreifen der Insel, und die Nähe zu Geschäften, Restaurants wie auch zum Flughafen. Zum anderen verwöhnt das Resort seine Gäste mit ungewöhnlich großen Zimmern und einem allumfassenden Komfort: Das Costa Linda ist ein Suitenhotel.

139 der großzügigen, in tropischen Hölzern eingerichteten Suiten besitzen eine Küche, ein Bad mit einer römischen Wanne und zwei Schlafzimmer. 16 Suiten zählen sogar drei Schlafzimmer und

Familien und Aktivurlauber finden Top-Komfort und Naturgenuß im Hyatt Regency auf Aruba. Auf dem großen Katamaran des Hotels wird sogar ein Dinner serviert.

rants und Lounges niederlassen, um den Sonnenuntergang zu genießen. Im Ruinas del Mare-Restaurant speist man kontinental und genießt den Blick über die Lagune. Da zu den Hyatt-Gästen viele Familien zählen, bietet das Resort spezielle Programme für Kinder bis zwölf und Teenager.

sorgen für ein ganz privates Vergnügen durch einen eigenen Jacuzzi und einen Barbecue-Grill. Zu jeder Suite gehört ein Balkon, von dem man die spektakulären Sonnenuntergänge auf Aruba beobachten kann. Die meisten Zimmer in dem zum Meer hin abgestuften Gebäude blicken auf den Swimmingpool im Inneren der Hotelanlage. Sechs Jacuzzis, verstreut über die ganze Anlage, sind ideale Plätzchen zum Abkühlen.

Das kulinarische Vergnügen im Costa Linda zählt zu den kurzweiligsten. Vom Snack und tropischen Erfrischungsdrink über eine ganz leger klingende Speisekarte bis hin zu Feinschmecker-Gerichten bieten die drei Restaurants ihr gesamtes Können auf.

Anreise
Von Amsterdam startet viermal wöchentlich ein KLM-Direktflug. Eine weitere Möglichkeit ist ein Flug über Caracas in Venezuela.

Auskunft
Nächste Informationsstelle in Europa: Aruba Tourism Authority, Schimmelpennicklaan 1, NL-2517 JN-Den Haag, Tel. 00 31/70/35 66 220, Fax 00 31/70/36 04 877. Vor Ort: Aruba Tourism Authority, L.G. Smith Blvd. 172, Aruba, Dutch West Indies, Tel.: 00 29 78/23 777 oder 23778, Fax 00 29 78/34 702.

Einreise-Formalitäten
Der Reisepaß sowie ein Rück- oder Weiterflugticket müssen vorgelegt werden.

Elektrizität
110 Volt.

Essen und Trinken
Typisch sind für Aruba gebackener Fisch mit Pan Bati (einem speziellen Brot); sonst gibt es in Oranjestad interessante chinesische und indonesische Restaurants. Nur in Aruba gemixt werden die Alkohol-Drinks „Ponche Crema" und „Coe Coei"; ansonsten trinkt man Bier und Cocktails mit Blue Curacao von der Schwesterinsel. Die interessanteste Bar ist die von Charlie im ehemaligen Ölstädtchen San Nicolàs.

Einkaufen
Chinesisches Porzellan neben Delfter Kacheln, Silberarbeiten aus Mexiko neben Elektronik-Waren aus Japan – das Angebot auf Aruba ist international. Inseleigene Andenken sind hingegen kaum zu finden. Dafür bietet man in der Nassaustraat in Oranjestad eine tolle Auswahl von Handarbeiten aus allen Teilen der Welt an.

Unternehmungen
Das holländisch wirkende Hauptstädtchen Oranjestad und die marode, halb verfallene Öl-Stadt San Nicolàs sollte sich niemand entgehen lassen. Nördlich des letztgenannten Ortes liegen Grotten mit indianischen Felszeichnungen. Im Norden, bei Boc Prins, laden die Dünen zum Sandrodeln ein. Der Karneval beginnt schon im Januar. Er zählt neben denjenigen auf Trinidad und in Brasilien zu den heißesten Festen der Welt. Hinzu kommt noch ein internationales Jazz-Festival im Juni.

Fotografieren
Die Sonne ist sehr grell, entsprechende Filter sind daher notwendig.

Geld
Die Landeswährung heißt Aruba-Gulden. Die günstigsten Kurse bekommt man für US-Dollar. Kreditkarten sind weithin unbekannt.

Kleidung
Legerer Freizeitlook reicht eigentlich, doch in feineren Hotels und Restaurants erscheinen die Herren mit Jackett und Krawatte zum Dinner. Topless bräunen ist nicht verboten.

Sport
Erfahrenen Starkwindsurfern ist Aruba ans Herz zu legen, Anfängern wegen der nicht ganz ungefährlichen ablandigen Winde jedoch nicht. Die Tauchgründe von Aruba sind fabelhaft, die vor der Schwesterinsel Bonaire sogar weltweit bekannt. In der Nähe von San Nicolàas liegt ein 9-Loch-Golfplatz.

Sprache
Das inseleigene Papiamento ist ein Mix aus Portugiesisch und anderen europäischen Sprachen. Amtssprache ist Holländisch. Englisch und Spanisch spricht und versteht fast jeder.

Transport
Die Straßen sind vor allem im Süden sehr gut ausgebaut. Auf ihr pünktliches und zuverlässiges Bussystem sind die Einheimischen stolz.

Klima
Ganzjährig liegen die Temperaturen der Luft und des Wassers bei etwa 26 Grad. Ein ständiger Wind sorgt für Abkühlung.

Jan.	Feb.	Mrch.	Apr.	May	June	July	Aug.	Sept.	Oct.	Nov.	Dec.	
27	27	27	28	29	29	29	29	30	30	28	27	○
21	21	22	22	23	24	24	24	24	24	23	22	☾
7	8	8	8	8	8	8	8	8	7	7	7	☼
26	26	26	27	27	28	28	28	29	29	28	27	≈
13	7	8	10	15	14	18	15	14	12	13	14	☂

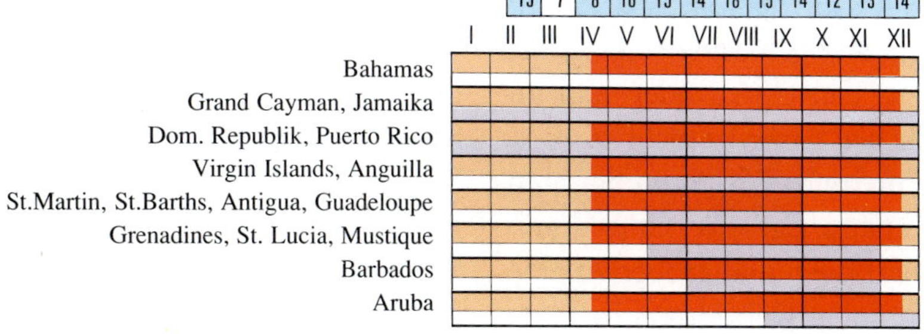

Acapulco und Rio, die kalte Bergwelt der Anden, der feuchtheiße Dschungel am Amazonas – Orte, deren Namen bis heute wie Zauberformeln klingen. Das südliche Amerika ist längst erobert, sein Erscheinungsbild von Unterschieden bestimmt. Doch eines ist überall gleich:

Das Warten auf neue Entdecker

„Lateinamerika gibt es überhaupt nicht, das ist eine europäische Fiktion," meint der weltberühmte brasilianische Autor João Ubaldo Ribeiro, und Recht hat er. Der Kontinent zwischen Rio Grande und Feuerland weist zwar eine ähnliche landschaftliche Vielfalt und Breite auf wie sein nördlicher Nachbar, doch einen eher genormten Lebensstil wie in den USA findet man im südlichen Amerika nicht.

Vor rund 500 Jahren betraten die ersten Europäer amerikanischen Boden und eroberten eine Welt voller Kontraste. Hochentwickelte Azteken- und Maya-Gesellschaften in Mexiko oder Sammler- und Jägervölker in der grünen Hölle des Amazonas – an diesen so weit auseinanderklaffenden Entwicklungsstufen hat sich bis heute nicht allzuviel geändert. In den Jahrhunderten völliger Abhängigkeit haben Amerikas Schätze Europa reich gemacht. Gold, Silber, Edelhölzer und die Produkte der freigebigen Natur ließen in der Alten Welt den Merkantilismus und später die Industrialisierung aufkommen. Mit ihrem Schweiß und Blut hatten die afrikanischen Sklaven beträchtlichen Anteil an der Erschließung des Kontinents. Nirgendwo anders findet sich eine solche Vermischung der verschiedensten Völker. Trotz enormer

ethnischer und sozialer Unterschiedlichkeiten gibt es doch einige Gemeinsamkeiten zwischen den Völkern im südlichen Amerika. Sie alle sind trotz oftmals bitterer Armut lebensfroh und lieben Feiern, Musik und Tanz.

Kulturell ist Lateinamerika längst aus seinem Schatten herausgetreten. Der Kolumbianer Màrquez wird schon jetzt zu den wichtigsten Schriftstellern unseres Jahrhunderts gerechnet, die Wandmalereien des Mexikaners Diego Riveira sind ein neu beschriebenes Blatt in der Kunstgeschichte, und niemand würde heute Samba und Bossa Nova tanzen, gäbe es nicht den kulturellen melting pot in Salvador da Bahia.

Neben alter und neuer Kultur gibt es südlich des Rio Grande auch anderes zu entdecken. Wer wäre nicht begeistert von den weiten Palmenstränden im brasilianischen Bahia oder der schimmernden Unterwasserwelt vor der mexikanischen Insel Cozumel. Überall dort laden zudem erstklassige Hotels dazu ein, in Muße und tropischer Sonne die bunte Vielfalt der Reiseeindrücke zu verdauen.

Kakteenwälder, karge Wüsten, schroffe Vulkane und eine versunkene Kultur – Mexiko, das Land zwischen zwei Meeren, ist mehr als nur Siesta und Fiesta.

Trotz vieler Hotels und dem an vielen Stellen nicht gerade sauberen Strand gehört Acapulco nach wie vor zu den Traumorten der Welt. Die Gewässer vor den Küsten sind auch ein El Dorado für Freunde des Hochseefischens.

Die Mexikaner, so ihr bedeutendster Dichter Oktavio Paz, würden trinken, um zu beichten, nicht um zu vergessen, und ihr Realismus sei der Pessimismus. Eine recht befremdliche Aussage, assoziiert man mit dem annähernd zwei Millionen Quadratkilometer großen Land doch vor allem eines – ausgelassene Fiestas! Und wirklich: Zu feiern verstehen die Menschen zwischen Karibischem Meer und Pazifischem Ozean, wenn auch oftmals die Fiestas aus Trotz gegenüber der Tristesse des Alltags entstehen.

Als Hernán Cortes auf der Suche nach El Dorado 1519 an der Küste Yucatáns landete, fand er eine blühende Kultur vor, die von einer Handvoll Spaniern in nur wenigen Jahren dem Erdboden gleichgemacht wurde. Quasi auf den Ruinen der damaligen Aztekenhauptstadt Tenochtitlán stinkt heute der schreckenerregende Straßenverkehr von Mexiko City gen Himmel, und auf der Halbinsel Yucatán wurde in nur 20 Jahren mit Cancún eines der größten Touristen-Zentren der Welt erbaut. Nur wenige Kilometer weiter künden die Maya-Ruinenstädte Chichen Itza und Tulum von vergangener Pracht – der Kontrast könnte nicht größer sein.

Den Sprung in die moderne Zeit haben nur Teile des Landes mitvollzogen. Das weitgehend landwirtschaftlich geprägte Leben in den Sierras Madre Occidental und Oriental hat sich in den vergangenen Jahrzehnten kaum gewandelt. Den gesamten Südosten Yucatáns bedeckt noch immer steinalter tropischer Regen-

wald. Schroffe Gegensätze prallen in Mexiko seit jeher ungedämpft aufeinander. Für den Reisenden liegt darin unbestreitbar der Reiz dieses Landes.

Mexiko verändert sich täglich, doch Hotelburgen werden die Pyramiden nicht zubetonieren. Uneingeschränkter Glaube an das große Glück durch den Tourismus ist den Mexikanern fremd. Dazu sind sie viel zu realistisch, und ihr Wirklichkeitssinn ist letztlich vom Pessimismus geprägt.

Mexiko, Land der Gegensätze! Unweit der exklusiven Hotels stoßen die Reisenden auf kleine Straßen, wo noch wie vor Jahrzehnten die Waren zum Verkauf auf dem Boden ausgebreitet werden.

Hotel Las Brisas

265 Casitas, 31 Villen, 4 Residenzen, 200 davon mit eigenem Swimming-Pool und großem Balkon; bei den anderen Bungalows teilen sich zwei Parteien einen Pool. Telefon und Privatbar.

Service

Großer Swimming-Pool, drei Restaurants, Frühstücks-Service im Bungalow, zwei Bars, Schönheitssalon, Deluxe-Konferenzräume, Kreditkarten, 150 hoteleigene Jeeps, Airport-Transport.

Aktivitäten

18-Loch-Golfplatz in der Nähe, fünf Tennisplätze, Wasserski, Segeln, Para-Segeln, Tauchen, Sauna, Beach Club. Alle Wassersportarten im privaten Strandclub La Concha.

Unterhaltung

Zwei Bars und der Club La Concha.

Hotel Las Brisas
P.O.Box 281
Acapulco, Mexiko 39868
Tel. 00 52/74/84 15 80
Fax 00 52/74/84 22 69

Acapulco, einst Fischerdorf und heute Millionen-Metropole, beherbergt unzählige Hotelburgen. An vielen Stellen ist der Strand überfüllt oder verschmutzt. Doch 500 Meter über der Strandhektik liegen zwischen schroffen Felsen, Obstbäumen und blühenden Büschen die 300 Villen und Bungalows des Las Brisas, auch ohne eigenen Sandstrand eine der schönsten Hotelanlagen der Welt. Die meisten Häuser besitzen einen eigenen kleinen Pool, von wo aus die Gäste einen unbeschreiblichen Blick auf die wunderschöne Bucht von Acapulco haben.

Alles im Las Brisas ist in Pink und Weiß gehalten – von den Handtüchern über die Blüten in den Pools bis hin zu den 150 Jeeps, die den Gästen zur Verfügung stehen. Drei Restaurants bieten mexikanische und internationale Spezialitäten, zwei Bars sorgen für Unterhaltung, und der Club La Concha direkt an der Acapulco Bay ist ein beliebter Treffpunkt der Hotelgäste. Ein 18-Loch-Golfplatz, fünf Tennisplätze und ein gutes Wassersportangebot sind in diesem Spitzenhotel eine Selbstverständlichkeit. Las Brisas bedeutet „laues Lüftchen“. Aber die über mehrere Hügel verteilte Anlage bietet alles andere als nur lauen Komfort. Exklusivität ist Wirklichkeit, z.B. in den Zimmern 458 und 469. Sie besitzen einen Innen- und Außenpool.

Traumhafte Lage über der Bucht von Acapulco: Die Bungalows des Las Brisas haben alle einen eigenen kleinen Swimming-Pool.

Ein Traum in Weiß: Die verspielte Architektur des Las Hadas verleugnet orientalische Einflüsse nicht.

Nördlich von Acapulco, nahe der kleinen Provinzhauptstadt Manzanillo, liegt an einer wilden Küste mit vorgestreckten Halbinseln, kleinen Buchten und weiten Sandstränden das Las Hadas. Die weißen, von Palmen und Bougainvilleen eingefaßten Häuschen mit ihren Kuppeln, Türmchen,

Eine echte Alternative zum Strand von Acapulco: die Swimming-Pools des Princess. Einziger Nachteil: Wer einen der begehrten Liegeplätze ergattern will, muß früh aufstehen.

Acapulco Princess Hotel

915 Zimmer, 105 Suiten mit Telefon und Balkon.

Service

Sieben Restaurants, zwei Salzwasser- und drei Süßwasser-Swimming-Pools, Kinderbecken, Boutique, Mietwagen, Airport-Transport.

Aktivitäten

Zwei 18-Loch-Turnier-Golfplätze, 11 Tennisplätze (zwei in der Halle), Wasserski, Segeln, Reiten, Hochseefischen, Schnorcheln, Sauna, Massage.

Unterhaltung

Nightclub, Diskothek, Billard.

Acapulco Princess Hotel
P.O. Box 1351
Playa Revolcadero
Acapulco, Mexiko C.P. 39300
Tel. 00 52/74/69 10 00
Fax 00 52/74/69 10 17

Wesentlich größer als das Las Brisas, aber nicht weniger interessant ist das Acapulco Princess, direkt an der Bay gelegen. Die offene Atrium-Lobby wurde dem zentralen Innenhof eines Aztekentempels nachgebildet, und die vier Penthouse-Suiten im Pyramid Building wurden mit allem erdenklichen Luxus ausgestattet. Komfortabel sind auch die 915 Zimmer des Hotels, das über sechs Swimming-Pools (einer mit Wasserfall), zwei 18-Loch-Golfplätze, Tennisplätze im Freien und in der Halle sowie ein ausgezeichnetes Wassersportangebot verfügt. Die Gartenanlage mit ihren zahllosen Palmen gleicht einem Mini-Dschungel.

Für nächtliche Unterhaltung sorgen ein Nachtclub und eine Diskothek. Sogar der andernorts eher verschmutzte Strand der Bucht von Acapulco ist vor dem Princess gut gepflegt.

Dachterrassen und Bogendurchgängen muten nicht nur auf den ersten Blick wie ein Traum aus 1001 Nacht an. Der feinsandige graue Strand vor dem Hotel erhitzt sich allerdings wegen seiner Farbe in den Mittagsstunden so sehr, daß er kaum mehr barfuß zu betreten ist.

Dafür ist der Swimming-Pool mit Bar und palmenbewachsenem Felsen in der Mitte mehr als ein Ausgleich für die Fährnisse am Strand. Die außergewöhnliche Architektur des ganz in Weiß gehaltenen Hotels erinnert ein wenig an arabische Vorbilder. Neben der Royal Suite mit eigenem Swimming-Pool auf der Terrasse begeistern vor allem die Palomas-Gebäude direkt am Strand. Drei Restaurants empfehlen sich durch ausgezeichnete Küche.

Die Aktivisten unter den Urlaubern können ihrem Tatendrang außer beim Wassersport und beim Hochseefischen auch auf dem 18-Loch-Golfplatz oder den zehn Tennisplätzen freien Lauf lassen.

Hotel Las Hadas

178 Zimmer und 42 Suiten, Telefon, Farb-TV, Balkon oder Patio.

Service

Vier Restaurants, sechs Bars, Swimming-Pool mit Bar im Garten, Reisebüro, Elektrowagen für Gästetransport auf Hotelgelände, Mietwagen, Airport-Transport.

Aktivitäten

18-Loch-Golfplatz, zehn Tennisplätze mit Flutlicht, Fitnessraum, Yachthafen, Tiefseefischen.

Unterhaltung

Piano-Lobby-Bar, Diskothek, häufig Tennisturniere mit internationaler Prominentenbesetzung.

Hotel Las Hadas
P.O. Box 158,
Rincon de las Hadas
28200 Manzanillo, Colima, Mexiko
Tel. 00 52/333/42 000
Fax 00 52/333/41 950

Club Med Cancún

409 Zimmer in klimatisierten Bungalows, einige mit Blick auf Meer oder Lagune.

Service

Swimming-Pool mit Terrasse, ein Haupt- und zwei Spezialitätenrestaurants, zwei Bars, Boutique, Atelier für Kunsthandwerk.

Aktivitäten

Segeln, Tauchen, Windsurfen, Wasserski, Schnorcheln, Wassergymnastik, Volleyball, Basketball, Aerobic, Fitnesstraining, Bodybuilding, acht Tennis-Hartplätze (vier mit Flutlicht); gegen Gebühr 18-Loch-Golfanlage.

Unterhaltung

Abendliches Entertainment, organisierte Ausflüge, Picknick.

Club Med
Estado de Quintana Roo Cancún,
Mexiko
Tel. 00 52/988/52 300
Fax 00 52/988/52 290

Liegt am schönsten Strand von Cancún: der Club Med.

Auf der anderen Seite Mexikos, in Cancún bei der Halbinsel Yucatán, sind in den letzten Jahren viele Hotels entstanden. Die schönste Lage hat sich der Club Med nahe der Punta Nizuc reserviert. Die Strandgefilde dort sind bis zu 60 Meter breit. Da dieser Teil von Cancún noch wenig bebaut ist, sind die Dünen ein geeigneter Ort, um zu zweit allein zu sein.

Der Club Med wurde auf einer kleinen Insel zwischen Meer und Lagune erbaut. Die mehrstökkigen Häuser stehen auf einer

Casa Turquesa

31 Suiten mit Meerblick und Jacuzzi auf der Privatterrasse.

Service

1 Gourmet-Restaurant, Swimming-Pool, Wäscherei, Viedothek, Konferenzräume. Alle Extrawünsche werden erfüllt.

Aktivitäten

Schnorcheln, Tauchen, Segeln, Fischen, Golf.

Unterhaltung

Organisation von archäologischen Touren.

Casa Turquesa
Blvd. Kukulcán Km. 13,5
Zona Hotelera
88508 Cancún, Q. Roo
Mexiko
Tel. 00 52/98/85 29 24
Fax 00 52/98/85 29 22

Diese Hotelperle Mexikos zählt zu den „feinen, kleinen“ und sollte eigentlich nur hinter vorgehaltener Hand weiterempfohlen werden. Nicht umsonst steigen Mitglieder aus Europas Königshäusern, internationale Stars und andere VIPs im Casa Turquesa ab.

Jede der 31 Suiten besitzt natürliche ihre private Terrasse mit dem ganz persönlichen Jacuzzi! Die Suiten erlauben Pool- und Meerblick, die „Prime Minister Suite“ zählt drei Schlaf- und Badezimmer sowie sechs Telefonleitungen. Die „Presidential Suite“ präsentiert sich als eine Zimmerflucht auf zwei Ebenen, und die „Royal Suite“ gar hat einen privaten Eingang und einen privaten Strand-Zugang.

Das Resort bietet ein Restaurant mit einer international ori-

entierten Gourmet-Linie. Allerdings kann man auch Frühstück, Lunch oder Dinner im Zimmer einnehmen und sogar Diätwünsche äußern.

Da das Casa Turquesa nur wenige Gästen aufnehmen kann, ge-

schmalen Landzunge. Einige wurden sogar direkt im seichten Lagunenwasser errichtet. Eine überaus romantische Lage also, zumal auch der große Swimming-Pool quasi „vom Meer umschlungen" wird. Die mit viel Sinn für Natürlichkeit eingerichteten Räume der klimatisierten Bungalows haben alle einen phantastischen Blick auf das dunkelblaue Meer. Das Sportangebot ist kaum zu übertreffen. Kurse geben auch Anfängern die Möglichkeit, die eine oder andere Sportart auszuprobieren.

Besonders erwähnenswert ist die günstige Clublage, denn zu den berühmten historischen Maya-Stätten wie auch zu den großen Einkaufszentren von Cancún ist es nicht weit.

Zu dem Namen Casa Turquesa hat der Blick auf das türkisfarbene Meer inspiriert.

hört der feine weiße Sandstrand diesen ganz alleine. In dieser exklusiven Oase kann man trotzdem alle erdenklichen Wassersportarten betreiben vom Schnorcheln, Tauchen und Segeln bis hin zum Fischen.

Anreise
Acapulco und Manzanillo erreicht man am günstigsten mit einem Flug nach Mexiko City. Von dort geht es weiter mit innermexikanischen Linien. Cancún wird von Deutschland direkt angeflogen. Von Cancún aus reist man auch weiter nach Cozumel.

Auskunft
Mexikanisches Fremdenverkehrsamt, Wiesenhüttenplatz 26, 60329 Frankfurt, Tel.: 069/25 34 13, Fax: 069/25 37 55. Vor Ort: Deutsche Botschaft, Calle Lord Byrn 737,11580 Mexico D.F., Mexico, Tel.: 00 52/5/45 66 55.

Einreise-Formalitäten
Ein gültiger Paß ist ausreichend.

Elektrizität
Die Spannung schwankt zwischen 110 und 125 Volt. Ein Adapter ist notwendig.

Essen und Trinken
In den Hotels wird durchweg internationale Kost kredenzt. Die Mexikaner selbst essen sehr scharf; Chilli gehört eigentlich zu jedem Gericht. Allgegenwärtig sind Tortillas, dünne Maisfladen, die als Brotersatz oder Beilage dienen. Gefüllt und gerollt heißen sie Bunitos, in Öl gebacken Enchiladas und als knackige Variante Tacos. Fisch und Meeresfrüchte sind auf jeder Speisekarte zu finden. Vor dem Essen nehmen die Mexikaner gern einen Tequila zu sich – pur, versteht sich, denn Tequila als Mixgetränk gilt hier als Sakrileg.

Einkaufen
Bunte Tücher, Decken, Schmuck aus Silber und Obsidian, geschnitzte Holzfiguren, Tonarbeiten - das mexikanische Kunsthandwerk hat vieles zu bieten. Überall finden sich entsprechende Shops oder Märkte.

Unternehmungen
Sehen sollte man sie schon, die weltberühmten Highdiver, die vom La-Quebrada-Kliff in Acapulco 40 Meter in die Tiefe springen. Von Acapulco aus erreicht man auch problemlos Monte Alban und Mitla, zwei archäologische Stätten von Weltrang. Zwischen beiden Ruinenplätzen liegt in einem Tal das Städtchen Oaxaca mit der goldverzierten Klosterkirche Santo Domingo, der schönsten Kirche ganz Mexikos! Nördlich davon findet sich das ehemalige Silberstädtchen Taxaco, das wegen seiner kolonialen Architektur heute vollständig unter Denkmalschutz steht. Für Gäste in Cancún oder in Cozumel: Niemand sollte die Maya-Stätten Chichen Itza und Tulum verpassen. Nahe Tulum, bei Xel-Ha, bilden

Lagunen das größte natürliche Aquarium der Welt. Lohnend ist auch ein Ausflug in den Südosten der Halbinsel Yucatán. Im dichten Regenwald wurde dort die Maya-Kultstätte Coba erst zum Teil von Archäologen freigelegt.

Fotografieren
Wer Menschen fotografieren möchte, sollte lieber vorher fragen.

Geld
Am günstigsten tauscht man US-Dollar in die Landeswährung Peso. Wichtig: Die Inflationsrate ist sehr hoch. Bei längerem Aufenthalt also nur so viel wechseln, wie gerade benötigt wird.

Kleidung
Wenn tagsüber ein saloppes Outfit ausreichend ist, so trägt man am Abend nicht nur in den Hotels exklusivere Garderobe. Bei Reisen in das Hochland sollte man unbedingt warme Kleidungsstücke mitnehmen.

Sport
Ob Pazifik oder Karibisches Meer – das Wassersportangebot an Mexikos Küsten läßt keine Wünsche offen. In Cancun gibt es – über das ganze Jahr verteilt – etliche Windsurf-Regatten.

Sprache
Wer kein Spanisch spricht, kommt in den touristisch erschlossenen Orten auch mit Englischkenntnissen zurecht.

Transport
Das Flugnetz ist zwar gut ausgebaut, doch nicht selten werden einfach Flugnummern umbenannt, und der Gast steht – trotz Ticket – mit leeren Händen da. Mit Überlandbussen (oft überfüllt) kann man fast alle Ortschaften Mexikos erreichen. Für kürzere Strecken stehen neben regulären Taxis auch Sammeltaxis zur Verfügung.

Klima
Am Karibischen Meer gibt es über 240 Sonnentage im Jahr. Somit ist eigentlich immer Saison. Zwischen Mai und Oktober liegen die Lufttemperaturen bei etwa 32 Grad, das Wasser ist dann etwa 27 Grad warm. Am Pazifik ist mit ähnlichen Temperaturen zu rechnen.

Jan.	Feb.	Mrch.	Apr.	May	June	July	Aug.	Sept.	Oct.	Nov.	Dec.	Symbol
28	29	32	33	34	33	33	33	32	31	29	28	○
17	17	19	21	22	23	23	23	23	22	19	18	☾
6	6	7	7	8	7	8	7	6	6	6	5	☼
25	25	25	26	27	27	28	28	28	27	26	25	≋
4	2	1	2	5	10	11	12	13	7	3	3	☂

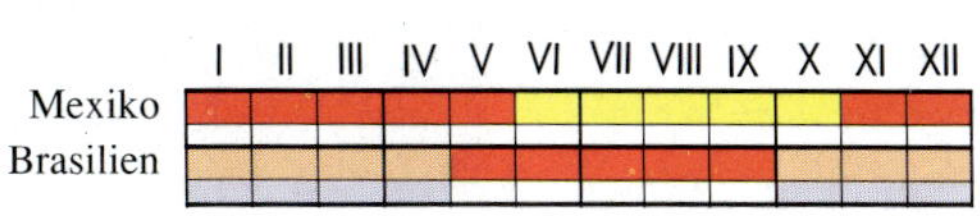

Ein Stück Afrika in Brasilien und kulturelles Kleinod in Lateinamerika – Salvador ist eine der faszinierendsten Städte der Welt.

Um stolze Sprüche sind die Brasilianer nicht verlegen! Da heißt es „Gott hat die Welt in sieben Tagen geschaffen – für Rio hat er zwei gebraucht..“ Hinzugefügt wird, Brasilien sei gar kein Land, „sondern ein Kontinent“, oder gar: „Gott ist Brasilianer!“

Das Schöne an diesen flotten Floskeln: Sie enthalten mehr als nur ein Fünkchen Wahrheit. Brasilien ist als Reiseland kaum zu überbieten. Tropischer Regenwald im Norden, die sagenumwobene Halbwüste des Sertao im Nordosten, weite Grassteppen im Westen, brodelnde Weltstädte an faszinierenden Stränden und eine schier unermeßliche Vielfalt im kulturellen Leben.

Die Brasilianer selbst lieben vor allem eines: das Leben. Sie sind fröhlich und ungezwungen, freundlich und unkompliziert, sie lieben Tanz, Musik, Lachen und Späße. Bei all dem haben sie den „jeito“ – zu Deutsch den „Dreh“ – erfunden, ihren auch in schwierigen Situationen nie verzagenden Optimismus.

Das Land bietet dem Besucher etwas, was auch die Brasilianer gern mögen: unbeschwertes Reisen, vorzugsweise an den Strand. Dort besingen und bestaunen sie ihr Schönheitsideal „moreno“, sonnengebräunte Hauttönung, irgendwo zwischen Schwarz und Weiß. Beim scheinbar immerwährenden Strandleben glitzert ein Stück vom Regenbogen der „brasilidade“, dem brasilianischen Wesen, von dem der Schriftsteller Ribeiro Couto einmal ganz richtig schrieb: „Der brasilianische Beitrag zur Weltkultur wird die Herzlichkeit sein“.

Diese findet man auch in einer Stadt, deren Name wie ein lyrisches Programm klingt: Sao Salvador da Bahia de Todos os Santos, Stadt des heiligen Erlösers an der Bucht aller Heiligen. Salvador war die Geburtsstadt Brasiliens, geistiger, wirtschaftlicher, politi-

scher Mittelpunkt des Landes und wegen der vielfältigen afrikanischen Einflüsse auch immer gleichzeitig besungenes, beschriebenes, bewundertes Mysterium. Auch heute noch empfinden viele Brasilianer Salvador als das eigentliche, wirkliche Brasilien. Und sie sind stolz auf ihr „schwarzes Rom“.

Die Praia do Forte (links) gilt zu Recht als einer der schönsten Strände in ganz Brasilien. Turbulent geht es am 2. Februar zu, wenn am Strand von Rio Vermelho die Göttin Jemanja geehrt wird (oben). Während des Straßenkarnevals ist die Innenstadt Treffpunkt aller jungen Menschen Salvadors.

Praia do Forte Resort

132 renovierte Appartements mit Strandblick, Hängematten auf der Veranda; einige mit Aircondition. 64 neue Luxuszimmer ab 1995.

Service

Vier Restaurants, drei Bars, vier Swimming-Pools, Leseräume, Amphittheater, Konferenzzentrum, Boutiquen, Airport-Transport.

Aktivitäten

Zwei Tennisplätze mit Flutlicht, Reiten, Fußballplatz, Bootsfahrten, Schnorcheln, Wellenreiten, Surfen, Bogenschießen.

Unterhaltung

Brasilianisches Abendentertainment, Barbecue, organisierte Ausflüge.

Praia do Forte Resort
Pça Gago Coutinho
282 loja 25 A Aeroporto 2
de Julho
BR-41500 570 Salvador BA
Tel.: 00 55/71/87 61 111
Fax 00 55/71/87 61 112

Salvadors schönstes Strandhotel liegt 70 Kilometer von der Stadt entfernt an der Praia do Forte. Der deutschstämmige Industrielle Klaus Peter hat die weitläufige Clubanlage direkt neben einem kleinen Fischerdorf in einem ausgedehnten Naturschutzgelände von 6.000 Hektar errichten lassen. Sogar Meeresschildkröten sind dort zu bewundern. Die Landschaft rund um die Anlage ist vom verwunschenen Lauf des hier mündenden Rio Pojuca, einem endlosen Palmenhain nebst einem verfallenen Kastell aus portugiesischer Kolonialzeit und rund zehn Kilometern feinster Sandküste geprägt.

Die Zimmer in der zweistöckigen Anlage sind gerade verschönert worden. 64 Luxuszimmer mit Aircondition und TV kommen neu dazu. Allein der Blick von der Hängematte auf dem Balkon durch den Palmenhain hin zum blau schimmernden Meer läßt bereits erahnen, warum sich

Strandeinsamkeit garantiert: Die Praia do Forte ist nie überfüllt. Das Resort in dem Naturschutzpark wurde nach ökologischen Gesichtspunkten errichtet.

Im Zentrum des Resorts liegt ein großer Swimming-Pool nebst Bar. Dort werden auch Tanzabende und Shows veranstaltet.

an der Praia do Forte Freischaffende wie der bekannte deutsche Fernseh-Autor Herbert Reinekker ihre Refugien gebaut haben.

Das Resort ist mit der so reichhaltigen bahianischen Kunst gekonnt ausgestattet. In seinen vier Restaurants bietet es internationale Gerichte ebenso wie berühmte bahianische Küche, und 1995 werden noch zwei weitere Restaurants dazukommen (eines von ihnen für Feinschmecker). Von November bis April sind viele Europäer an der Praia do Forte anzutreffen, in den restlichen Monaten tummeln sich aber auch viele Brasilianer aus dem klimatisch kälteren Süden des Landes am sauberen Strand.

Anreise
Von Köln/Bonn oder Frankfurt per Direktflug. Preiswertere Flüge bieten etwa TAP oder Air France über Recife und von dort mit innerbrasilianischen Fluglinien nach Salvador.

Auskunft
Brazil Promotion, Ingrid Larsen, Am Hauptbahnhof 16, 60329 Frankfurt, Tel.: 069/23 20 52. Vor Ort: Rio de Janeiro, Embratur, Empresa Brasiliera de Tourismo, Rua Mariz E Barros 13, Cep-20270-000 Rio de Janeiro, Tel.: 00 55/21/27 32 212.

Einreise-Formalitäten
Der Reisepaß sollte möglichst noch drei Monate gültig sein; ein Visum ist nicht erforderlich.

Elektrizität
220 Volt, in Rio de Janeiro 110 Volt.

Essen und Trinken
Ausgesprochene Feinschmecker-Restaurants wird der Gast in Salvador kaum finden, dafür bietet die in ganz Brasilien berühmte bahianische Küche Scharfes und Süßes in allen Variationen. Unbedingt probieren: Acaraje, ein in Kokosöl gebackenes Bohnengericht mit Krabben. Und für Liebhaber frisch gepreßter Fruchtsäfte ist Salvador das reinste Paradies.

Einkaufen
Wer tropisch-bunte Kleidung mag, sollte in die Shopping-Center Iguatemi oder Barra gehen. Weniger exklusiv und teuer kauft man in der Avenida Sete de Setembro. Der preiswerteste Ledermarkt liegt am Praca Castro Alves. Kunsthandwerk gibt es im Instituto Maua (Stadtteil Porto da Barra). Edelsteine ersteht man günstig in den Läden gegenüber dem Carmeliter-Kloster im Stadtteil Santo Antonio.

Unternehmungen
Feiern und sehen, das ist das Motto für die Besucher von Salvador. Karneval ist immer sechs Wochen vor Ostern, aber schon ab Januar lokken unzählige Stadtfeste. Die wichtigsten: Bonfin (zweiter Sonntag im Januar) und Jemanja (2. Februar). Unbedingt anschauen sollte man sich in Salvador: den größten offenen Markt Lateinamerikas (Sao Joaquim), das koloniale Städtchen Cachoeira mit der Zigarrenfabrik der Firma Dannemann und dem Museum des Holzschnitzers Hansen-Bahia. Schön sind auch die Inseln Itaparica und Morro do Sao Paulo. Jeden Sonntag spielt live die Percussionsgruppe Ile Aiye im Castell Santo Antonio.

Fotografieren
Die Bahianer lassen sich recht gerne ablichten. Vorsicht: Kameras sind bevorzugtes Diebesgut!

Klima
Salvador ist klimatisch gesegnet – selten wird es über 30 Grad heiß, selten kühlt es unter 18 Grad ab. Die Regenzeit liegt in den europäischen Wintermonaten.

Geld
In Brasilien bezahlt man mit Crozeiros Reais. Neben dem offiziellen Kurs gibt es auch einen Parallelkurs, der täglich in den Zeitungen steht. Am einfachsten ist es, Touristenführer nach einer Wechselstube zu fragen. Günstigstes Zahlungsmittel ist der US-Dollar; für Schecks gibt es allerdings grundsätzlich weniger. Wichtig: Nur soviel tauschen, wie man gerade benötigt, denn durch die hohe Inflation steigt der Kurs ständig.

Kleidung
Dem tropischen Klima angemessen, sollte die Kleidung luftig und leger sein. Man trägt in Salvador weder Reichtum (etwa viel Schmuck) zur Schau, noch läuft man abgerissen herum.

Sport
An Salvadors 40 Kilometer langen Stadtstränden kann man überall Fußball oder Volleyball spielen und Gymnastik treiben – alles geschieht spontan, organisiert ist hier nichts.

Sprache
Das Portugiesisch wird mehr gesungen als gesprochen. Beherrscht man erstmal 100 Vokabeln, dann hat man überhaupt keine Probleme mehr. Englisch wird eigentlich nur in den Hotels verwendet. Wer einen deutschsprachigen Tourist-Guide sucht, sollte in den Agenturen nach Frederico Bomsucesso oder Claus Jäke fragen.

Transport
Taxis kann man an jeder Ecke anhalten, die Preise werden anhand von Tabellen ermittelt. Das gute Bussystem zu wahrhaft günstigen Preisen bietet gleichzeitig ein kleines Abenteuer im Gedränge. Wer vom Resort Praia do Forte in die Stadt will, sollte sich einen Mietwagen leisten, da die Busse (mehrmals täglich) gut zwei Stunden für die Strecke benötigen.

Jan.	Feb.	Mrch.	Apr.	May	June	July	Aug.	Sept.	Oct.	Nov.	Dec.	
30	30	29	27	26	25	25	25	25	26	26	28	○
23	23	23	21	20	18	18	18	18	20	20	22	☾
7	7	7	6	6	6	6	7	5	5	6	6	☼
25	25	26	25	24	23	22	22	22	22	23	24	≋
13	11	9	9	6	5	5	4	5	11	10	12	☂

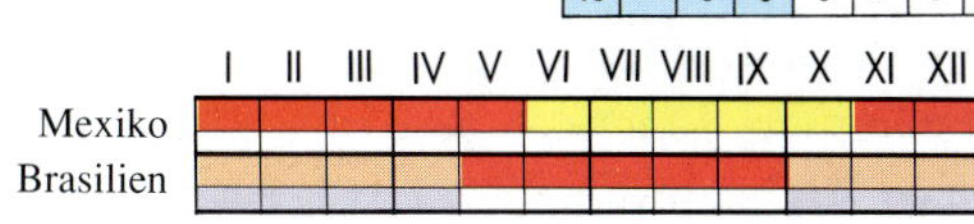

Alte Welt mit neuen Träumen

Vieles liegt quasi gleich um die Ecke, ebenso vieles ist unbekannt. Europa ist örtliche Nähe, kulturelle Ferne, Gemeinsamkeit und Gegensätzlichkeit zugleich. In dieser Vielfalt liegt der Reiz des Reisens auf dem Geburtskontinent der westlichen Welt.

Warum in die Ferne schweifen, wenn das Glück doch so nahe liegt? Diese sprichwörtliche Erkenntnis erhält eine neue Bedeutung, schaut man sich das Reiseverhalten der Westeuropäer in den vergangenen Jahren an. Im Jet-Zeitalter benötigt man für eine Reise um die Welt nicht mehr 88 Tage. Viele Menschen zieht es somit verstärkt in exotische Regionen. Asien, Afrika, die Südsee oder die Antillen sind längst nicht mehr Reiseziele weniger Privilegierter, sondern bereits ein erfüllter Traum ganzer Touristenschwärme.

Der Wunsch, ferne Länder und ihre Kulturen kennenzulernen, ist nur allzu verständlich. Doch: Auch in der Alten Welt gibt es noch unendlich viel zu erkunden. Moderne Entdecker unserer Zeit aus Amerika, Asien oder Afrika beschwören es immer wieder: Europa ist zwar klein, aber ungemein vielfältig und abwechslungsreich.

Dieses Urteil kann wohl jeder bestätigen, der mit offenen Augen die Welt bereist. In kaum etwas gleicht das quirlige Italien dem vornehmen Frankreich oder Venedig der Stadt Biarritz. Selbst die Nachbarn Türkei und Griechenland trennen in Kultur, Landschaft und Volkscharakter die sprichwörtlichen Welten voneinander. Auch innerhalb eines einzigen Landes herrscht Vielseitigkeit. Fuerteventura, Mallorca, die Costa del Sol: Alle diese Ziele unterscheiden sich in mehr als nur Nuancen voneinander, und sie alle gehören dennoch zu Spanien.

Während Politiker die Europäische Gemeinschaft beschwören, hat die Reisewelle der vergangenen Jahrzehnte dafür schon lange die Grundlagen geschaffen. Ohne Zweifel: Europa ist zusammengerückt, und die Gemeinsamkeiten sind mittlerweile ebenso reichhaltig vertreten wie die Unterschiede. Hierin liegt sicherlich ein Stück von dem verborgen, was den Reiz des Vielvölkerkontinents ausmacht. Die Zeit verrinnt heute schnell in der Alten Welt, vieles verändert sich. Doch beständig ist in Europa die Erinnerung an ureigene Traditionen, an Werte mit jahrhundertealter Gültigkeit.

Venedig: Nur wenige Minuten vom Markusplatz entfernt, in völliger Ruhe und Abgeschiedenheit: das Hotel Cipriani.

Verträumte Flußtäler, schneebedeckte Bergketten, wilde Atlantikküste, liebliche Gefilde am Mittelmeer – Frankreich ist mehr als ein kulinarisches Schlaraffenland.

Ob in Afrika, im Indischen Ozean, auf den Antillen oder in der Südsee – die Grande Nation ist an den schönsten Urlaubsplätzen der Welt gegenwärtig. Jahr für Jahr zieht es Tausende französischer Reisender in diese Regionen, obwohl doch das Mutterland Frankreich selbst außergewöhnlich viele Schönheiten zu bieten hat.

Die Côte d'Azur am Mittelmeer wurde nicht umsonst als europäisches Erholungsziel schon im vergangenen Jahrhundert entdeckt. Cannes, Beaulieu und der Kleinstaat Monaco haben seit damals nichts von ihrem Reiz verloren. Eine aufregende Küstenlandschaft mit faszinierenden Städten grenzt dort an ein reizvolles, bergiges Hinterland an. Landschaftlich ganz anders zeigt sich Frankreich an der wilden Atlantikseite. Zwar hat auch Biarritz viel vom Charme der Seebäder an der Côte d'Azur, doch ist die Stadt eher mit einem herben, von den Basken und dem nahe liegenden Spanien geprägten Wesen erfüllt. Fährt man von Biarritz nach Norden in Richtung Arcachon, dann entdeckt man den mit 240 Kilometern längsten

Mit exzellenter Küche und einem herrlichen Blick auf das Mittelmeer lockt das Restaurant des Hotels Du Cap zur Mittagszeit viel Prominenz an. Nicht selten liegt dann ein rundes Dutzend großer Yachten dort vor Anker. Während die Mittelmeerküste oft felsig ist, finden sich an der Atlantikseite Frankreichs unendlich lange Sandstrände.

Strand und die mit 114 Metern höchste Düne Europas. Das „Kalifornien Frankreichs" wird die Provinz Aquitanien heute gerne genannt, die mit dem Geruch von Harz, Erde und Wald, mit ihrer schier unendlichen Weite und Stille zu den eindrucksvollsten Urlaubsregionen Europas zählt.

Noch weiter nördlich, zwischen lieblicher Loire und wilder Bretagne, liegt der halbmondförmige Prachtstrand von La Baule, der schon in den zwanziger Jahren viele Freunde fand. Großbürgerliche Villen schlummern heute noch wohlbehütet in kleinen Parks unter Pinien und Zedern, doch längst künden futuristisch anmutende Hotelbauten von einer neuen Zeit.

Und zwischen all diesen Stränden und Küstenregionen: verschlungene Flußläufe, Châteaus und Weingüter, verschlafene Dörfer, elegante Städte, eindrucksvolle Natur. Frankreich ist ein Reiseland par excellence und liegt nun wirklich nur einen sprichwörtlichen Steinwurf entfernt.

Die Croisette, die berühmte Strandpromenade in Cannes, ist täglich Treffpunkt von Stars und Starlets. Straßencafés und Straßenmalerei – das Leben findet dort im Freien statt.

Hotel La Réserve

30 Zimmer und sechs Suiten, alle mit See- oder Hafenblick, Klimaanlage, Minibar, Safe, Telefon, Fernseher.

Service

Gourmet-Restaurant, Bar, Meerwasser-Pool (im Winter beheizt), Sauna, Massage, Kreditkarten, Mietwagen, Airport-Transport.

Aktivitäten

Sechs Tennisplätze in der Nähe und zwei 18-Loch-Golfplätze, beides wird mit den Gästen des Hotels Métropole geteilt; Yachthafen.

Unterhaltung

Kein eigenes Unterhaltungsprogramm, doch Kasino und Outdoor-Nightclub fünf Fußminuten entfernt, Galas, Tanzfeste und Blumenkorso während der Sommermonate in Beaulieu, 10 Autominuten bis Monte Carlo.

Hotel La Réserve
Boulevard Général Leclerc
06310 Beaulieu, Frankreich
Tel. 00 33/93 01 00 01
Fax 00 33/93 01 28 99

Westlich von Nizza, an der Landzunge von Cap Ferrat, liegt mit Beaulieu einer der charmantesten Orte der an landschaftlichen Attraktionen reichen Côte d'Azur. Gleichzeitig findet man dort mit dem La Réserve eines der schönsten Hotels an der französischen Mittelmeerküste. Das mit 50 Zimmern und Suiten nicht gerade große Haus besticht durch seine besondere Atmosphäre von Intimität, Luxus und Eleganz: ein Hotel, das ganz auf französischen Lebensstil ausgerichtet ist.

Der Blick von den kleinen Balkons fällt auf den Garten, die Terrasse und das Meer. Zauberhaft ausgestattet wie die Zimmer sind auch die Gesellschaftsräume und die große Bar. Schon lange ist das Restaurant dieses Hotels eine Wallfahrtsstätte für Feinschmekker aus aller Welt.

Zu dem großen, in die Bucht vorgebauten Swimming-Pool gehören Sauna, Massageraum und Umkleidekabinen. Der Pool läßt vergessen, daß der etwa 150 Meter lange und 15 Meter breite Strand östlich des Yachthafens künstlich aufgeschüttet wurde. Vor dem La Réserve selbst gibt es nur einen Felsstrand. Die Zimmer und Suiten des Hotels sind unterschiedlich, doch alle sehr luxuriös eingerichtet. Für Sportfans stehen zwei Golfplätze zur Verfügung. Ganz in der Nähe liegen acht Tennisplätze. Sowohl die Golf- als auch die Tennisplätze werden gemeinsam mit den Gästen des direkt nebenan liegenden Hotels Métropole benutzt.

Das La Réserve ist ein kleines, aber ungemein feines Hotel. Es liegt direkt an der Küste, und der Blick fällt von den Zimmern auf das Mittelmeer und den großen Swimming-Pool.

Als Alternative zum La Réserve bietet sich das Hotel Métropole an. Es erreicht zwar atmosphärisch nicht ganz die Noblesse des erstgenannten Hotels, doch verfügt es über die schönere Gartenanlage und einen direkt über dem Meer errichteten Swimming-Pool. Vor dem Métropole, das unmittelbar ans Meer gebaut wurde, liegt allerdings ebenfalls nur ein felsiger Strandabschnitt.

Alles an diesem Hotel erinnert an die Glanzzeiten der Belle Epoque. Die klassizistische Architektur, die überaus gepflegte Gartenanlage, die Hotelterrasse vor tiefgrünem Rasen und die exquisit eingerichteten Zimmer und Suiten sind lebendige Zeugen vergangener Größe.

Ob in den Zimmern und Suiten, den Restaurants oder den Aufenthaltsräumen: Alles im Le Métropole zeugt von unvergänglichem Glanz.

Doch das Métropole hat sich auch auf die Gegenwart eingerichtet. Neben Wasserski, Tauchen und Segeln stehen den Gästen mehrere Tennisplätze im örtlichen Tenniszentrum und ein Golfplatz in der Nähe der kleinen, exklusiven Hotelanlage zur Verfügung. Eine Anlegestelle für Yachten sowie das Kasino von Beaulieu sind nur einige Meter entfernt. Insgesamt eine Anlage also, die dem hohen Standard der Hotellerie an der Côte d'Azur ein Glanzlicht aufsetzt.

Hotel Le Métropole

50 klimatisierte Zimmer und Appartements mit Telefon, Farb-TV und eigener Bar.

Service

Zwei Restaurants, Bar, beheizter Meerwasser-Swimming-Pool direkt am Meer, Kreditkarten.

Aktivitäten

Golfplätze und Tennis-Zentrum liegen wenige Gehminuten entfernt; Wasserski, Tauchen und Segeln können organisiert werden.

Unterhaltung

Kein eigenes Angebot, doch vielfältige Möglichkeiten in der Stadt Beaulieu.

Hotel Le Métropole
Boulevard Général Leclerc
06310 Beaulieu, Frankreich
Tel. 00 33/93 01 00 08
Fax 00 33/93 01 18 51

Hotel du Cap Eden Roc

92 Zimmer und Suiten, Klimaanlage; vor kurzem sind weitere 32 Junior-Suiten im Eden-Roc-Gebäude hinzugekommen; etwas abseits liegen direkt am Meer 25 Privat-Cabanas.

Service

Restaurant, Openair-Restaurant, Bar, Meerwasser-Swimming-Pool mit Pool-Bar oberhalb der Küste; aber: Kreditkarten werden nicht akzeptiert! Alle Service-leistungen erfolgen auf „Treu und Glauben“: Bestellt wird nur unter Angabe der Zimmer-Nummer, lästige Unterschriften entfallen.

Aktivitäten

Fünf Tennisplätze mitten im Pinienwald, Wasserski, Motorboote, Surfen, Tauchen, Fischen.

Unterhaltung

Kein eigenes Angebot, doch unzählige Möglichkeiten in Antibes.

Hotel du Cap-Eden-Roc
Boulevard Kennedy, B. P. 1202
06602 Cap D'Antibes, Frankreich
Tel. 0033/93 61 39 01
Fax 0033/93 67 76 04

Den Höhepunkt der Hotellerie an der französischen Mittelmeerküste stellt das Hotel du Cap-Eden-Roc in Antibes dar. Das schloßartige, in einem herrlichen Park gelegene Hotel hat im Laufe seiner hundertjährigen Geschichte (der italienische Hotelier Antoine Sella übernahm 1887 die damalige Villa Soleil und baute sie zum Hotel um) Persönlichkeiten wie Pablo Picasso, Charlie Chaplin, Marlene Dietrich oder Orson Welles beherbergt.

Vom pastellblauen Frühstücksraum mit Terrasse über die mit Palmen dekorierten und mit Rattanmöbeln ausgestatteten Salons bis hin zu den Luxusappartements und den Zimmern im Obergeschoß ist jedes Detail der Innenausstattung von unvergleichlichem Charme. Mit viel Geschmack wurden Möbel aus dem Empire und der Gegenwart zu einer gelungenen Symbiose vereint. Vom Hotel führt eine Promenade zum direkt am Meer gelegenen Pavillon Eden Roc. Diese Teilanlage mit beheizbarem Swimming-Pool, Sonnenterrasse und exquisitem Restaurant wurde in einen Felsen hineingemeißelt. Leider gibt es direkt vor dem Eden Roc keinen Sandstrand. Doch nur wenige Autominuten von Antibes entfernt liegen die Strände von Juan les Pins.

Monte-Carlo Beach Hotel

46 Zimmer mit Klimaanlage, Fernsehen, Mini-Bar, Anschlüssen für Fax und PC, privatem Balkon, Meerblick.

Service

Zwei Restaurants, Snack-Bar, Bar, olympischer Swimming-Pool, Solarium, Massage, Friseur, Kinderprogramme.

Aktivitäten

Wasserski, Fallschirmfliegen, Jet-Ski, Schwimmen.

Unterhaltung

Organisierte Ausflüge.

Monte-Carlo Beach Hotel
Route du Beach
06190 Roquebrune-Cap-Martin, France
Tel. 00 33/93/28 66 66
Fax 00 33/93/78 14 18

Von den anderen Grand Hotels an der Côte d'Azur unterscheidet sich das Monte-Carlo Beach Hotel völlig. Der runde sandsteinfarbene Bau mit seinen weißen Markisen und dem roten Ziegeldach steht auf der herrlichen Pointe de la Veille, einer naturgeschützten Zone. 1993 erfuhr das Hotel eine komplette Auffrischung. Zusätzlichen Raum gewann man durch die Aushöhlung des Felsens. Dadurch erhielt jedes Zimmer einen weiteren Ankleideraum und eine Aufenthaltsecke mit Zugang zu einer Loggia, von der man einen wunderschönen Blick auf Meer und Bucht hat.

Die bekannten Spitzenrestaurants haben unterdessen Konkurrenz bekommen: In dem neuen, aus dem Fels gehauenen Teil des

Zentraler Punkt: der Meerwasser-Swimming-Pool. Das Wasser dieses Küstenabschnitts ist sauber.

*›ie Umgebung
es Monte-Carlo
each Hotel
eht unter
Naturschutz.
Doch wurde es
urch einen in
en Fels gehaue-
en Komplex
roßzügig
weitert.*

Komplexes gibt es jetzt auch eine elegante Salle-à-manger.

In dem französisch-monegassischen Resort schmeichelt allerdings überall italienischer Stil dem Auge. Die Fußbodenbeläge sind sensibel aus Terracotta gewählt, die Wandverkleidungen strahlen in damit genau abgestimmten ocker- und ambrafarbenen Erdtönen.

Die Stadt Cannes, wegen ihrer internationalen Filmfestspiele weltberühmt, bietet nicht nur den Stars der Leinwand eines der exklusivsten Hotels im Mittelmeerraum. Das schon legendäre Carlton, von dem die Rede ist, verfügt über die beste Strandanlage aller großen Hotels der Stadt, wenn auch der Autolärm dort nicht weniger störend ist als an anderen Plätzen in Cannes. Der weiße Hotelpalast an der langgestreckten Sandbucht ist mit über 300 Zimmern und Suiten ein recht großes Haus. Trotzdem ist die Atmosphäre eher privat und sehr exklusiv.

Im 7. Stock bietet der neue Health Club perfekte Entspannung, unter anderem durch Algen- und Ozon-Anwendungen. Das Carlton bietet auch für Konferenzen und Tagungen geeignete Räumlichkeiten an. Die zwei Restaurants des Hauses sind in ganz Cannes für ihre exzellente Küche bekannt. Das Carlton Intercontinental liegt übrigens an der berühmten Promenade Croisette, die sich halbmondförmig an der Sandbucht Cannes' entlangzieht. Die Gäste logieren also im Zentrum des pulsierenden Stadtlebens.

Carlton Intercontinental

354 Zimmer und Suiten mit Radio, TV, Minibar, Video, Klimaanlage, Deckenventilator.

Service
Zwei Restaurants, Caviar Club, Bar, Terrasse, Parkplätze, Solarium.

Aktivitäten
Health Club im Hotel, Wasserki, Motorboote, 12 Golfplätze in der Umgebung.

Unterhaltung
Disco, Casino, organisierte Ausflüge, vielfältige Möglichkeiten an der Promenade Croisette.

Carlton Intercontinental
58, La Croisette, B.P.155
06406 Cannes, Frankreich
Tel. 0033/93 06 40 06
Fax 0033/93 06 40 25

Wer die berühmte Croisette überquert hat, trifft auf quirliges Leben am beigefarbenen Strand.

Hotel du Palais

136 Zimmer und 22 Suiten; einige Suiten mit Privat-Terrasse.

Service

Drei Restaurants, Bar, beheizter Meerwasser-Pool, Kinderbecken, 2 Sandstrände, Friseur, Boutiquen.

Aktivitäten

Putting Green am Hotel, 18-Loch-Golfplatz und acht Tennisplätze in etwa fünf Fahrtminuten Entfernung;
Wasserski, Surfen, Schießen, Jagen, Reiten, Angeln, Bowling, Sauna, Fitnesscenter.

Unterhaltung

Piano-Bar, Salons; zwei Kasinos liegen in unmittelbarer Nähe.

Hotel du Palais
Avenue d'Impératrice
6420 Biarritz, Frankreich
Tel. 00 33/59 41 64 00
Fax 00 33/59 41 67 99

Wesentlich ruhiger als an der Mittelmeerküste Côte d'Azur geht es an der Atlantikküste zu. In Biarritz, nahe der Grenze zu Spanien, blättert der Glanz der Belle Epoque zwar schon ein wenig ab, doch liegt dort mit dem Hotel du Palais eine der wirklichen Nobelherbergen dieser Küste. Das Haus war einstmals die Residenz Napoleons III. Die Pracht der stuckverzierten, mit viel Kristall dekorierten ehemaligen kaiserlichen Säle wurde bis in unsere Tage kunstvoll konserviert.

Die Zimmer und Suiten, alle in den letzten Jahren renoviert, sind von erlesener Eleganz. Der herrliche Meerwasser-Pool befindet sich auf einer Terrasse unmittelbar über der Badebucht von Biarritz. In den Sommermonaten ist

der – grobkörnige – Sandstrand aber durchaus belebt. Aus den drei Imperial-Suiten blickt man auf See, Pool und den Strand von Biarritz.

Das Hotel du Palais zieht auch heute noch Prominenz aus aller Welt an. Entsprechend breit gefächert wurde auch das Sportange-

Hotel L'Hermitage

217 Zimmer inklusive 11 Suiten mit Klimaanlage, Radio, Satelliten-TV, Telefon, Minibar.

Service

Drei Restaurants, Piano-Bar, beheizter Swimming-Pool mit Terrasse, Geschäfte, Friseur, Wäscherei, Strandbar und Restaurant, Kongreßsäle, Autovermietung.

Aktivitäten

Ein 27-Loch-Golfplatz und 28 Tennisplätze in unmittelbarer Nähe; Reiten, Segeln, Windsurfen, Sauna, Massage, Gymnastikraum.

Unterhaltung

Jeden Abend Piano-Musik, organisierte Ausflüge; Kasinos und Nachtbars in der Nähe.

Hotel L'Hermitage
5, Esplanade Lucien Barrière
B.P.173
44504 La Baule Cedex Frankreich
Tel. 0033/40 11 46 46
Fax 0033/40 11 46 45

Schon seit vielen Jahrzehnten ist die Bucht von La Baule, im Süden der Bretagne, einer der beliebtesten Ferienorte Frankreichs. Viele noble Privat-Villen zeugen davon, daß etliche wohlhabende Franzosen dort ihren Sommersitz haben. Die meisten der zahlreichen Hotels an dem unendlich langen, bis zu 200 Meter breiten Sandstrand liegen direkt an der in den Sommermonaten stark befahrenen Straße, so daß die Zimmer mit Meerblick dem Verkehrslärm ausgesetzt sind.

Eine Ausnahme macht das L'Hermitage, das über einen eigenen direkten Zugang zum Strand verfügt. Alles in diesem majestätischen und ruhigen Hotel ist von nobler Eleganz. Die komfortablen Zimmer und Suiten sind

mit allen Raffinessen ausgestattet. Ein beheizter Swimming-Pool mit Meerwasser liegt unmittelbar vor dem Hotel in einem kleinen Garten. Sonnenschirme, Liegen, Umkleidekabinen und ein Wassersportzentrum erwarten die Hotelgäste am Strand. Ebenfalls dort findet man eine Strandbar und eines der Restaurants. Für

Mit viel Geschick konservierte Pracht: das Hotel du Palais am Strand von Biarritz.

bot. Außer Golf und Tennis spielen kann man auch reiten und jagen, Wasserski laufen und auf Tontauben schießen. Zudem: Die Küste und das schöne Hinterland von Biarritz sind ein wunderbares Revier für ausgedehnte Streifzüge durch die französische Kultur und Geschichte.

Das Hermitage liegt an einem sehr ruhigen Platz in La Baule. Das Hotel verfügt über einen direkten Zugang zum schier unendlich langen Sandstrand.

Sportler stehen ein Golfplatz und Tennisplätze in wenigen Minuten Entfernung zur Verfügung. Das Hermitage liegt nahe an einem Reitzentrum, in dem sogar schon Springreiter-Weltmeisterschaften ausgetragen werden konnten. Insgesamt ist das Hermitage ein Hotel, das Eleganz und Noblesse mit Hingabe pflegt.

Auskunft
Französisches Verkehrsbüro, Westendstr. 47, 60325 Frankfurt, Tel.: 069/75 60 830, Fax 069/75 21 87. Vor Ort: In allen Zielorten gibt es verschiedene Informationsstellen, deren Adresse man in den Hotels erfährt.

Einreise-Formalitäten
Ein gültiger Reisepaß oder Personalausweis reichen.

Elektrizität
220 Volt.

Essen und Trinken
Eine Reise nach Frankreich ist immer ein Ausflug in ein kulinarisches Schlaraffenland. Die Kochkunst ist dabei so vielfältig, wie die einzelnen Provinzen unterschiedlich sind. Alle genannten Hotels verfügen über erstklassige Restaurants. Zudem gibt es in allen Zielorten etliche Feinschmecker-Restaurants, deren Adressen in den Touristen-Informationsstellen vor Ort zu erfragen sind. Allein an der Côte d'Azur sind es an die 3000 Restaurants.

Einkaufen
Von der Haute Couture bis zum T-Shirt findet sich an der Mittelmeerküste und in den Städten auf der Atlantikseite alles, was fein und chic ist. Edle Weine sind gelungene kulinarische Andenken. Das französische Kunsthandwerk hat so viel zu bieten, daß eine Aufzählung jeglichen Rahmen sprengen würde.

Unternehmungen
Südlich von La Baule mündet die Loire ins Meer. Eine Fahrt durch das Tal dieses lieblichen Flusses gehört zu dem Schönsten, was Frankreich bietet. Einige Schlösser, viele Museen, ein ausgedehntes Sumpfgebiet und Salzfelder sind weitere Attraktionen von La Baule. Das Hinterland von Biarritz ist besonders wegen der Landschaft der Pyrenäen interessant. Etwa 110 Kilometer lang ist der Küstenstreifen an der Côte d'Azur. Vier große Kaps, kleine, an Felsen geschmiegte Dörfer, stolze Stadtfestungen wie die in Antibes und wunderbare Promenaden in den Städten – die Côte d'Azur ist ein Landstrich für Entdeckungsfreudige. Nicht weniger interessant ist das Hochland mit seinen überwältigenden Schluchten, tiefen Wäldern, reißenden Wildbächen und malerischen Dörfern, die für viele Künstler zur Heimat geworden sind. Um all dies zu erkunden,

lohnt es sich also, mit dem Wagen anzureisen oder sich einen Mietwagen zu leisten.

Fotografieren
Filme sollte man aus Preisgründen mitbringen.

Geld
Gezahlt wird mit Franc. Kreditkarten und Reiseschecks sind geläufig. Lediglich im Hotel du Cap Eden Roc werden keinerlei Kreditkarten akzeptiert.

Kleidung
Leichte, saloppe Freizeitbekleidung reicht in den Sommermonaten allemal. Nicht nur die Gäste der beschriebenen Hotels ziehen sich zum Dinner jedoch elegant an.

Sport
La Baule und Biarritz sind Zentren für den Wassersport. An der Mittelmeerküste kann man auf den nahe liegenden mediterranen Alpen sogar Ski laufen. Die Autorennen in Monte Carlo sind jedes Jahr ein sportlicher Höhepunkt. Wer als Gast an der Atlantikküste weilt, sollte sich ein Pelote-Basque-Spiel anschauen. Das ist so etwas wie ein Nationalsport in dieser Region.

Sprache
Die Franzosen lieben ihre Sprache über alles, und viele reden nicht gern Englisch oder Deutsch, selbst wenn sie darin bewandert sind.

Transport
Das öffentliche Verkehrsnetz ist mit Bussen und Eisenbahn in allen genannten Regionen Frankreichs gut ausgebaut. Mietwagen, Mopeds und Fahrräder kann man überall ausleihen.

Klima
Saison ist zwischen Mai und Oktober. Die Côte d'Azur ist durch die Berge gegen kalte Nordwinde abgeschirmt. In den Sommermonaten liegt die Durchschnittstemperatur dort bei 28 Grad, an der Atlantikküste bei etwa 25 Grad.

Jan.	Feb.	Mrch.	Apr.	May	June	July	Aug.	Sept.	Oct.	Nov.	Dec.	
16	17	19	21	24	27	30	31	28	25	19	17	○
5	6	8	10	13	16	19	19	18	14	7	7	☾
6	7	7	9	10	11	12	11	9	7	6	6	☼
14	14	14	15	17	20	24	25	24	21	18	15	≋
4	4	4	4	3	2	1	1	4	4	6	5	☂

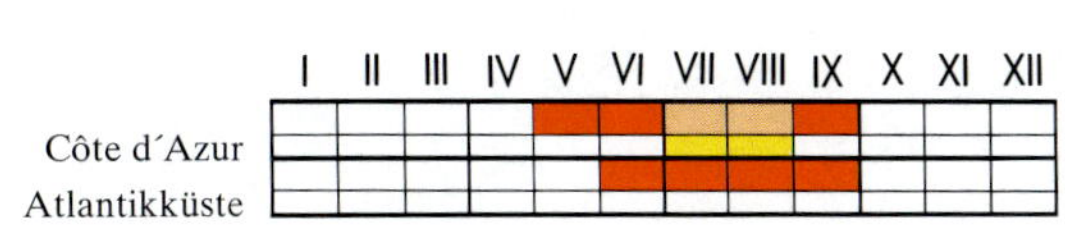

Flamenco und Stierkampf neben Diskorummel und Skateboardfieber: Spanien hat sich verändert und doch seine Reize bewahrt.

„Mit der Bettwäsche einer einzigen Saison ließe sich ganz Europa in ein Bett verwandeln". Diese Behauptung eines Tourismusexperten erscheint plausibel, wenn man an die Touristenzentren der Costa del Sol, Fuerteventuras, Gran Canarias oder Mallorcas denkt. Dabei hat sich Spanien erst in den sechziger Jahren den Besucherströmen geöffnet. In der Folge setzte ein gigantischer Bauboom ein. In wenigen Jahren wurden aus verschlafenen Fischerdörfern riesige Urlaubszentren.

Nur ein paar Steinwürfe von den Betonkulissen entfernt gilt es, ein ganz anderes Spanien zu entdecken: Silbrig glitzernde Olivenhaine und die zerklüftete Berglandschaft hinter der Costa del Sol, Wüste auf Fuerteventura, wildromantische Pinienwälder auf Mallorca und tiefgrüne Talkessel auf Gran Canaria. Hühner und Schweine laufen dort über staubige Dorfstraßen, das Tempo des Lebens bestimmt der träge Gang des Esels.

Spanien hat viele Seiten: Die wildromantischen Gegenden auf Mallorca sind wunderschön (oben). Einige Strände, wie z.B. derjenige vor dem Marbella Club an der Costa del Sol (links), lassen dagegen zu wünschen übrig.

Doch auch in den kleinsten Dörfern wird das Nebeneinander von alter Tradition und moderner Konsumgesellschaft sichtbar. „Rockstar" und „Torero" liefern sich dort in der Liste der Berufs-

Spanische Gegensätze: Hotelburgen in den Touristenzentren Mallorcas und ländliche Idylle nur wenige Kilometer davon entfernt.

wünsche längst ein Kopf-an-Kopf-Rennen. Umgekehrt gilt für die modernen Großstädte: Zwischen April und Oktober ist der Stierkampf Thema Nummer eins, und der Flamenco bringt auch dort noch das Blut der Popgeneration in Wallung. Mit dem Tod Francos und der Gründung der Republik ist für Spanien ein neues Zeitalter angebrochen. Der Autor Juan Goytisolo schreibt über seine Heimat: „Spanien ist noch nicht Europa, aber es hat – im Bösen wie im Guten – aufgehört, Spanien zu sein." Nach jahrzehntelanger Isolation wird nun gierig aufgesogen, was von außen kommt. Amerikanische Disko- und Fastfood-Kultur sind ebenso beliebt wie asiatische Unterhaltungselektronik.

Vieles besteht nebeneinander: Auf der achtspurigen Ringstraße von Madrid warten Eselskarren neben Lastkraftwagen vor der Ampel. Die Siesta zwischen drei und fünf Uhr ist in den Metropolen verschwunden, die Müdigkeit in der Mittagszeit aber ist geblieben. Jedoch gilt noch immer: Zwischen fünf und sieben Uhr füllen sich wie ehedem die Plätze und Bars. Es wird geplaudert, gelacht und Kaffee getrunken. Durch die Gassen hallen dann die Komplimente, die die Spanier ihren schönen Mädchen nachrufen.

Hotel Puente Romano

142 Zimmer und 67 Suiten, Klimaanlage, Telefon, Satelliten-Farb-TV, Musikanlage, Minibar, elektronischem Safe, Terrasse oder Balkon.

Service

Drei Restaurants (Beachclub-Restaurant), Snackbar, Bar, Sonnenterrasse, zwei Swimming-Pools, Kinderbecken, Bank, Mietwagen, Drugstore, Boutiquen, Fitnessraum, Sauna, Massage.

Aktivitäten

Elf Tennisplätze (vier Hart- und zwei Grasplätze, fünf Sandplätze mit Flutlicht), Tennisschule „Manolo Santana", ganz in der Nähe drei 18-Loch-Golfplätze; Windsurfen, Katamaran-Segeln.

Unterhaltung

Diskothek, Piano-Bar und Abendveranstaltungen an der hoteleigenen Plaza Romana.

Hotel Puente Romano
P.O. Box 204, Marbella, Spanien
Tel. 0034/52 77 0100
Fax 0034/52 77 5766

Nur eine knappe Autostunde westlich von Torremolinos, dem lärmenden Zentrum der Costa del Sol, liegt der exklusive Ort Marbella. Der internationale Jet Set fühlt sich dort wohl. Ein Grund dafür ist sicherlich das Puente Romano. Das Luxushotel zählt Barbara Streisand und Nastassja Kinski ebenso zu seinen Gästen wie Alain Delon und Paola von Belgien.

Obgleich bei der Namensgebung eine alte römische Brücke Pate stand, erinnert die Anlage eher an die Geschichten von Tausendundeiner Nacht. Sie liegt malerisch zu beiden Seiten des kleinen Flüßchens Nagueles, direkt am Meer und einem hellen Sandstrand – eine Oase mit Palmen, plätschernden Brunnen und unzähligen Blumen. Die Anlage selbst wurde im Stil eines andalusischen Dorfes mit blendend weißen Mauern und bunten Kacheln gebaut.

Mehrere Restaurants, eine Bar und eine Diskothek auf der hoteleigenen Plaza Romana sorgen für luxuriöse Ferienstimmung. Die ausgezeichnete Küche wie auch der Service erfüllen alle Wünsche.

Zentraler Ort für den Aufenthalt am Tage sind die Swimming-Pools des Marbella Clubs. Während einer mit Bar direkt am Strand liegt, befindet sich der andere inmitten einer malerischen Parklandschaft.

Für großzügige Noblesse steht im Marbella Club schon der Name des Besitzers: Prinz Alfons von Hohenlohe. Er setzt auf dezenten, aber perfekten Service und be-

Auch illustre Gäste fühlen sich am Strand

Verträumt: der Pool zwischen andalusischer Architektur und blühender Vegetation.

Mallorca zeigt sich im Norden, auf der Halbinsel Formentor, von seiner wildromantischen Seite: Pinienwälder, Berge, seltene Pflanzen, kleine Sandbuchten und schroffe Küstenfelsen.

treibt sein Geschäft weniger als Hotelier denn als fürstlicher Gastgeber.

Die Bungalows bieten geschmackvollen Luxus und liegen in einem Meer aus exotisch blühendem Grün. Rund 30.000 Quadratmeter mißt der subtropische Garten. Unzählige Rosen und Orangenblüten schmeicheln dort Auge und Nase. Von der Küche im Gartenrestaurant und im romantischen Hotelrestaurant schwärmen auch die verwöhntesten Gourmets.

Geprägt wird der Stil des Hauses vom internationalen Jet Set. Die Stimmung ist weltoffen und unverkrampft. Der einzige dunkle Fleck in diesem Paradies ist der Strand. Doch zwei Swimming-Pools machen das Manko wieder wett. Einer liegt zentral im Garten, der andere gemeinsam mit Bar, Restaurant und Boutique direkt am Meer.

Marbella Club Hotel

66 Zimmer, 24 Suiten, 5 Bungalows mit zwei oder drei Betten, Garten und eigenem Swimming-Pool. Alle mit Fön, Bademänteln, Telefon, Musikanlage, Satelliten-TV, Safe, Klimaanlage, Balkon bzw. Terrasse. Suiten zusätzlich mit Salon.

Service
Drei Restaurants, Bar und Snackbar, zwei Swimming-Pools, Fitnesscenter mit Sauna, Massage, Whirlpool, Friseur, Boutiquen.

Aktivitäten
Sieben 18-Loch-Golfplätze in der Nähe, ebenfalls das Tennis-Center von Manolo Santana beim Hotel Puente Romano; Windsurfen, Wasserski, Paddle-Tennis, Boating.

Unterhaltung
Diskothek und Piano-Bar.

Marbella Club Hotel
29600 Marbella, Malaga, Spanien
Tel. 00 34/52 77 1300
Fax 0034/52 82 9884

ormentor wohl.

An einer weitgezogenen, hellen und feinsandigen Bucht liegt das Hotel Formentor, eine Anlage, die zu den erlesensten im Mittelmeerraum gezählt werden kann. Nicht weniger als 1200 Hektar Pinienwald gehören zum Hotel. In den weitläufigen subtropischen Gartenanlagen berauscht der Duft und betört der Anblick der zahllosen exotischen Blüten.

Die schönsten, kastilianisch eingerichteten Zimmer liegen im ersten Stock mit Blick aufs Wasser und verfügen über eigene Terrassen. Überall aber geht selbstverständlicher Komfort vor allzu aufdringlichem Luxus. Rummel erlebt man höchstens am Strand.

Das Gästebuch verrät: Winston Churchill, Charlie Chaplin, König Juan Carlos, Anthony Quinn und Helmut Schmidt haben dort Entspannung gesucht. Heute verkehren im Formentor auch Eltern mit Vorzeige-Knaben in Krawatte. Abends trägt man formelle Kleidung. Das sind die Gäste dem preisgekrönten Maître schon schuldig.

Playa de Formentor

127 vollklimatisierte Zimmer, davon 21 Suiten, Telefon, Satelliten-TV, Safe und Privatbar.

Service
Zwei Swimming-Pools, Sonnenterrasse und Kinderspielplatz, Strandrestaurant, Grillroom, Snackbar, Solarium, Sauna, türkisches Bad, Massage, Friseur, Kosmetiksalon, Boutiquen, 24-Stunden-Zimmerservice, jeden Sonntag Messe.

Aktivitäten
Fünf Tennisplätze (zwei mit Flutlicht), Tennislehrer, Reiten auf andalusischen Pferden, Tischtennis, Minigolf, Fahrradverleih, Segeln, Wasserski und Windsurfen.

Unterhaltung
Klaviermusik vom Band, 35mm-Kino in englischer und spanischer Sprache, Diskothek.

Hotel Formentor
Playa de Formentor
07470 Mallorca, Spanien
Tel.: 00 34/71/86 53 00
Fax: 00 34/71/86 51 55

Riu Palace Tres Islas

280 Doppelzimmer, 38 Einzelzimmer und 40 Suiten mit Klimaanlage, Safe, Telefon, Sateliten-TV, Musikanlage, Mini-Bar und Balkon; die Hälfte der Zimmer hat Meerblick; Suiten mit Salon und großer Terrasse.

Service

Zwei Restaurants, Piano-Bar, Außenbar, Swimming-Pool, Sonnenterrasse, Kinderbecken, Friseur, Sauna, Boutiquen, Kiosk, Kinderbetreuung, Kreditkarten.

Aktivitäten

Vier Tennis-Hartplätze mit Flutlicht, Volleyball, Gymnastik, Radfahren, Massagen, Gymnastik, Sauna, Tauchen und Bowling; Vermietung von Tretbooten und Windsurfausrüstung ganz in der Nähe.

Unterhaltung

Viermal wöchentlich Shows, Tanz-Animationsteam im Haus.

Iberotel Tres Islas
Grandes Playas 35660
E - Corralejo, Fuerteventura
Tel. 00 34/928/53 57 00
Fax 00 34/928/53 58 58

Ideal für Urlauber, die Spaziergänge lieben: das Tres Islas liegt inmitten der Dünenlandschaft der Playa de Corralejo.

„Sportlich und leger", heißt die Devise des Tres Islas im Norden der kanarischen Wüsteninsel Fuerteventura. Das fünfstöckige Hotel wurde in einem Halbkreis erbaut und liegt direkt an der Playa de Corralejo, einem Strand, der hinter den schönsten Gefilden der Südsee oder Karibik nicht zurückstehen muß. Bis zu eineinhalb Kilometer breit ist die Playa de Corralejo, die sanft in das türkisblaue, klare Meer abfällt. Heller, feinkörniger Sand, den der Saharawind im Laufe von Jahrtausenden auf die Insel geweht hat, lädt zu geruhsamen Stunden ein.

Maspalomas Oasis

334 Zimmer, davon 10 Duplex-Suiten mit Seeblick, 7 Suiten und 10 Doppelzimmer mit Lounge und Gartenblick, alle Zimmer mit Telefon, Musik- und Klimaanlage, Fernseher, Safe, Balkon.

Service

Vier Bars, drei Restaurants, zwei Cafeterien, Swimming-Pool, Sonnenterrasse, Kinderbecken, Autoverleih, Geldwechsel, Sauna, Massage, Friseur, Einkaufspassage, Kindergarten und Babysitter (auch die ganze Nacht), 24-Stunden-Roomservice.

Aktivitäten

Vier Tennisplätze mit Kunststoffbelag (Flutlicht und Tennislehrer), Tischtennis, Volleyball, Gymnastik, Gartenschach, Fitnesscenter; in der Nähe ein 18-Loch-Golfplatz, Möglichkeiten zum Segeln, Surfen und Reiten

Unterhaltung

Flamenco-/Folklore-Shows, Modeschauen, Tanz, täglich Liveband.

Hotel Maspalomas Oasis
35106 Playa de Maspalomas,
Gran Canaria/Spanien
Tel.: 00 34/28/14 14 48
Fax: 00 34/28/14 14 48

Auf Gran Canaria verbringen mehr Menschen als auf irgendeinem anderen sonnigen Flecken der Erde ihren Urlaub. Mehr als zwei Millionen Besucher im Jahr verzeichnet die Insel, die für ihre milden frühsommerlichen Temperaturen während der kalten und regnerischen Monate im Norden bekannt ist. In der Saison von Ende November bis Ostern ist in der Regel alles ausgebucht.

Wer im Maspalomas Oasis absteigt, kann dennoch einen ruhigen, geruhsamen Urlaub verbringen. Direkt vor der Haustür des Fünf-Sterne-Hotels liegt die sieben Kilometer lange Playa de Maspalomas. Der breite Strand mit den unter Naturschutz stehenden Dünen im Hintergrund ist feinsandig, doch eher graugelb als hell. Die Dünen trennen das Haus von der Hotelballung Playa del Ingles.

Sehr schön, doch nicht direkt am Strand gelegen: das Oasis.

Das 1993 komplett renovierte Hotel wird auch anspruchsvollsten Gästen gerecht. Der Service ist aufmerksam und die Küche gut und sehr abwechslungsreich. Morgens und mittags freuen sich am Buffet Auge und Gaumen. Abends servieren die Restaurants Spezialitäten, auf der Patio-Terrasse werden Feinschmecker-

Wer im Tres Islas nicht mit anderen gemeinsam das breite Sportangebot nutzt, macht Strandläufe oder spaziert stundenlang durch die einsamen Dünen. Ansonsten geht es aber eher turbulent zu: Manche Gäste stellen ihren Wecker, um mit dem Liegestuhl am belebten Pool einen guten Platz zu ergattern. Dieser Swimming-Pool ist einer der größten Europas und mit seiner Unterwasserstereoanlage eine Attraktion. Die Zimmer haben Balkon und sind großzügig und praktisch eingerichtet. Während die Küche keinen Wunsch offen läßt, braucht man in bezug auf den Service allerdings manchmal etwas Geduld.

„Festivals" veranstaltet. Jackett und Modellkleid beim Dinner finden Anklang, sind aber von der Hotelleitung nicht verordnet.

Ein liebevoll angelegter, immerhin 65.000 Quadratmeter großer Palmenpark lädt zum Morgenjogging ebenso ein wie zum romantischen Abendspaziergang. Alle Zimmer und Suiten sind unaufdringlich und modern möbliert. Allerdings geben nicht alle den Blick zum blauen Meer frei.

Wer sich außerhalb des Hotels amüsieren will, hat keine Probleme. Nur fünf Taximinuten entfernt liegt das Vergnügungszentrum von Playa del Ingles. Die Auswahl an Diskotheken, Bars, Restaurants und Boutiquen ist famos! Nochmals fünf Minuten weiter, in San Agustin, liegt der Beach Club, der sich der besten Küche und der größten Diskothek der Kanaren rühmt.

Anreise
Alle spanischen Zielorte sind von Frankfurt aus mit dem Flugzeug zu erreichen. Da es immer wieder günstige Angebote gibt, sollten vorher die Preise genau geprüft werden.

Auskunft
Spanisches Fremdenverkehrsamt, Postfach 17 05 47, 60079 Frankfurt, Tel.: 069/72 50 33, Fax: 069/72 53 13. Vor Ort: An allen genannten Zielorten gibt es diverse Informationszentren. Die Adressen kann man in den Hotels erfragen.

Einreise-Formalitäten
Ein Personalausweis genügt.

Elektrizität
Die Spannung beträgt mal 115, mal 220 Volt.

Essen und Trinken
Die traditionelle spanische Küche ist in vielen Regionen fett und schwer. Im Süden des Landes dagegen sind die Gerichte dem Klima entsprechend eher leicht. Paella, das Nationalgericht, war ursprünglich der Samstagseintopf und galt der Resteverwertung: Reis, Fleisch, Muscheln und ein paar Krustentiere sind die Zutaten. Paella ißt man am besten in einfachen Lokalen, wenn sie dort auf dem Wochenspeiseplan steht. In großen Mengen gekocht ist sie nämlich am leckersten! Unbedingt probieren sollte man Tapas, die pfiffigen Häppchen „für zwischendurch". Auf Mallorca sollten sich die Gäste einen Luxuseintopf namens „caldereta" (angebratene Langustenstücke, Schalentiere, Paprika, Tomaten, Zwiebeln und Mandeln) nicht entgehen lassen.

Einkaufen
Die Majorica-Perlen von Mallorca sind unempfindlich gegen Schweiß, Kosmetika und Temperaturschwankungen. Sie sind industriell gefertigt, und selbst der Fachmann kann sie nur schwer von natürlichen Perlen unterscheiden. Wer Tonwaren liebt, findet auf den zahlreichen Märkten eine reiche Auswahl.

Unternehmungen
Es gibt viel zu sehen und zu erleben in Spanien – jeder Reisende kann seine eigenen Vorstellungen verwirklichen. Ein Ausflug von Marbella in das arabisch verzauberte Granada ist zwar kein Katzensprung, doch schon die Fahrt durch die wilde Berglandschaft ist ein Erlebnis. Gäste des Formentor (Mallorca) werden bei einem Abstecher zum Leuchtturm mit einem herrlichen Fernblick belohnt. Wer auf Gran Canaria die Hauptstadt Las Palmas besucht, sollte sich einen Bummel durch den alten Stadtteil Vegueta mit der Kathedrale Santa Ana nicht entgehen lassen. Reisende, die den melancholischen Charme vergangener Zeiten lieben, werden vom Städtchen La Oliva auf Fuerteventura begeistert sein. Allerdings muß man dafür auch dem Verfall etwas abgewinnen können.

Fotografieren
Filme sollte man mitbringen und kühl lagern. In den Dörfern bringt eine gezückte Kamera die Leute oft zum Verschwinden.

Geld
Peseten tauscht man am besten vor Ort. Euro- und Reiseschecks akzeptieren oft sogar Supermärkte. Kreditkarten sind in größeren Hotels und Restaurants kein Problem.

Kleidung
Ein Pullover für etwaige Ausflüge in die Berge kann nicht schaden. Für manche Hotels ist Abendgarderobe erforderlich.

Sport
Die Hotels bieten für jeden Geschmack sportliche Aktivitäten an. Nicht verpassen sollte man zudem ein Fußballspiel der 1. Liga, denn in Spanien herrscht wie in Brasilien eine Festival-Stimmung im Stadion.

Sprache
In den Tourismuszentren reichen Deutsch und allenfalls ein paar Brocken Englisch. Außerhalb der Zentren wird nur Spanisch gesprochen.

Transport
Das öffentliche Bussystem ist recht gut ausgebaut und außerdem sehr preiswert. Wer einen Leihwagen mietet, sollte nicht nur die Preise, sondern auch den Zustand der Autos vergleichen.

Klima
Mai/Juni und September/Oktober sind die angenehmsten Reisemonate. An der Costa del Sol und auf Fuerteventura steigt das Thermometer im Hochsommer oft auf weit über 30 Grad. Auf Gran Canaria ist das Klima etwas milder.

Jan.	Feb.	Mrch.	Apr.	May	June	July	Aug.	Sept.	Oct.	Nov.	Dec.	
16	17	19	21	24	27	30	31	28	25	19	17	○
5	6	8	10	13	16	19	19	18	14	7	7	☾
6	7	7	9	10	11	12	11	9	7	6	6	☼
14	14	14	15	17	20	24	25	24	21	18	15	≋
4	4	4	4	3	2	1	1	4	4	6	5	☂

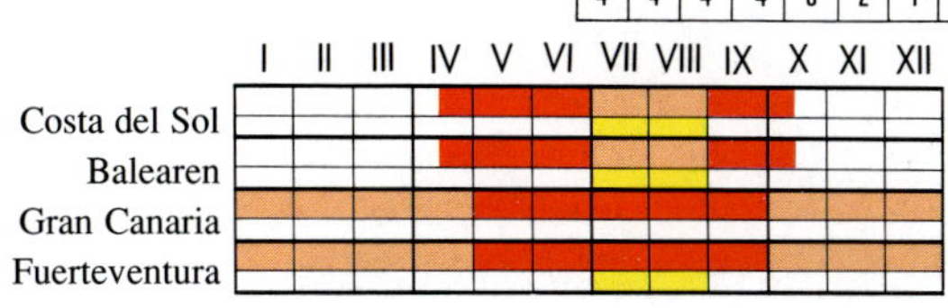

Wildzerklüftete Felsen, goldgelbe Strände in schmalen Buchten, dazu türkisblaues Meer und dekorativ in den Sand gesetzte Fischerboote: Die Bilderbuchlandschaft der Algarveküste im Süden Portugals erfüllt Urlaubsträume wie am Fließband.

Für Strandsammler ist die gut 80 Kilometer lange Felsküste zwischen Albufeira und dem Cabo de São Vicente ein Traum: Hinter jeder Felsnase verbirgt sich eine neue zauberhafte Sandbucht. Die malerischen Strände sind geblieben, trotz des Touristenbooms, der das Gesicht der Algarve seit Ende der sechziger Jahre gravierend verändert hat.

Ausgedehnte Bungalowanlagen drängten die Weinberge von den Klippen, Hotelburgen schossen in die Höhe. Und aus dem verträumten Fischerdorf Albufeira wurde ein quirliges Touristenzentrum mit zahlreichen Cafés und Restaurants, Bars und Diskotheken. Doch wie eh und je liegen am Strand die bunten Fischerboote, präparieren die Fischer inmitten sonnenbadender Urlauber ihre Netze für die nächtliche Fahrt.

Aber die gut 80 Kilometer lange Felsküste ist nur eine Hälfte der sonnenverwöhnten Algarve. Ganz anders präsentiert sich die Sand-Algarve zwischen Faro und der spanischen Grenze: Statt bizarrer Klippen und lauschiger Buchten gibt es hier kilometerlange Sandbänke, grüne Lagunen und Dünenstrände. Zum Baden geht es auf vorgelagerte Inseln, beschauliche Städtchen wie Tavira und Olhão laden zum Schlendern ein.

Wer das ursprüngliche Portugal sucht, findet es im hügeligen Hinterland. In den reizenden Dörfern, kaum 30 Kilometer von den belebten Urlauberstädten entfernt, scheint die Zeit stehengeblieben zu sein. Weißgekalkte Häuser säumen die verwinkelten Gassen, in den Gärten blühen üppige Bougainvilleas. Auf den Dorfplätzen schlagen alte Männer schwatzend die Zeit tot, wäh-

Fischerboote am Strand. Zu den wichtigsten Erfindungen der Seefahrernation Portugal gehört das Segeln gegen den Wind.

Mediterrane Ruhe und Beschaulichkeit erhielt sich in Portugal besser als in vielen anderen Mittelmeerländern. Die Felsküste der Algarve gehört zu den spektakulärsten Landschaften Europas.

rend die Frauen ihre Kleider im öffentlichen Waschhaus schrubben. Auf den Hügeln rundum bestellen Bauern mühsam ihre Felder.

Das schönste Fleckchen der Algarve ist das Monchique-Gebirge: ein kleines Paradies mit immergrünen Berghängen, romantischen Schluchten und plätschernden Bächen. An den Hängen gedeihen Orangen und Zitronen. Mimosen und Mandelbäume, Rhododendron und Pfingstrosen verwandeln die Berge im Frühjahr in ein Blütenmeer. Über duftenden Eukalyptuswäldern erhebt der Foía sein kahles Haupt. Die Aussicht vom 902 Meter hohen Gipfel ist atemberaubend: Halb Portugal liegt einem zu Füßen.

Club Med da Balaia

354 Doppelzimmer und 46 Einzelzimmer mit Bad, WC, Telefon, Safe, Radio (mit clubeigenem Sender) und Balkon.

Service

Fünf Restaurants, fünf Bars, Night-Club, Swimmingpool (Süßwasser) mit drei Becken, Dampfbad und Whirlpool, Club-Boutique, Basar, Bücherverleih, Friseursalon, Fernsehraum, drei Konferenzräume, Krankenstation, Bügelmöglichkeit.

Aktivitäten

Acht Tennisplätze (sechs Hartplätze mit Kunstbelag, davon einer überdacht, zwei Ascheplätze, drei Plätze mit Flutlicht), 6-Loch-Golfplatz, Segeln, Windsurfen, Wassergymnastik, Bogenschießen, Tischtennis, Fitnesscenter, Volleyball, Mini-Golf. Acht Golfplätze (9- bis 36-Loch-Anlagen) in der Umgebung.

Unterhaltung

Animationsprogramm, Videofilme (in vier Sprachen) auf Kinoleinwand, Diskothek, Abendshows, Konzerte, Atelier für Kunsthandwerk (gegen Kostenbeteiligung), Bridgekurse. Ausflüge werden angeboten nach Faro, ins Hinterland der Algarve sowie nach Lissabon.

C.M. Da Balaia
Praia Maria Luisa, P-8200 Albufeira,
Tel. 00351/89586681-93
Fax 00351/89586694.

Direkt am Rand der atemberaubenden Steilküste breitet sich die Anlage des Club Med da Balaia aus. Nur ein paar Schritte sind es vom Hotel bis zum feinen Sandstrand am türkisblauen Meer, den die Clubgäste fast für sich alleine.

Die hellen, geschmackvoll eingerichteten Zimmer verteilen sich über drei bis zu acht Stockwerke hohe Gebäude. Aber während rundherum die Hotels dicht an dicht stehen, verschwindet der Club Med trotz seiner beachtlichen Ausmaße in der 21 Hektar großen Parkanlage direkt am Meer. Wer Ruhe sucht, findet am Rand der Klippen immer ein lauschiges Plätzchen.

An Abwechslung mangelt es freilich nicht. An die 100 GOs halten die internationalen Gäste rund um die Uhr bei Laune. Viele Gäste bringen ihre Golfausrüstung mit, denn in der Umgebung sind gleich acht Top-Golfplätze mit dem Auto in 20 bis 60 Minuten zu erreichen.

Wer Golfen nicht mag, kann sich im Fitnesscenter oder bei anderen Sportarten austoben. Sämtliche Sportangebote sind bereits im Preis enthalten, genauso wie die Menüs in den fünf Restaurants. Der Gast hat die Wahl zwischen saftigen Steaks im „Paris-Texas“ oder Fischgerichten im Spezialitäten Restaurant „Le Frisbee“; marokkanische Küche wird im kleinen „Yasmina“ serviert, während Nouvelle Cuisine die Speisekarte des „Le Cyrk“ bestimmt. Nur im Hauptrestaurant „Da Balaia“ gibt es noch das übliche Selbstbedienungsbuffet. Abends sorgen Shows auf der Clubbühne, fünf Bars und eine Diskothek für Unterhaltung.

Vila Vita Parc

91 Doppelzimmer, 71 Suiten, 8 Villen-Suiten mit privatem Pool, 24 Appartements. Alle Zimmer mit Air-Condition, Bad/WC, Telefon, TV, Minibar.

Service:

Fünf Restaurants, acht Bars, Boutique, Zeitungskiosk, Friseur und Schönheitssalon, Tennis- und Golfshop, Tiefgarage, Autovermietung, ärztliche Betreuung, Konferenzräume.

Aktivitäten:

Fünf Tennisplätze, 9-Loch-Golfplatz, Squash, Volleyball, Wasserski, Windsurfen, Catamaran-Segeln, Tretboote, beheiztes Hallenbad, Health Club mit Sauna, Fitness-Raum, Boccia, Minigolf, Vitalcenter unter ärztlicher Betreuung.

Unterhaltung:

Diskothek, Nachtclub, Yacht, Grottenfahrten, Jeep-Safaris ins Monchique-Gebirge

Vila Vita Parc
Alporchinhos, P-8365 Armação de Pêra,
Tel. 00351/82/315310
Fax 00351/82/315333.
Infos auch über Vila Vita Hotels, Verkaufsbüro Frankfurt, Münchener Straße 1, 60329 Frankfurt, Tel. 069/2384600, Fax 069/2384605.

Im Haupthaus des Vila Vita Parc sind die Rezeption und die edelsten Suiten untergebracht.

Schöner kann Hotelurlaub nicht sein als in der prächtigen Anlage des Vila Vita Parc. Das luxuriöse Hotel bei Armação de Pêra, gut fünfzig Autominuten vom Flughafen Faro entfernt, stellt verwöhnteste Gäste zufrieden.

Eine grüne Oase mit Fünf-Sterne-Luxus breitet sich über der bizarren Felsküste aus. Gepflasterte Wege winden sich vorbei an künstlichen Seen und plätschernden Bächen, schlanken Palmen und Zypressen. Üppig blühen Bougainvilleen, Oleander und Hibiskus. Ein Heer von Gärtnern pflegt den 140.000 m^2 weiten Park, der wie ein großer botanischer Garten anmutet. Mitten drin befindet sich eine Piazzetta –

Eines der am schönsten gelegenen Clubhotels ist Club Med de Balaia.

Nur ein Katzensprung ist es mit dem Jeep in die Serra de Monchique, zum Shopping nach Faro und Portimão oder zum Bummel durch die Altstadtgassen von Albufeira – das lebhafte Zentrum der Algarve liegt nur fünf Kilometer entfernt.

ein gemütlicher Dorfplatz mit Adega, Kiosk und Boutique.

Harmonisch gliedern sich die Wohnhäuser in die traumhafte Parklandschaft. Dicht an der Klippe, mit grandiosem Blick über den Atlantik, liegt die Residence im Stil eines vornehmen Herrenhauses. Daneben scharen sich um einen runden Kuppelbau die Bars und Restaurants, vom intimen „Aladin-Grill“ bis zum „Atlantico“, wo es beim Dinner auf der Terrasse den Sonnenuntergang gratis gibt. Wie ein maurisches Dorf wirken die verwinkelten Häuser des Oasis-Parcs.

Für Abwechslung sorgt ein breites Sportangebot. Zwischen den Felsen führt eine Treppe zu zwei zauberhaften Sandstrände.

Anreise

Der Flughafen Faro wird von allen Charterfluggesellschaften angeflogen. Bequemer, als die weite Anreise mit dem eigenen Auto zu machen, ist es, vor Ort einen PKW zu mieten. Kleinwagen kosten je nach Saison ab etwa 50 DM pro Tag, ab 250 DM pro Woche.

Auskunft

Portugiesisches Touristik-Amt, Schäfergasse 17, 60313 Frankfurt, Tel. 069/234094.

Einreise-Formalitäten

Für die Einreise genügt ein Personalausweis oder Reisepaß. .

Elektrizität

In ganz Portugal beträgt die Stromspannung 220 Volt. Die großen Hotels sind meist auf Europanorm-Gerätestecker eingerichtet. Da es jedoch in Portugal keine einheitlich genormten Steckdosen gibt, ist es ratsam, einen Zwischenstecker mitzubringen.

Essen und Trinken

Das Nationalgericht der Portugiesen ist Bacalhau (Kabeljau), für den es so viele Zubereitungsarten geben soll, wie ein Jahr Tage hat. An jeder Ecke dampft ein Sardinengrill: Ohne „sardinas assadas“, gegrillte Sardinen, ist Portugal nicht vorstellbar. Wer Fischgerichte mag, ist in den meisten Marisqueiras (Fischkneipen) gut aufgehoben. Die Restaurants in den Küstenstädten haben ihre Speisekarten auf die internationale Kundschaft abgestimmt.

Einkaufen

Das beste Pflaster für eine ausgedehnte Shoppingtour bietet die Hafenstadt Portimão. Lohnend sind die reizvollen Märkte der Algarve, beispielsweise die farbenfrohen Markthallen in Olhão. Besonders bunt und lebhaft geht es zu auf dem samstäglichen Wochenmarkt in Loulé, den allerdings auch zig Touristenbusse ansteuern.

Unternehmungen

Ein Erlebnis sind Bootsfahrten zu den Grotten rund um die Ponta da Piedade. Auf dem Rio Guadiana finden regelmäßig unterhaltsame Schiffsfahrten. Ausflüge nach Lissabon (Fahrzeit etwa vier Stunden) können mit dem Mietwagen oder mit organisierten Bustouren gemacht werden. Kulturliebhaber sollten sich die Kirchen Santo António in Lagos und São Lourenço dos Matos in Almansil nicht entgehen lassen.

Klima

Die beste Reisezeit ist von Ende März bis Juni sowie im September und Oktober. Im Juli und August kann es sehr heiß werden. Nur an der westlichen Atlantikküste drosselt ein stetiger Wind die Hitze ein wenig. Auch im Winter ist das Klima an der Küste sehr mild. Zwar ist es dann zum Baden zu kalt, aber die Sonne scheint angenehm war.

Fotografieren

Filme sollte man von zuhause mitbringen, weil sie in Portugal teurer sind.

Geld

Euroschecks und Reiseschecks werden in jeder Bank eingetauscht. Kreditkarten der bekannten Unternehmen werden in den größeren Hotels sowie in vielen Restaurants angenommen. Bargeld kann in größeren Städten und in den Touristenzentren per Scheckkarte an Bankautomaten abgehoben werden.

Kleidung

In den Sommermonaten ist leichte, luftige Freizeitkleidung völlig ausreichend. Ein Pullover oder eine Jacke sollte immer dabei sein – für den Ausflug in die Berge oder den Abend auf der Terrasse des Strandrestaurants. Für das Dinner im vornehmen Hotelrestaurant ist passendes Outfit angebracht.

Sport

Das breiteste Sportangebot an der Küste bietet Vilamoura. Sporturlauber können wählen zwischen Wellenreiten, Wasserski, Segeln, Tauchen, Tennis, Reiten, Schießen, Radfahren oder Golfen gleich auf drei Edel-Plätzen. Für Golfer ist die Algarve ein wahres Dourado.

Sprache

Die Landessprache ist portugiesisch. In den Touristenorten wird oft Englisch gesprochen.

Transport

Busse fahren bis ins kleinste Dorf. Für längere Strecken sind Schnellbusse (expresso oder rapido) ratsam. Das Schienennetz ist gut ausgebaut.

Jan.	Feb.	Mrch.	Apr.	May	June	July	Aug.	Sept.	Oct.	Nov.	Dec.	
15	16	18	20	22	25	28	28	26	22	19	16	○
9	10	11	13	14	18	20	20	19	16	13	10	●
6	7	7	9	10	12	12	12	10	8	6	6	☼
14	14	14	15	17	20	24	25	24	21	18	15	≈
7	6	8	5	3	1	0	0	2	4	7	7	☂

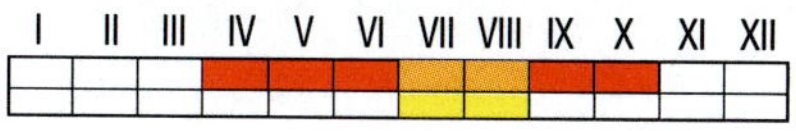

Etruskische und römische Ausgrabungen und wunderbare Kunstschätze aus der Renaissance: Italiens große Vergangenheit ist überall sichtbar. Doch auch die Gegenwart hat viel zu bieten.

Der Sprung über die Alpen nach Italien hat über Generationen nichts von seiner Anziehungskraft verloren. Nur das Reisen ist, seit Goethe vom „Land, wo die Zitronen blühen" schwärmte, einfacher geworden.

„Bella Italia" zergeht auf der Zunge, behaupten Italiensüchtige.

Die Motive der Sucht sind dabei so vielschichtig wie der „Stiefel" selbst. Schon die extreme Nord-Süd-Ausdehnung kommt den vielfältigsten Sehnsüchten entgegen: Zwischen Venedig und Sardinien liegen wundersame Welten.

Venedig: Eine ganze Stadt quasi als Museum, wo immer und überall alles zum Hinschauen zwingt.

Eine Reise nach Italien ist ein Ausflug in die Vielfältigkeit. Von der Romantik Venedigs kündet schon der Bootsanleger vor dem Hotel Cipriani. Heißer gibt sich Italien auf der Insel Elba (rechts). Steilküste, aber auch schöne Sandstrände warten nicht nur dort auf die Besucher.

Labyrinthisches Faszinosum, Tausende von Brücken und keine einzige Ampel, die dem Fußgänger Einhalt gebieten würde. Oder die Riviera, wo vor dem Hintergrund der apuanischen Alpen mit ihren Marmorbrüchen breite Sandstrände, Sommer, Sonne und das berühmte „dolce far niente" locken. Sardinien bietet hingegen eine Fülle spektakulärer Naturanblicke, verwegen und abenteuerlich, ein Stück „wildes Kurdistan" in Europa. Elba wiederum wirkt eher wie ein riesiger Garten, sanft und landschaftlich abwechslungsreich.

Italien ist für viele Besucher der Inbegriff der Leichtigkeit, der ungebremsten Lebensfreude in lauen Sommernächten. Doch das ist nur ein Aspekt. Das Land ist seit Jahrzehnten krisengeschüttelt: Umweltskandale, Korruption, die Mafia, Camorra und ein ständiger Regierungswechsel – so lauten die Schlagzeilen. Die Streiks gehören zum Land wie die Spaghetti und der Capuccino. Ginge es nach wirtschaftlichen und politischen Fakten, dann dürfte in Italien eigentlich längst nichts mehr funktionieren. Doch: die Schattenwirtschaft organisiert das Chaos. Vertrauen in den Staat oder die Bürokratie hatte – wenigstens bis zum Ende der „1. Republik" 1994 – ohnehin niemand.

Dem Patriotismus tut dies allerdings keinen Abbruch. Ob im reichen Norden oder im armen Süden, die Italiener lieben ihr Land. „Ti piace l'Italia?", gefällt dir Italien, ist die häufigste Frage an Urlauber. Sie läßt nur eine Antwort zu: „Si, molto!"

Allein seine Lage an einer Klippe der Costa Amalfitana macht das Hotel San Pietro in Positano einmalig.

Hotel San Pietro

45 Zimmer, 13 Suiten, Terrasse, Klimaanlage, Minibar, TV, 24-Stunden-Zimmerservice, Weckruf, Telefon, Haartrockner, Bademantel, 8 Zimmer mit Jacuzzi.

Service

Parkplatz, Pool-Bar, Piano-Bar, Restaurant, Swimmingpool.

Aktivitäten

Ein Tennisplatz, Wasserski, Fischen.

Unterhaltung

Piano-Bar, sonst in Positano.

Hotel San Pietro
Via Laurito, 2
84017 Positano
Tel. 0039/89/875455
Fax 811449
Reservierung über Relais & Chateaux

An einer der schönsten Küsten Italiens, der Costa Amalfitana, klettert das San Pietro von hoch oben eine Klippe hinunter. Ungewöhnlich auch der Zugang: Zur Lobby führt erst ein Aufzug, dann steht man fast schon auf der üppig mit Blumen geschmückten Terrasse, von der der Blick über das glitzernde Meer geht. Überall hängen Gemälde, stehen Kunstobjekte und Keramikkostbarkeiten, duften Blumen und rankt Wein.

Auch in den Zimmern scheint die Vegetation von der privaten Terrasse direkt hinein zu wachsen. Die großen Räume sind klassisch möbliert und alle ebenfalls gefliest.

Ein zweiter Aufzug geht durch den Felsen zum Strand, der 88 Meter tiefer zwischen den Felsen liegt. Hier gibt es eine Sonnenterrasse, einen mit Naturstein gefaßten Pool und einen Tennisplatz. Das zwei Kilometer südlich von Positano gelegene Haus ist in der zweiten Generation in Familienbesitz. Besucht wird es vor allem von vermögenden Amerikanern und Showstars, darunter so bekannte Namen wie Dustin Hofmann und Mick Jagger.

Wunderbar gelegen und mit einem der schönsten Pools der Welt: das Cipriani.

Rund 40 Kilometer von Pisa entfernt liegt das belebte Seebad Forte dei Marmi, das schon Thomas Mann gerne besuchte. Abseits der stark befahrenen Uferstraße duckt sich unter hohen alten Pinien die Anlage des Augustus. Der Gast hat hier die Möglichkeit, zwischen recht unterschiedlichem Ambiente zu wählen. Das Haupthaus gleicht einem Palazzo, die Bungalows sind architektonisch verschieden gestaltet und vermitteln eine private Atmosphäre. Wer sich für die Patriziervilla nicht weit vom Strand entscheidet, sollte dessen Nähe zur Straße nicht vergessen. Für Liebhaber von hypermoderner Architektur ist das La Nave ein Augenschmaus. Die Luxusappartements haben alle Balkon, zwei Bäder und sind mit eleganten italienischen Designermöbeln eingerichtet.

Der Privatstrand des Augustus gehört zu den schönsten der Riviera und ist durch eine hoteleigene Unterführung zu errreichen.

Der Privatstrand des Hotels zählt zu den schönsten der Riviera. Er ist durch eine hoteleigene Unterführung zu erreichen. Der exzellente Service des Augustus erreicht die Gäste auch am Strand: Bar und Restaurant sorgen für das leibliche Wohl.

Hotel Augustus

20 Luxus-Appartements mit 2 Bädern, 60 Zimmer, 4 Suiten, 8 Villen und Bungalows, eigener Garten und Parkplatz, mit Farb-TV, Telefon, Balkon.

Service

Restaurant, Bars, Clubhaus, Strandkabinen, Kongreßsäle, Swimming-Pool, Privatpark, überdachter Parkplatz.

Aktivitäten

Boote, Bootsausrüstung, Privatstrand, Tennisplatz in der Nähe.

Unterhaltung

Abends Restaurant mit Pianobar am Strand.

Hotel Augustus
Viale Morin 169
55042 Forte dei Marmi, Italien
Tel. 0039/584/78 72 00
Fax 0039/584/78 71 02

Nur vier Bootsminuten vom Markusplatz entfernt herrscht völlige Ruhe und Abgeschiedenheit. Das Hotel Cipriani auf der Insel Giudecca liegt zwar nicht am Strand, dafür aber inmitten herrlicher Gartenanlagen direkt an einem Kanal. Der hoteleigene Bootsdienst bringt die Gäste zu jeder Tages- und Nachtzeit zum Markusplatz.

Sämtliche Zimmer haben eine wunderschöne Aussicht. Im Süden schweift der Blick über die Lagune und die prachtvolle Kathedrale San Giorgio Maggiore. Im Osten und Norden breiten sich Gärten aus. Im Westen bestimmen die unübersehbaren Kuppeln der Erlöserkirche (Redentore) das wunderbare Bild. Die Zimmer und Suiten sind dezent, höchst elegant und zum Teil auch üppig luxuriös eingerichtet. Jedes Zimmer hat seinen eigenen Charakter und Stil. Das Publikum hat sich die letzten Jahre zusehends verjüngt. An der abendlichen Jackettpflicht ändert das aber nichts. Wer zufällig keines dabei hat: Das Cipriani verfügt über eine große Auswahl in allen Größen.

Die Hotelküche ist wegen ihrer Patisserien und Vorspeisen weit über die Grenzen der Stadt hinaus bekannt. Viele werden es nicht wissen, aber Carpaccio ist eine Erfindung des Cipriani in Venedig.

Hotel Cipriani

66 Zimmer und 28 Suiten im Hotel; 3 Zimmer und 7 Suiten im Palazzo Vendramim, einige der Suiten sind mit einer großen Terrasse ausgestattet, andere mit Whirlpool.

Service

3 Restaurants, 2 Bars, 24 Stunden-Zimmerservice, Gartenanlage, beheizbarer Meerwasser-Swimming-Pool im Olympiamaß, Beauty, Nonstop-Bootstransfer zum Markusplatz, privater Yachthafen.

Aktivitäten

Greenset-Tennisplatz, 18-Loch-Golfplatz beim Lido, Sauna, Solarium, Massage, Gymnastik, Fitneßcenter.

Unterhaltung

Musik an Sommerabenden; der Bootsservice bringt alle, die sich amüsieren wollen, direkt zum Markusplatz, auch nachts.

Hotel Cipriani
& Palazzo Vendramin
Giudecca 10
30133 Venedig, Italien
Tel.: 00 39/41/52 07 744,
Fax: 00 39/41/52 03 930

La Scalinatella

30 Zimmer, Suite auf Anfrage, Minibar, TV, Klimaanlage, Safe, Zimmerservice.

Service
Restaurant, geheizter Swimmingpool, Whirlpool.

Aktivitäten
Tennis.

Unterhaltung
Bars, sonst im Ort.

Hotel La Scalinatella
10, Via Tragara
80073 Capri
Italien
Tel.: 0039/81/8370633
Fax 8378291

Etwas abseits des quirligen Zentrums versteckt sich das Scalinatella, ein kleines Juwel, unterhalb einer schattigen Gasse. Das weißgestrichene Haus im maurischen Stil wirkt schon auf den ersten Blick wie eine liebevoll geplegte Villa. Innen bestätigt sich dieser Eindruck. Handgemalte neapolitanische Fliesen machen den Boden zu einem Schmuckstück.

Die Fliesen finden sich in den 30 Zimmern wieder. Hohe Dekken lassen die sehr großen Räume etwas schmal wirken, die mit Stilmöbeln, schmiedeeisernen Betten und Ledercouch eingerichtet sind. Ebenso geräumig präsentieren sich die Bäder. Ein Haartrockner gehört zur Standardausstattung. Die Hälfte der Zimmer hat zwei Bäder. Das Paradestück ist die große Terrasse. Sie ist reich bepflanzt und bietet viel Privatatmosphäre. Der Blick geht über die darunterliegenden Häuser auf den Hafen von Capri.

Im kleinen Restaurant des Hauses wird nur mittags und à la carte serviert. Rechts des Hauses befindet sich ein geheizter Pool, der ausreichend groß für ein paar Schwimmzüge ist, daneben ein Whirlpool. Geöffnet ist das Scalinatella, das familiär mit dem größeren Quisisana verbunden ist, von März bis Oktober.

Hotel Del Golfo

102 Zimmer mit Balkon, Telefon, Minibar.

Service
Restaurant, Beach-Restaurant, Sonnenterrasse, Swimming-Pool, Boutique, Mietwagen.

Aktivitäten
Zwei Tennisplätze, Tischtennis, Windsurfen, Segeln in 200 Metern Entfernung, Wasserski, Motorboote, 9-Loch-Golfplatz in 10 Kilometern Entfernung.

Unterhaltung
Dreimal wöchentlich Live Musik, Cocktailpartys, Disco und Night Club in 3 und 6 km Entfernung.

Hotel Del Golfo
57030 Procchio
Elba, Italien
Tel. 00 39/565/90 75 65
Fax 00 39/565/90 78 98

Trotz jährlich steigender Besucherzahlen sind auf Elba die Fehler anderer Ferienziele nicht begangen worden. Große Hotelklötze finden sich auf der Insel nicht. Sie ist vielmehr in bezug auf eine Bauweise im Einklang mit der Natur geradezu vorbildlich.

Das Hotel Del Golfo fügt sich zauberhaft in die hügelige Landschaft hinter dem Strand von Procchio. Die feinsandige Bucht zählt zu den größten und schönsten der ganzen Insel. Der helle Sand fällt sanft ins Meer ab – ideal also für Nichtschwimmer und Kinder. Der Haupttrakt des Del Golfo liegt direkt am Strand, ebenso wie das gemütliche Restaurant. Weitere fünf Gebäude sind zwischen Blumen und Bäumen im Hotelpark verstreut. Kabinen und etwas spartanische Liegestühle stehen am hoteleigenen Strandabschnitt zur Verfügung. Gleich dahinter liegt der Swim-

Von der großzügigen Terrasse des La Scalinatella geht der Blick über die Häuser und den Hafen Capris.

Das Hermitage wurde quasi in die Felsen vor der kleinen Sandbucht eingemeißelt. Die Bungalows der Anlage verstecken sich in der prachtvollen Parklandschaft.

Das türkisfarbene oder tiefblaue, immer klare Wasser, die hellen Sandstrände, die felsigen Buchten und die sanft ansteigenden Berge machen Elba zu einer Perle des Mittelmeeres.

Umgeben von herrlichem Grün liegt das Del Golfo an einer der größten Sandbuchten von Elba.

ming-Pool. Wer mit dem Auto kommt, findet genügend Parkmöglichkeiten, kann aber auch eine Parkbox mieten. Der Hotelbus steht für Fahrten nach Portoferraio und zum Flughafen bereit.

Etwa acht Kilometer westlich der Inselhauptstadt Portoferraio empfängt das zauberhafte Hotel Hermitage seine Gäste. Die Anlage schmiegt sich in eine Landschaft aus pittoresken Felsen und dichtem Grün. Natürlicher Charme, ein 150 Hektar großer Park und der wundervolle Ausblick über die Bucht von La Biodola gehören zu den Trümpfen des Hotels. Erholsam und äußerst individuell läßt sich hier ein Urlaub gestalten. Die Atmosphäre ist zugleich sportlich und stilvoll. Je nach Lage des Bungalows liegt der Privatstrand (feinster heller Sand) in 50 bis 200 Metern Entfernung.

Wer geschmackvolles und schlichtes Mobiliar mag, wird von den Zimmern und Suiten des Hermitage begeistert sein. Aufmerksamer Service und ein erstklassiges Restaurant nebst einer in die Felsen gehauenen Terrasse machen den Aufenthalt zu einem wahren Vergnügen.

Hotel Hermitage

120 Zimmer und Suiten in Bungalows, Telefon, Farb-TV, Minibar, Aircondition, Safe, Terrasse.

Service

3 Restaurants, 3 Bars, zwei Meerwasser-Swimming-Pools, ein Kinderbecken, Sonnenterrasse, Bar und Pool-Bar, Friseur.

Aktivitäten

Acht Tennisplätze (sieben Sand- und ein Hartplatz, Tennislehrer), Tischtennis, Wasserski, Segeln, Schnorcheln, Windsurfen, Motorboote, Hand- und Fußballplatz, Boccia-Spielanlage, Golf-Trainingsplatz mit sechs Löchern.

Unterhaltung

Piano-Bar, zeitweise mit Livemusik, Barbecue am Strand, Abendveranstaltungen.

Hotel Hermitage
La Biodola
57037 Portoferraio (LI)
Elba, Italien
Tel.: 00 39/565/93 69 11
Fax: 00 39/565/96 99 84

Hotel Cala di Volpe

125 Zimmer und Suiten, Präsidentensuite mit Privatpool auf der Dachterrasse, mit Klimaanlage, Minibar, Balkon.

Service

Restaurant, Bars, Poolbar, Swimming-Pool, Kinderbecken, Kleinhafen, Parkplatz, Bridge-Saal, Friseur, Kosmetiksalon, Massage, Boutiquen, Kiosk.

Aktivitäten

Drei Tennisplätze (ein Hart- und zwei Synthetikplätze), Wasserski, Motorboot, Windsurfen, 18-Loch-Golfplatz (Robert-Trent-Jones) in der Nähe, Privat-Yachthafen.

Unterhaltung

Diskothek, Piano-Bar.

Hotel Cala di Volpe
07020 Porto Cervo
Costa Smeralda
Sardinien, Italien
Tel. 0039/78 99 60 83
Fax 00 39/78 99 64 42

In den sechziger Jahren machte die wilde Schönheit der Costa Smeralda weltweit Schlagzeilen: Prinz Aga Khan war derart fasziniert, daß er beschloß, ein Ferienparadies der Spitzenklasse zu errichten. Die besten Architekten der Welt wurden mit der Gesamtplanung beauftragt.

Die Schönheit der Natur ist erhalten geblieben. Das Cala di Volpe gehört zu den Top-Hotels der Welt. Dem Architekten Jacques Couelle ist es gelungen, ein wunderbares Ensemble im neosardischen Stil zu verwirklichen: eine natürliche Ergänzung der magischen Landschaft.

Forte Village

538 Zimmer in Bungalows.

Service

Zwölf Restaurants und unzählige Bars in den drei Hotels, im Park, am Strand, vier Swimming-Pools, Einkaufszentrum „Piazza“

Aktivitäten

17 Tennisplätze, 2 Squash Courts, Wassersport-Zentrum, Fitnessclub, Fußball, Therme, Gesundheitsprogramm, Kinderprogramme.

Unterhaltung

Musik; organisierte Ausflüge mit Pferd, Jeep, Motorboot, Mountainbike.

Forte Hotel Village
Santa Margherita di Pula
09010 Cagliari, Sardegna,
Italien
Tel. 00 39/70/92 15 16
Fax 00 39/70/92 12 46

Das Forte Village liegt mitten in einer grünen Lunge aus uraltem Pinienwald, Eukayptusbäumen, Palmen, Weiden und Orangenbäumen.

Dieses „Forte“ ist eine „Festung“ der Gesundheit, und seine Gäste baden zunächst in einer grandiosen Mittelmeerflora. 25 Hektar dicht bewachsenes Hotelareal lassen genügend Raum für die Privatsphäre. Man kann wählen zwischen Bungalows in sardisch-mediterranen Stil, dem Hotel Pineta, dem renommierten Castello für

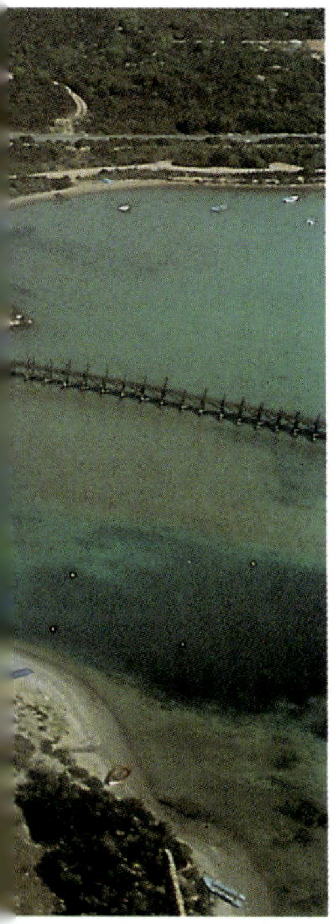

Der riesige Swimming-Pool – zentraler Treffpunkt der Hotelgäste am Tage – läßt vergessen, daß man nicht direkt vor dem Cala di Volpe baden kann. Die Anlage ist ein architektonisches Meisterwerk und fügt sich harmonisch in die wunderbare Landschaft ein.

Das Meer vor dem Hotel eignet sich kaum zum Baden. Das hoteleigene Motorboot bringt deshalb die Gäste an den wunderschönen Privatstrand. Wer lieber „daheim" bleiben möchte, kann sich die Zeit auch am herrlichen, 1200 Quadratmeter großen Swimming-Pool des Hotels vertreiben.

anspruchsvolle Gäste und der Exklusiv-Absteige Villa del Parco.

Trotz seiner Ausmaße zerfällt das Forte Village in Oasen der Kultur, des Kulinarischen, der Erholung, des Sports, der Therapie. Dieses Resort nutzt die Wirkung des Meerwassers für Therapien. Daneben gibt es einen Komplex aus Saunen, Pools, Türkischen Bädern und Fitnessräumen.
Alles paßt sich im Forte Village den Gäste-Vorlieben an: von kalorienarmen Speisen über Pasta bis hin zum romantischen Fischessen für Zwei.

Anreise
Nach Venedig kommt man mit dem Auto oder mit dem Flugzeug ab Frankfurt. Der nächstgelegene Flughafen von Forte dei Marmi ist Pisa (rund 40 Kilometer entfernt). Auf Elba landen kleine Maschinen in Marina di Campo, 17 Kilometer von Portoferraio entfernt. Wer mit dem Auto kommt, nimmt die Fähre von Livorno oder Piombino. Direkte Fährverbindungen nach Sardinien gibt es von Livorno und Genua aus. Die Flugzeuge landen in Olbia.

Auskunft
Staatliches Italienisches Fremdenverkehrsamt, Kaiserstr. 65, 60329 Frankfurt, Tel. 069/23 74 30, Fax 069/23 28 94. Vor Ort: In allen Orten gibt es Touristikbüros, deren Adressen man am besten dort erfragt.

Einreise-Formalitäten
Bei einem Aufenthalt unter drei Monaten genügt ein Personalausweis.

Elektrizität
Die Spannung liegt meistens bei 220 Volt.

Essen und Trinken
Alle Arten von Teigwaren, Knoblauch, Olivenöl und Tomaten sind die Säulen der italienischen Küche. Italienkenner wissen, daß ebenso viele unterschiedliche Spaghettirezepte existieren, wie es Hausfrauen gibt. Auf Sardinien sollten sich Gourmets sardisches Fladenbrot und Wildschweinwürste nicht entgehen lassen.

Einkaufen
Italien ist berühmt für Lederwaren, insbesondere aber für schicke und preiswerte Schuhe. Wer in Venedig Designermode oder Antiquitäten sucht, findet westlich vom Markusplatz (Calle Vallaresso und Calle Frezzeria) reichlich Auswahl.

Unternehmungen
In Venedig bietet schon das Flanieren zahlreiche Erlebnisse. Von Forte dei Marmi lohnt ein Ausflug zum 40 Kilometer entfernten Pisa. Wanderfreunde werden die 18 Kilometer lange Route durch die Bergdörfer der Cinqueterre genießen. Die hervorragend ausgebaute Küstenstraße auf Elba macht eine Inselrundfahrt zum Genuß. Dem malerischen Bergnest Capoliveri sollte man ebenso einen Besuch abstatten wie der Einsiedelei Madonna del Monte, dem Lieblingsplatz Napoleons. Im Inneren von Sardinien kann man wunderbare Klettertouren unternehmen. Wer weniger gut zu Fuß ist, dem sei ein Ausflug in das Hafenstädtchen Palau oder ein Abstecher auf die Insel Caprera empfohlen.

Fotografieren
Zurückhaltung und etwas Feingefühl sind vor allem in sardischen Dörfern, aber auch in den kleinen Orten auf Elba angebracht.

Geld
Bezahlt wird in Lire. Kreditkarten akzeptieren alle großen Hotels und Restaurants. Euroschecks werden fast überall eingetauscht.

Kleidung
Mit legerer Sommerkleidung wird man sich am wohlsten fühlen. Abendkleid und Jackett werden in einigen Hotels verlangt.

Sport
Das berühmte „Dolce far niente" gehört zwar noch immer zu den Lieblingsbeschäftigungen in Italien – doch die Urlaubszentren haben sich längst auf die sportlichen Bedürfnisse der Gäste eingestellt.

Sprache
Die patriotischen Italiener freuen sich über jeden Brocken Italienisch, den ein ausländischer Besucher spricht. In den Zentren sprechen viele Deutsch. Mit Französisch ist man meist besser dran als mit Englisch.

Transport
Bus-, Bahn- und Flugnetz sind gut ausgebaut. In Venedig kommt man mit den Wasserbussen (Vaporetto) überall hin. Auf Elba erreicht man die kleinen Ortschaften am besten mit einem Mietwagen.

Klima
Zwischen Mai und Oktober liegt der italienische Sommer. Wer die Monate Juli und August meiden kann, sollte es tun. Vor allem auf Sardinien und Elba verliert die Landschaft in diesen Monaten durch extreme Trockenheit an Reiz.

Jan.	Feb.	Mrch.	Apr.	May	June	July	Aug.	Sept.	Oct.	Nov.	Dec.	
16	16	17	20	24	28	29	29	27	24	21	17	○
9	9	10	12	15	19	21	22	19	16	14	11	☾
3	5	6	8	10	12	13	12	10	6	6	4	☼
16	15	16	16	19	22	24	25	24	23	20	17	≋
12	7	8	4	2	1	0	0	2	6	6	10	☂

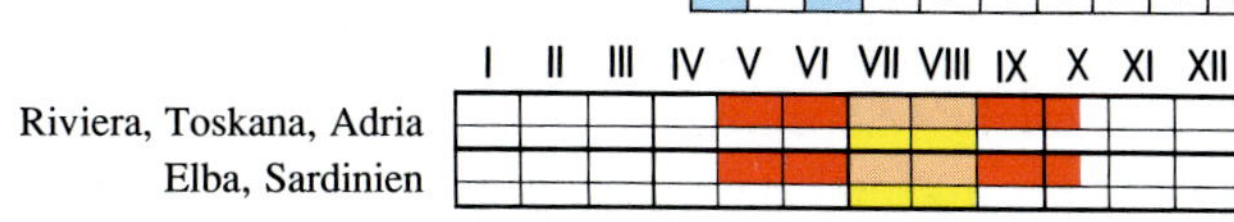

Blendend weiße Häuser, tiefblaues Meer, malerische Buchten, freundliche Menschen – der Geburtsort der Alten Welt hat nichts von seiner Faszination verloren.

Spricht man über die Geburtsorte der Alten Welt, dann steht Griechenland an einer der ersten Stellen. Wissenschaft, Philosophie, politisches Denken und Handeln erblickten dort das Licht der europäischen Welt. Unter der gleißenden ägäischen Sonne wurde viel, unendlich viel von dem geboren, was heute noch die Säulen der europäischen Zivilisation darstellt.

Lang ist das her, und Griechenland hat sich nach Jahrhunderten der Fremdherrschaft inzwischen zu einem modernen europäischen Land mit ebenso modernen Problemen entwickelt. Athen ist längst mit seinem alten Hafen Piräus verwachsen, und wie Metropolis erstickt es unter der Last des Smogs. Hippies, die einst in den Höhlen von Matala und unter den Palmen von Vai auf Kreta nächtigten, gehören auch schon längst der Vergangenheit an. Und doch hat das moderne Griechenland seinen Eintritt ins moderne Europa nicht zuletzt den mitteleuropäischen Reisenden unserer Tage zu verdanken, die dort weit mehr erleben als einen Ausflug in die Vergangenheit.

Die Gäste des Akti Myrina blicken vom Swimming-Pool auf die Landschaft und den makellosen Sandstrand. In den Dörfern von Lemnos sitzen die Bewohner unter schattenspendenden Bäumen. Prachtvolle weiße Häuser unter dem stahlblauen Himmel der Ägais runden das Panorama ab.

Eine Reise in die Inselwelt der Ägäis gehört bis heute zum Faszinierendsten, was Europa zu bieten hat. Kreta mit seiner eigenen Kultur und Geschichte, die Insel Santorini, wo einstmals vielleicht Atlantis lag, Naxos, Kos, Samos, Mykonos – jedes Eiland hat ein anderes Gesicht und entrichtet als Entrée eine Anreise auf den Spuren Homers. Im nordöstlichen Winkel der Ägäis, abseits breiter aktueller Reiseströme, liegt die Insel Lemnos. Wohl wegen ihres Vulkans aus prähistorischer Zeit galt sie im Altertum als heilige Stätte des hinkenden Gottes der Schmiedekunst Hephaistos. In der Glanzzeit Griechenlands wurde sogar der Boden der Insel als „lemnische Heilerde" in alle Teile der damals bekannten Welt verschickt.

Griechen, Römer, Byzantiner und Venezianer lösten sich in der Inselherrschaft ab. Im Jahre 1465 eroberten die Türken Lemnos, das erst 1912 wieder Griechenland angeschlossen wurde. Heute ist die 470 Quadratkilometer große Insel nicht nur ein lieblicher Ort, sondern auch ein gutes Beispiel für die Gegensätzlichkeiten des modernen Griechenlands. Auf der einen Seite unberührte Landschaft, kleine, einsame Sandbuchten und eine Bevölkerung, die zu großen Teilen noch als Schwammtaucher arbeitet. Zum anderen Hochtechnologie auf einem der größten Militärflughäfen der Ägäis.

Akti Myrina Hotel

125 Standard-, Superior- und Suiten-Bungalows mit Telefon, Musikanlage, Minibar, Klimaanlage und eigener Terrasse; einige Superior-Bungalows haben Meerblick.

Service

Drei Restaurants, Taverne, drei Bars, beheizter Meerwasser-Pool, Kinderbecken, Kiosk, Boutique, Mietwagen, Bootsverleih, Airport-Transport.

Aktivitäten

Drei Tennisplätze (zwei mit Flutlicht), Minigolf, Radfahren, Tischtennis, Billiard, Segeln, Surfen, Wasserski, Kanu; für Wassersportler gibt es einen Trainer.

Unterhaltung

Donnerstags Barbecue und „Griechische Nacht", Piano-Bar, Diskothek, organisierte Bootsausflüge.

Akti Myrina Hotel
Myrina 81400, Lemnos
Griechenland
Tel. 00 254/22 68-1 bis -5
Fax 00254/22 352

Nur 15 Gehminuten von Lemnos' kleiner Hauptstadt Myrina entfernt, liegt das Akti Myrina Hotel an der gleichnamigen Bucht. Es ist eine reine Bungalow-Anlage, die wie ein kleines Dorf inmitten wuchernder Vegetation errichtet wurde. Schmale Wege verbinden die einzelnen Häuser miteinander. Sie führen auch hinüber zum hoteleigenen Sandstrand, zu den erhöht auf einem Felsen liegenden Restaurants und dem beheizbaren Swimming-Pool. Alle Gebäude des luxuriösen Komplexes wurden aus Naturstein gebaut. Diese landestypische Architektur findet ihr Pendant in der rustikalen Innenausstattung. Allerdings: Marmorbäder signalisieren in dieser wohl gelungensten Hotelanlage Griechenlands durchaus auch Luxus.

Die Anlage schmiegt sich an einen flachen Felsen. Von den Bungalows – sie alle sind mit eigener Terrasse ausgestattet – sind es nur ein paar Schritte zum feinkörnigen, hellgrauen Sandstrand, an dem Sonnenliegen auf die Gäste warten. Wer sich von den üppigen Frühstücks- und Lunchbuffets nicht in Versuchung führen lassen will, der kann zu jeder Zeit einen Snack und Getränke am Strand bekommen. Dies ist nur ein Aspekt des makellosen Service im Akti Myrina.

Rustikale Eleganz zeichnet die Innenausstattung der Räume aus. Alle Bungalows verfügen über eine eigene Terrasse.

Die Bungalows und Restaurants des Akti Myrina liegen etwas erhöht auf einem Felsen inmitten üppiger Bäume und Sträucher. Alle Gebäude wurden so perfekt an das Landschaftsbild angepaßt, daß man das Gefühl hat, in einem über lange Jahrhunderte gewachsenen Dorf zu leben.

Die Küche bietet ausgezeichnete griechische wie auch internationale Gerichte. Sie werden mittags auf einer schattigen Terrasse in Strandnähe und abends in Restaurants und in der Taverne kredenzt. Für die angebotenen Wassersportarten steht ein Trainer bereit. Tennisspieler finden drei gepflegte Plätze vor. Ein hoteleigenes, umgebautes Fischerboot steht für Kreuzfahrten zu anderen Stränden rund um Lemnos bereit. Wer noch individuellere Ausflüge wünscht, kann diese mit einem kleinen Caiki unternehmen. Außer durch die gelungene Architektur und die Einrichtungen und Serviceleistungen eines wahren Spitzenhotels besticht das Akti Myrina vor allem auch durch seine lockere Atmosphäre. Unter den Gästen sind viele der von Griechenland begeisterten Bundesbürger.

Anreise
Schnell und preiswert geht es mit dem Flugzeug von der Bundesrepublik nach Athen. Von dort gibt es täglich Linienflüge nach Lemnos. Wöchentlich fahren zudem Linienschiffe von Piräus aus die Insel an.

Auskunft
Fremdenverkehrsamt Griechenland, Neue Mainzer Str. 22, 60311 Frankfurt, Tel.: 069/23 65 61/ 63, Fax: 069/23 65 76. Vor Ort gibt es kein Informationsbüro. Das Hotel hilft aber weiter.

Einreise-Formalitäten
Ein gültiger Reisepaß oder der Personalausweis sind ausreichend.

Elektrizität
220 Volt.

Essen und Trinken
Unter allen Hotelküchen Griechenlands zählt die des Akti Myrina zu den besten. Wer dennoch auswärts speisen möchte, findet in der Hauptstadt Myrina zahllose kleine Tavernen und Restaurants. Alle bieten durchweg schmackhafte Gerichte. Eine Spezialität auf Lemnos sind die Seafood-Gerichte, da vor der Insel ausgezeichnete Fischgründe liegen. Der Wein auf Lemnos ist sehr schwer, doch gut bekömmlich.

Einkaufen
Der Hauptort Myrina lockt mit vielen kleinen Geschäften, die die ganze Palette des griechischen Kunsthandwerks feilbieten. Ein sehr typisches Andenken sind sicherlich die Schwämme, die Taucher vor der Insel aus dem Meer holen.

Unternehmungen
In der Hauptstadt Myrina sollte man sich die charakteristischen Kapitänshäuser, das archäologische Museum sowie die alte, venezianische Festung anschauen. Selbstverständlich sind auch der pittoreske Hafen und die Kathedrale einen Besuch wert. In Haphaistia sind die Ruinen eines Theaters aus dem 5. Jahrhundert v. Chr. zu besichtigen. Im nahe gelegenen Hloi befindet sich eine große Höhle. Einer der schönsten Punkte der Insel ist Nea Koutali, das von einem großen Pinienwald umgeben wird. Für Reisende, die Panorama-Blicke schätzen, empfiehlt sich das Dorf Kotsina. Naturphänomene gibt es im Westen und an der Nordostspitze von Lemnos zu bestaunen: warme, radioaktive Schwefelquellen. Wer Ende April auf die Insel reist, darf sich auf das St. Georgs-Fest freuen. Natürlich kann Lemnos auch zugleich Ausgangs- oder Endpunkt einer Schiffsreise durch die Ägäis sein.

Klima
Die Lufttemperaturen liegen in den Sommermonaten bei 28 Grad, die Wassertemperaturen bei 23 Grad. Die Hauptreisezeit liegt zwischen März und November.

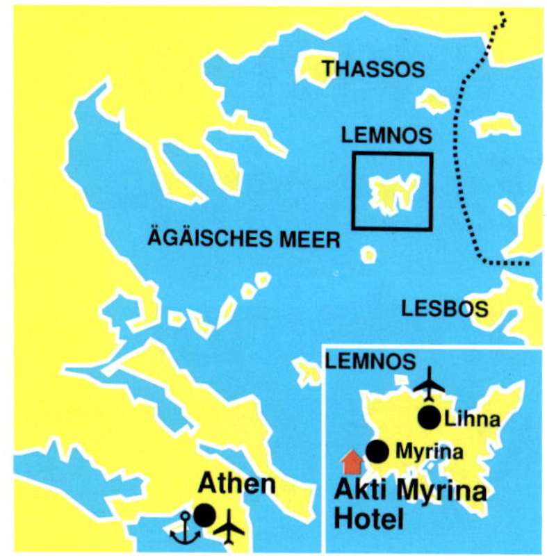

Fotografieren
Filme sollte man mitbringen, da dies preiswerter ist. Wichtig sind auch entsprechende Filter, um in der gleißenden Sonne der Ägäis keine Lichtprobleme zu bekommen. Wer mit dem Stativ in archäologischen Stätten und Museen arbeitet, braucht eine Genehmigung.

Geld
Die griechische Währungseinheit ist die Drachme. Beträge über 1000 US-Dollar oder 100 000 Drachmen pro Person müssen bei der Einreise, 20 000 Drachmen bei der Ausreise deklariert werden.

Kleidung
In den Saison-Monaten benötigt man für Lemnos nur leichte Sommerkleidung und selten einen wärmeren Pullover. Die Gäste im Akti Myrina kleiden sich immer leger und nur zum Dinner etwas eleganter.

Sport
Neben den vom Akti Myrina angebotenen Sportmöglichkeiten sollte man einen Aufenthalt für ausgedehnte Radtouren oder Wanderungen nutzen. In unregelmäßigen Abständen werden Pferderennen veranstaltet.

Sprache
Gesprochen wird natürlich Griechisch. Im Akti Myrina kann man sich allerdings auch in Englisch oder Deutsch verständigen.

Transport
Ein Inselbus verbindet alle größeren Orte von Lemnos miteinander. Zudem stehen auf der Insel einige Taxis zur Verfügung.

Jan.	Feb.	Mrch.	Apr.	May	June	July	Aug.	Sept.	Oct.	Nov.	Dec.	
16	16	17	20	24	28	29	29	27	24	21	17	○
9	9	10	12	15	19	21	22	19	16	14	11	☾
3	5	6	8	10	12	13	12	10	6	6	4	☼
16	15	16	16	19	22	24	25	24	23	20	17	≋
12	7	8	4	2	1	0	0	2	6	6	10	☂

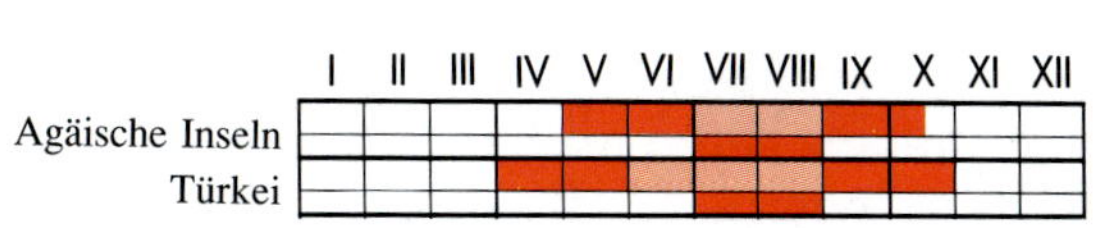

Rätsel aus Tausend-undeiner Nacht

Reich an schwarzem Gold, historischer Größe und konfliktreicher Gegenwart: Das heilige Land dreier Religionen an der Schnittstelle zwischen Orient und Okzident birgt noch immer Geheimnisse in Fülle.

Wohl keine andere Region dieser Welt spielt seit Jahrzehnten eine so beherrschende Rolle in den weltpolitischen Nachrichten wie die Arabische Halbinsel. Doch blieb die Welt des Orients, dem gar nicht so fernen Westen unverständlich.

Schon immer war die vom Roten Meer, dem Persischen Golf, dem Arabischen Meer und dem Mittelmeer umschlossene Halbinsel weitgehend ein dunkler Fleck auf der Landkarte. Die Europäer hatten im Altertum über Kultur und Leben dieses Teils der Welt keine zuverlässigen Erkenntnisse. Erst im 18. Jahrhundert brachen Forschungsreisende in das Gebiet des heutigen Jemen auf. Dort aber hatte schon 1200 v. Chr. das sagenumwobene Königreich Saba seine Blütezeit. Die handeltreibenden arabischen Seefahrer hielten schon lange Zeit vor den Europäern Kontakte zum fernen Asien. Arabischen Reisenden verdanken wir auch die ersten Berichte über den schwarzen Kontinent Afrika. Die ostafrikanischen Handelsniederlassungen Sansibar und Dar es Salam gehen auf die Araber zurück. Größe zeigten die Völker Arabiens auch in der Wissenschaft. Unzählige Erkenntnisse und Errungenschaften vererbten sie der Welt. Eine treibende Kraft war dabei der Islam, dessen welt-

weite Ausbreitung vor allem durch die dynamische Kultur der Wüstenvölker vorangetrieben wurde.

Seit Jahrhunderten rechnet Europa in arabischen Ziffern, doch Klischees über das ehemalige Land des Weihrauchs prägen heute oftmals das Bild. Kamelzüchtende Beduinen in wallenden Gewändern und steinreiche Erdölprinzen auf der Falkenjagd – das sind nur zwei geläufige Vorstellungen über das Leben im Land von Tausendundeiner Nacht. Vorstellungen, die sich auch überprüfen lassen, öffnen sich doch einige Länder der Halbinsel nun verstärkt dem Tourismus. Die Türkei ist schon lange ein beliebtes Urlaubsland, doch immer noch eine Reise wert – das Sultanat Oman hingegen ist als Reiseland nahezu unbekannt. In beiden doch so unterschiedlichen Ländern sollte der Gast eine Formel beherzigen, die bis heute ihre Gültigkeit hat: Salam aleikum, Friede sei mit euch.

Biblisches Land im islamischen Staat am Scheideweg zu Europa – die Türkei erscheint nah und ist doch weit entfernt.

Wir kommen von weit her –, der türkische Komponist Tahsin Incirci benennt so eines der Geheimnisse seines Landes. Der Titel könnte auch stellvertretend für das Verhältnis zwischen Westeuropa und der Türkei stehen. Trotz jahrzehntelanger türkischer Gegenwart in der Bundesrepublik, trotz verstärkten Tourismus' und politischer Annäherungsversuche des Landes am Bosporus ist es den Deutschen doch in vielerlei Hinsicht fremd geblieben.

Und das ist kaum verwunderlich, liegt doch das Staatsgebiet der islamischen Türkei zu 97 Prozent auf dem asiatischen Kontinent. Wenn auch längst viele der weltberühmten türkischen Gerichte

Die Türkei bietet den Reisenden ungemein viel. Phantastische Strände wie bei Ölü Demiz, anregende Kulturdenkmäler wie die „Blaue Moschee“ in Istanbul oder so unglaubliche Naturschauspiele wie die Kalk-Sinterterrassen von Pamukkala.

auch in bundesdeutschen Kochtöpfen brutzeln, sind türkisch-osmanische Kultur, Wertvorstellungen und Lebensstil für uns bis heute ein Stück mystischer, weihrauchgeschwängerter Orient geblieben. Der berühmte Tanz der Derwische, die flirrenden Klänge der Volksmusik und die auf den Lehren des Koran basierenden Traditionen sind Botschafter einer Welt, die wirklich von sehr weit her kommt.

Dabei liegt zwischen Euphrat und Tigris ein Grundstein unserer Kultur, ein alttestamentarisches Land. Der im Osten gelegene, 5000 Meter hohe, schneebedeckte Berg Ararat war nach biblischen Quellen unter dem Namen Agri Dagi Landeplatz der Arche Noah. Im Tal von Göreme, wo Wind und Erosion eine phantastische Mondlandschaft in das Vulkangestein gruben, kündet im von Christentum, Judentum und Islam gleichermaßen verehrten Urfa eine handgemalte Tafel: „Here was Abraham born!“ Wohin man auch schaut: biblische Spuren im islamischen Land!

Rund 8000 Kilometer Küste an vier Meeren nennt die Türkei ihr eigen. Die Unermeßlichkeit und Schönheit der Steilküste und der Sandstrände wurde eigentlich erst vor ein paar Jahren entdeckt, wenn auch am Ägäischen Meer und an der Mittelmeerküste heute vorzügliche Strandhotels auf die Gäste warten. Vor allem bei Antalya, vor der herrlichen Kulisse der Taurus-Berge, erstreckt sich eine faszinierende Strandlandschaft. Pinienwälder, rostrote Berge und kleine Dörfer liegen rund um die malerisch auf einem Felsplateau errichtete Hafenstadt, einst eine der ältesten Städte des antiken Griechenland. Ein idealer Ort, um erholsame Strandferien mit unvergeßlichen Ausflügen zu kombinieren.

Antalya Renaissance Resort

338 luxuriöse Zimmer, davon 38 Junior Suiten, 18 Familien- und eine Präsidenten-Suite; alle Zimmer mit Klimaanlage, Satelliten-TV, Radio, Telefon, Privat-Bar sowie Balkon mit Garten- oder Meerblick; 80 Villen für je zwei Personen, 13 Familien-Villen mit Selbstversorgungs-einrichtungen sowie Zimmer für Nichtraucher und Behinderte.

Service

Drei Restaurants, Swimming-Pool mit Kinderbecken, Hallenbad mit Bar, türkisches Bad, Kinder-Club, Bars, Boutique, Friseur, Wäscherei, Babysitter, Salons, Konferenzräume, Airport-Transport, Mietwagen.

Aktivitäten

Sechs Tennisplätze mit Flutlicht, Fitnesscenter mit Gymnastik, Sauna, Solarium, Massage, Bogenschießen, Tischtennis, Basketball, Volleyball, Wasserski, Jet-Ski, Segeln, Windsurfen, Angeln, Putting-Green für Golfspieler.

Unterhaltung

Amphittheater, Nachtclub, Diskothek, Barbecue, organisierte Ausflüge.

Antalya Renaissance Resort
P.O. Box 654, Beldibi,
Antalya, Türkei
Tel.: 00 90/242/82 48 131
Fax: 00 90/242/82 48 430

Ein Stern am türkischen Himmel der Hotellerie ist das Antalya Renaissance Resort bei Beldibi, 30 km westlich von Antalya. Das landschaftlich sehr reizvoll in einem Pinienwald gelegene Resort verbindet architektonisch orientalische Pracht mit westlicher Eleganz. Es liegt direkt am Meer, an einem hellbraunen Sandstrand, der allerdings an einigen Stellen von grobem Kies abgelöst wird.

Ob in der Architektur oder der Inneneinrichtung: Östliche und westliche Elemente gehen eine gelungene Symbiose ein.

Das Renaissance ist, was Komfort, Einrichtungen und Unterhaltungsmöglichkeiten angeht, eines der besten Strandhotels in ganz Europa. Die 338 geschmackvoll eingerichteten Zimmer und Suiten verteilen sich auf das Hauptgebäude und mehrere im Garten gelegene Villen. Im Zentrum der Anlage wurde ein großer Swimming-Pool nebst Sonnenterrasse und Bar errichtet. Zusätzlich steht noch ein großes Hallenbad mit Bar und Fitnesscenter zur Verfügung. Das Sportangebot ist allumfassend, und das tägliche Unterhaltungsprogramm wird sehr abwechslungsreich gestaltet. Mehrere Restaurants, Bars und Cafés entsprechen internationalem Niveau. Das Resort ist

Das Renaissance Resort wurde direkt vor der beeindruckenden Kulisse der Taurus-Berge errichtet. Nicht weit ist es von dort zur faszinierenden Stadt Antalya.

durch die Villen (mit Möglichkeit zur Selbstversorgung) und sogar eine spezielle Kinderbetreuung ideal für einen Familienurlaub. Außerdem gibt es einen großen, 800 Personen fassenden Ballsaal, der in vier kleinere Konferenzräume unterteilt werden kann. Eine besondere Attraktion ist sicher das große Amphitheater mit 500 Sitzplätzen.

Trotz der Größe und der vielfältigen Angebote und Einrichtungen ist die Atmosphäre im Ramada eher privat und persönlich als auf die „Masse" ausgerichtet geblieben. Das Resort ist sicher eine der kompaktesten Anlagen am Mittelmeer in einer seiner schönsten Küstenlandschaften und ein vorzüglich geeigneter Wohnort sowohl für erholungssuchende als auch für erlebnishungrige Reisende.

Anreise
Von der Bundesrepublik Deutschland aus gibt es Direktflüge nach Antalya. Eine Reise mit dem Auto ist zeitraubend (München-Ankara rund 2400 Kilometer). Wer trotzdem auf seinen Wagen nicht verzichten will, kann von Venedig aus gemütlich die Autofähre nach Istanbul nehmen. Die Reisedauer beträgt etwa drei Tage.

Auskunft
Türkisches Informationsbüro, Baseler Str. 37, 60329 Frankfurt, Tel.: 069/23 30 81, Fax: 069/23 27 51. Vor Ort: Selcuklu Mah. Ahi Yusuf Cami Yane, Mermerli Kaleici, Antalya, Türkei, Tel. und Fax: 00 90/242/24 11 747.

Einreise-Formalitäten
Bei einem Aufenthalt von bis zu drei Monaten reichen Personalausweis oder Reisepaß.

Elektrizität
220 Volt.

Essen und Trinken
Nicht umsonst ist die türkische Küche in der Bundesrepublik so beliebt: Die Vielfalt der Vorspeisen und oft sehr süßen Nachspeisen ist umwerfend und in der ganzen Welt berühmt. Da Muslimen der Verzehr von Schweinefleisch verboten ist, stehen Lammgerichte an erster Stelle bei den Fleischspeisen. Mindestens vierzig verschiedene Auberginengerichte sind in der Türkei beheimatet. Neben Joghurt-Speisen gelten die „dolma", gefüllte Gemüse, als kulinarische Spezialität. Selbstverständlich bei der langen Küste sind diverse Fischspezialitäten. Im Land der Muslime gibt es zwar auch Wein und Bier, doch trinken die Türken eigentlich lieber Tee.

Einkaufen
Die ganze Türkei scheint einem einzigen Basar zu gleichen. Überall finden sich kunstgewerbliche Erzeugnisse wie Gold- und Silberschmuck, handgeknüpfte Teppiche, sowie Kupfer- und Messingarbeiten, Lederwaren, aber auch türkischer Honig oder kandierte Früchte. Eigentlich jede Kleinstadt verfügt über einen Basar. Dort ist Handeln zwar erlaubt, regelrechtes Feilschen hingegen verpönt. In den größeren Städten wie Antalya laden außerdem orientalische Ladenstraßen zum Einkaufsbummel ein.

Unternehmungen
Die Hafenstadt Antalya ist nicht nur aufgrund der palmenumsäumten Straßen und Plätze einen Ausflug wert, gilt sie doch insgesamt als eine der schönsten Städte der Türkei. Östlich von Antalya stürzen die Düden-Wasserfälle von einem

hohen Felsen ins Meer. Weitere, nahe gelegene Ausflugsziele sind: Aspendos mit dem gut erhaltenen Amphitheater, die altrömische Siedlung und das historische Museum in Perge, das Städtchen Alanya mit alter Seldschuken-Festung und Tropfsteinhöhlen.

Fotografieren
Muslime verhalten sich gegenüber Fotografen oft ablehnend. Zurückhaltung ist auch beim Fotografieren religiöser Stätten geboten.

Geld
Aufgrund der Inflation tauscht man sein Geld günstiger in der Türkei. Reiseschecks werden oft akzeptiert, Kreditkarten in Hotels und größeren Geschäften.

Kleidung
Für die Mittelmeerküste reicht in den Sommermonaten eigentlich leichte Freizeitbekleidung. Wer jedoch Ausflüge in die Berge unternehmen will, sollte wärmere Garderobe einpacken.

Sport
Das Sportangebot des Renaissance Hotel läßt keine Wünsche offen. Zudem: Wer dort im Frühjahr nach dem Sonnenbad Ski-Laufen möchte, kann dies in den hohen Taurus-Bergen tun.

Sprache
Neben der Landessprache Türkisch verstehen und reden zumindest in den Touristenzentren viele Menschen auch Deutsch oder Englisch.

Transport
Die Busse in der Türkei sind nicht nur preiswert, sondern auch zuverlässig. Bei Taxifahrten muß man unbedingt vorher den Preis aushandeln. Mietwagen können bei internationalen oder bei türkischen Unternehmen ausgeliehen werden.

Klima
Die eigentliche Reisesaison liegt zwischen März und Oktober, die durchschnittliche Lufttemperatur bei 24 Grad. An der Mittelmeerküste kann es aber auch in den Wintermonaten angenehm warm sein.

Jan.	Feb.	Mrch.	Apr.	May	June	July	Aug.	Sept.	Oct.	Nov.	Dec.	
16	16	17	20	24	28	29	29	27	24	21	17	○
9	9	10	12	15	19	21	22	19	16	14	11	☾
3	5	6	8	10	12	13	12	10	6	6	4	☼
16	15	16	16	19	22	24	25	24	23	20	17	≋
12	7	8	4	2	1	0	0	2	6	6	10	☂

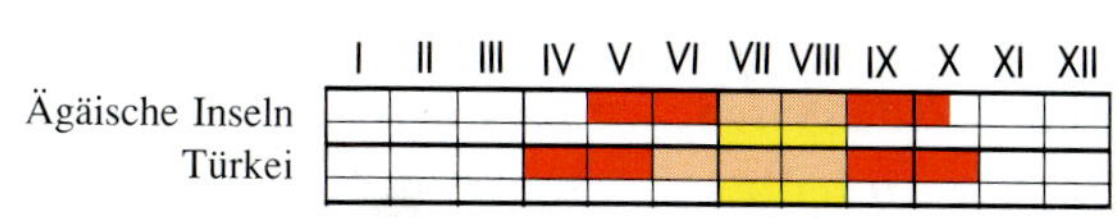

Im Laufe seiner Geschichte hat das Land im äußersten Südosten der arabischen Halbinsel viele Besucher gesehen. Schon die Römer bewunderten die handwerkliche Geschicklichkeit der Omanis beim Fertigen von Kunsthandwerk. Vasco da Gama berichtete später erstaunt über die großen, terrassenförmigen Obstanbaugebiete in den weiten Küstenebenen, und für viele Entdecker aus aller Welt waren die Städte Muscat und Salalah Ausgangspunkt für eine Reise nach Afrika oder Asien.

Auch die Omanis trieb es als traditionelles Handels- und Seefahrervolk in die Welt. Bereits im

Moderne Städte, verschlafene Oasen, zauberhafte Strände – die faszinierende Heimat von Sindbad dem Seefahrer öffnet sich erst jetzt den westlichen Reisenden.

Träume aus Tausendundeiner Nacht werden wahr: Das Al Bustan Palace Hotel liegt an einem schönen Strand inmitten wildzerklüfteter Felslandschaft. Unweit davon trifft man auf den Märkten in Muscat auf ein Leben wie zu Zeiten Sindbad des Seefahrers.

8. Jahrhundert reiste ein Kaufmann aus dem heutigen Oman nach China. Omanis waren es auch, die an der ostafrikanischen Küste in früher Zeit bedeutende Handelsniederlassungen wie etwa Sansibar gründeten. Von Salalah aus führte die sogenannte Weihrauchstraße quer durch die saudische Wüste bis zum Mittelmeer.

Doch trotz all dieser Kontakte zu anderen Völkern blieb der islamische Staat lange isoliert. Eigentlich erst mit Beginn der Herrschaft des Sultans Quaboos Bin Said begann Oman, sich ab 1970 dem Westen gegenüber zu öffnen. Ein Sprung vom Mittelalter in die Neuzeit – aus dem Feudalstaat ohne Straßen und Elektrizität entwickelte sich in kurzer Zeit ein Land mit moderner Infrastruktur.

Doch fern von modernen Städten ist das traditionelle Leben in den Dörfern erhalten geblieben. Noch immer kleiden sich die Menschen mit dem Dishdasher, der traditionellen Tunika. Nach wie vor wird zu leichtem Kaffee Halwa, eine Essenz aus Honig, Rosenwasser und erwärmter Butter gereicht. Bis heute ist Tanzen Männersache, sind Kamel-Rennen ein Volkssport und bestimmen die strikten Regeln des Islam weite Teile des Lebens. Im heutigen Oman trifft ein Leben wie zu Zeiten von Sindbad dem Seefahrer auf modernste Technologie, stoßen überlieferte Werte auf westlich orientiertes Denken. In dieser Gegensätzlichkeit liegt der Reiz für die Reisenden unserer Tage, zumal das Land der Wüsten, Oasen, Steppen und Gebirge erstklassige Hotels an wunderschönen Stränden bietet.

Al Bustan Palace Hotel

319 Zimmer und Suiten im islamischen oder kontinentalen Stil, mit Farb-TV, Video, Telefon, Klimaanlage, Balkon.

Service

Vier Restaurants, Swimming-Pool mit Bar, Piano-Lounge-Bar, Konferenzräume, Büros, Auditorium, Ballsaal, Boutiquen, Beauty Salon, Friseur, Apotheke, Reisebüro, Airport-Transport, Wäscherei, 24-Stunden-Service, Babysitter, Mietwagen.

Aktivitäten

Vier Tennis-Plätze mit Flutlicht, zwei klimatisierte Squash-Courts, Fitneßcenter, Sauna, Aerobic, Tischtennis, Jogging, Segeln, Surfen, Tauchen, Wasserski.

Unterhaltung

Piano-Bar, Arabischer Nachtclub, landestypisches Entertainment, organisierte Ausflüge.

Al Bustan Palace Hotel
P.O. Box 1998,
Postal Code 114
Muttrah, Sultanate of Oman
Tel. 00 968/79 96 66
Fax 00 968/79 96 00

Schon der erste Anblick überwältigt: Das Al Bustan Palace Hotel bei Muscat liegt zwischen einer mächtigen, kahlen Bergkette und dem feinen Sandstrand direkt am Golf von Oman. Architektonisch und in großen Teilen der Inneneinrichtung wurde ein arabischer Stil realisiert. Zentraler Ort ist eine zauberhafte kuppelförmige Halle, bei deren Anblick man sich in die Traumwelt von Tausendundeiner Nacht zurückversetzt fühlt.

Die Zimmer und Suiten wurden entweder nach orientalischen oder europäischen Vorbildern ausgestattet. Gemeinsam sind ihnen höchste Eleganz und Komfort. Dies trifft auch auf die großzügigen Aufenthaltsräume und die beiden Restaurants zu, die neben arabischen Gerichten auch französische Kochkunst und

Hotel Holiday Inn

100 Zimmer und 10 Suiten mit Bad/WC, Klimaanlage, Farb-TV, Radio, Telefon; außerdem 20 Luxus-Villen auf dem Hotelgelände.

Service

Ein Restaurant direkt beim Hotel und weitere Restaurants in 20 Fahrtminuten Entfernung, Cocktail-Bar, Swimming-Pool mit Bar und Liegewiese, Mietwagen, Kreditkarten, Airport-Transport

Aktivitäten

Zwei Tennis-Plätze mit Flutlicht, Tennistrainer, Kricket, Mini-Golf, Volleyball, Surfen, Wasserski, Segeln.

Unterhaltung

Gelegentlich landestypisches Entertainment, organisierte Ausflüge.

Hotel Holiday Inn
P.O. Box I8870, Salalah Sultanate of Oman
Tel. 00 968/23 53 33
Fax 00 968/23 51 37

Ein weiterer Höhepunkt der arabischen Hotellerie liegt bei der alten Weihrauchstadt Salalah. Wenn der Monsun zwischen Juni und September Regen bringt, verwandelt sich dort die ansonsten eher karge, schroffe Landschaft in einen blühenden Garten Eden. Das Holiday Inn selbst liegt direkt an einem endlos scheinenden, hellbraunen Sandstrand, umgeben von Palmen und Bananen.

Die flachen Gebäude beherbergen neben 100 Zimmern und zehn Suiten mit allem Komfort eine große Bar und ein erstklassiges Restaurant. Ein weiterer, vom Hotel geführter Restaurant-Komplex befindet sich in zwanzig Fahrtminuten Entfernung. Bis

Vom Garten und dem Swimming-Pool des Holiday Inn sind es nur wenige Meter bis zum Strand.

Die Suiten im Al Bustan wurden nach orientalischen Vorstellungen ausgestattet. Ganz anders hingegen die Architektur des Hotels: Dort wurden westliche Ideen berücksichtigt.

Meeresspezialitäten kredenzen. Das Al Bustan ist kein reines Ferienhotel. Es hat auch für Geschäftsreisende mehrere Konferenzräume und Büros eingerichtet. Ein großer Swimming-Pool nebst Kinderbecken sowie ein ausgezeichnetes Sportangebot machen das Al Bustan Palace aber auch für einen reinen Ferienaufenthalt attraktiv.

zur Stadt Salalah und dem Flughafen sind es ebenfalls nur etwa zehn Minuten Fahrt.

Von der Bar am großen Swimming-Pool blickt der Gast direkt auf den Strand. Unmittelbar am Pool befindet sich auch eine Liegewiese mit schattenspendenden Palmen. Für Sport-Fans stehen zwei Tennisplätze mit Flutlicht zur Verfügung. Obwohl das Holiday Inn eigentlich ein reines Ferienhotel ist, kann auch ein Bankett für bis zu 400 Personen gerichtet werden. Vor allem aufgrund der Nähe zur Weihrauchstadt Salalah empfiehlt sich das Hotel all jenen, die auch Ausflüge in die Geschichte und Gegenwart des Sultanats Oman unternehmen möchten.

Anreise

Von Frankfurt gibt es Direktverbindungen zum Flughafen Seeb (40 Kilometer westlich von Muscat). Wer nach Salalah weiterreist, kann dies täglich mit der Fluggesellschaft Omans.

Auskunft

Botschaft des Sultanats Oman, Lindenallee 11, 53173 Bonn, Tel. 02 28/35 70 31, Fax 02 28/35 70 45. Vor Ort geben die Hotels Auskünfte.

Einreise-Formalitäten

Bei der Ankunft in Oman wird ein Visum ausgestellt, wenn der Reisende ein „No Objection Certificate“ vorweist. Das Zertifikat kann von den Hotels besorgt werden, wenn mindestens vier Wochen vor der Reise folgende Angaben vorliegen: Begründung der Reise, Kostenübernahmebestätigung, Name der Fluggesellschaft, Flugnummer, Fotokopie der amtlichen Seiten des Reisepasses, Name des Vaters, Nationalität, drei Schwarz-Weiß-Paßbilder. Eine Einreise wird grundsätzlich verweigert, wenn ein israelischer Visum-Stempel im Paß vorhanden ist. Eine Malariaimpfung ist notwendig.

Elektrizität

Die Stromspannung beträgt 220 oder 240 Volt.

Essen und Trinken

Die arabische Küche ist sehr abwechslungsreich und für europäische Gaumen exotisch. Spürbar ist oft der Einfluß indischer Kochkunst. In den genannten Orten gibt es viele kleine Gaststätten mit landestypischen Gerichten. Als bestes Restaurant für arabische Köstlichkeiten gilt das Seeb Novotel. Alkoholische Getränke werden nur in den internationalen Hotels ausgeschenkt.

Einkaufen

Jede Stadt hat ihren eigenen Basar. Gold- und Silberschmuck, antike Silberwaren, Waffen, Parfüm, Holzschnitzereien, Teppiche, Kupferarbeiten und landestypische Stoffe sind attraktive Erinnerungsstücke. Nicht fehlen darf ein Gefäß mit Weihrauch.

Unternehmungen

Die von hohen Bergen eingeschlossene Stadt Muscat mit ihren Festungen aus der kurzen portugiesischen Besatzungszeit, dem neuen Sultanspalast und dem Museum Beit Nadir, das traditionelle Alltagsgegenstände ausstellt, sollte niemand verpassen. Ebenso nicht Salalah mit der Sommerresidenz des Sultans und dem orientalisch pulsierenden Basar. Obwohl in den vergangenen Jahren viele Straßen gebaut wurden, sind Erkundigungen auf eigene Faust nach wie vor schwierig. Es empfiehlt sich, auf die von den Hotels angebotenen Ausflüge zu den einzelnen Sehenswürdigkeiten zurückzugreifen.

Fotografieren

Filme sollte man mitbringen und beim Ablichten von Frauen große Zurückhaltung üben. Militär- und Ölanlagen dürfen nicht fotografiert werden.

Geld

Die Landeswährung heißt Omani Rial. Gern gesehen werden Reiseschecks auf Dollar-Basis. Kreditkarten sind weit verbreitet. Außer in den Banken wird auch im Basar Geld gewechselt.

Kleidung

Leichte Sommerbekleidung ist ausreichend. Die Omanis erwarten von ihren Gästen stets korrekte Garderobe. Bikinis oder sehr knappe Badehosen werden an öffentlichen Stränden nicht gern und außerhalb überhaupt nicht gerne gesehen.

Sport

Kamel-Rennen, unblutige Stier- und Hahnenkämpfe, Auto-Rallyes sowie Segelregatten verschiedener Clubs sind in Oman sehr beliebt. Seit einiger Zeit wird Fußball immer populärer.

Sprache

Gesprochen wird Arabisch. In den Hotels ist auch Englisch geläufig.

Transport

In Muscat gibt es klimatisierte Busse, die auch bis in andere Städte fahren. Der Taxipreis muß grundsätzlich vorher ausgehandelt werden. Mietwagen erhält man gegen Vorlage eines internationalen Führerscheins.

Klima

In der Küstenregion liegt die durchschnittliche Lufttemperatur in den europäischen Wintermonaten bei 30 Grad. Im Landesinneren kann es wesentlich kühler werden. Zwischen Juni und September bringt der Monsun viel Regen in das Gebiet um Salalah.

Jan.	Feb.	Mrch.	Apr.	May	June	July	Aug.	Sept.	Oct.	Nov.	Dec.	
18	19	21	23	26	28	30	31	31	28	24	20	○
8	9	11	13	16	19	21	22	21	17	14	11	☽
6	7	7	9	11	12	12	12	10	9	8	6	☼
16	16	17	18	21	24	25	27	27	24	21	18	≋
10	8	8	2	0	0	0	0	0	4	6	10	☂

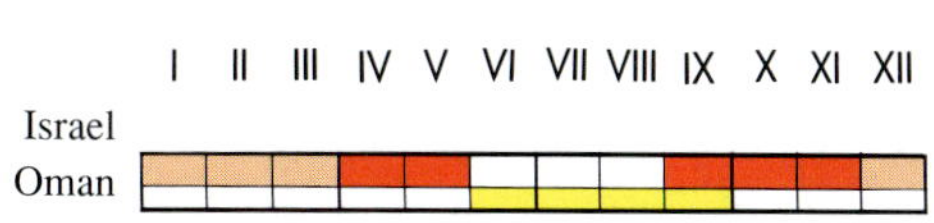

Magie trifft auf Moderne

Hochhäuser wachsen in den Himmel, Pfahlbauten künden gleich daneben von bitterer Armut und Leid. Zwischen Dürre und tropischer Fülle findet sich eine unermeßliche Vielfalt.

„Afrika wird seine eigene Geschichte schreiben", notierte Patrice Lumumba in dem letzten Brief vor seiner Ermordung an seine Frau. Der Befreier des heutigen Zaire hat Recht behalten. Afrika hat seine eigene Geschichte geschrieben. Und mehr: Heute sind sich die Wissenschaftler weltweit einig: Auf dem schwarzen Kontinent lag die Wiege der Menschheit.

Die so tragische Historie Schwarzafrikas durchziehen weiße Furchen. Islamisierung, Sklavenhandel, Missionstätigkeit und Kolonialismus haben in der Welt der Geister und Naturreligionen, der mündlichen Überlieferung und der Trommelsprache vieles durcheinandergebracht. Die von jeher extremen Unterschiede in Kultur, Landschaft und Klima werden heute durch ein ebenfalls extremes soziales Gefälle ergänzt. Metropolen wie Dakar, Tunis und Mombasa sind moderne städtische Zentren, doch gleich dahinter finden sich endlose Savanne, Regenwald sowie archaische Familientraditionen.

Großwildherden, Fotosafaris, eine in weiten Teilen noch fast jungfräuliche Unberührtheit der Natur und ein schier undurchschaubares politisches Gewirr prägen unser aktuelles Afrika-Bild. Hinzu kommt eine fast unermeßliche Vielfalt an Völkern, Sprachen und Religionen, die Afrika immer wieder zum Reisekontinent der Überraschungen macht. Durch das recht gut aus-

gebaute Flugnetz lassen sich Jahrtausende Kulturgeschichte in wenigen Stunden überbrükken; denn nur wenig hat zum Beispiel das von mediterraner Nähe geprägte Tunesien mit dem westafrikanischen Lebensgefühl des Senegal oder der Naturvielfalt am Rande der touristisch erschlossenen Zentren in Kenia gemein.

Die Zeit verrinnt in Afrika schneller als andernorts. Modernes, westlich orientiertes Leben erzeugt ebenso moderne Probleme wie Arbeitslosigkeit oder Raubbau an der Natur. Und doch sind die alten Geschichten der Griots, der Bänkelsänger, noch allgegenwärtig – Afrikas Zukunft liegt in der Beständigkeit der Erinnerung an vorkoloniale Größe. Schließlich hieß es in den berühmten Aufzeichnungen des Tarik es Sudan: „Erinnere dich! Die Erinnerung ist voll nützlicher Lehren."

Malerische Oasen, freiheitsliebende Berberstämme, Sahara, Atlasgebirge und die brodelnde Metropole Tunis – das „Tor nach Afrika" bietet eine Märchenwelt aus Tausendundeiner Nacht.

Tunesiens Herz schlägt im Rhythmus der Gegensätze, denn von jeher kam es an der 1200 Kilometer langen Küste zur Auseinandersetzung zwischen kontroversen Weltanschauungen. Berber, Phönizier, Römer, Byzantiner, Araber, Türken, Spanier und zuletzt die Franzosen haben die tunesische Geschichte mitgestaltet, doch nur den Arabern gelang es, sich mit den berbischen Volksstämmen Nordafrikas zu verbinden. Dem ständigen Völkeraustausch am Mittelmeer ist es wohl zu verdanken, daß das seit dem 10. Jahrhundert islamisch

An Tunesiens langen, hellen Sandstränden bieten Dattelpalmen den oft heiß ersehnten Schatten. Städte wie Hammamet (rechts) oder kleine, verschlafene Berber-Dörfer (unten) im Landesinneren locken zu erlebnisreichen Ausflügen. Überlieferte Traditionen wie das Rauchen von Wasserpfeifen sind überall lebendig.

geprägte Tunesien westlichen Einflüssen immer offen stand. Nicht nur die Ruinen von Karthago oder die Geschichte der ehemals freien Stadtrepublik Sousse sind dafür Zeugen. Auch in Architektur, Kunst und Musik lassen sich noch heute Verbindungen zu den gegenüberliegenden Mittelmeerländern feststellen.

Und doch: Tunesien ist Afrika. So lassen der Souk von Tunis, Höhlendörfer wie Matmata, der halbnomadische Stamm der Meraziguen oder die tradierten Lebensweisen in den verwunschenen Sahara-Oasen die Geschichten aus Tausendundeiner Nacht lebendig werden. All das in einer Landschaft, die abwechslungsreicher kaum sein könnte: Endlose Weite in der Sahara, die von Hochsteppen durchsetzten Atlasketten, die Salzseen im Süden, die Strände am Golf von Hammamet oder das fruchtbare, immergrüne Cap Bon. Tunesien, das „Tor nach Afrika", hat neben all seinen Kulturdenkmälern zahllose aufregende Naturschauspiele zu bieten.

Tunesien ist eines der entwikkeltsten Länder Nordafrikas. Der Reisende von heute trifft dort auf das, was die vom betörenden Licht, der städtischen Geschäftigkeit und der dörflichen Beschaulichkeit so faszinierten Maler Paul Klee und August Macke noch nicht vorfanden: eine gut ausgebaute Infrastruktur. Eine Reise in die tunesische Märchenwelt mit ihren erstklassigen Hotels wird so zum komfortablen Vergnügen. Doch trotz aller Annehmlichkeiten wird das faszinierend Fremde dieses Landes nie ganz übertüncht.

Das El Hana Hotel liegt unweit der Medina von Sousse an einem langen, sehr hellen Sandstrand. Es verbindet westliche Architektur mit tunesischen Traditionen.

Unberührt von Tourismus verläuft das Leben der Fischer an den oft kilometerlangen Stränden der Bucht von Hammamet. Nicht vergessen sollte man bei dem romantischen Anblick: Die Arbeit auf dem Meer ist hart und bringt oft nur wenig ein.

Während Sousse und das Hotel El Hana an der Südspitze der Bucht von Hammamet liegen, findet man das eigentliche Urlaubszentrum eher im Norden der Bucht. Zu empfehlen ist hier vor allem das in einer herrlichen Gartenanlage mit Palmengruppen, blühenden Büschen und sattgrünem Rasen gelegene Hotel Phenicia, etwa 65 Kilometer südöstlich von Tunis. Neun Hektar groß ist der Garten mit seinen zwei Swimming-Pools, wobei einer davon halb überdacht ist. Magnolien-, Oleander-, Orangen- und vor allem Jasminbäume verströmen zur Zeit der Blüte einen solch anregenden Duft, wie ihn kein Parfüm der Welt zustande bringt.

In einem bezaubernden Küstengebiet, rund 150 Kilometer südlich von Tunis, liegt die altehrwürdige Stadt Sousse, die drittgrößte Stadt Tunesiens. Schon die Dichter Maupassant und André Gide haben die reizvolle Stadt und ihre vitalen Bewohner beschrieben. Mit dem Chams El Hana findet sich dort auch eines der luxuriösesten Hotels des Landes. Trotz westlich orientierter Architektur fügt sich das Chams El Hana recht harmonisch in die Landschaft ein. Vor allem aber der viele Kilometer lange und 20 Meter breite strahlend-weiße Sandstrand ist der Glanzpunkt der Anlage. Auch die wenig befahrene Straße zwischen dem Hotel und dem Strand kann da wirklich nicht störend wirken.

Das in unmittelbarer Nähe zur Medina von Sousse gelegene Chams El Hana ist ein gelungenes Zusammenspiel zwischen westlichen Urlaubsansprüchen und tunesischen Einflüssen. Auf der einen Seite reizt die herrliche, in mehrere Becken unterteilte Pool-Anlage. Auf der anderen Seite warten das maurische Massage-Bad und die zwei vorzüglichen Restaurants, in denen neben internationalen auch tunesische Spezialitäten gereicht werden. Die klimatisierten Zimmer und Suiten sind luxuriös-modern eingerichtet, während die Innenarchitektur der Hotelhalle, der Restaurants und der Bars maurische Einflüsse nicht verleugnet. Eine Besonderheit ist das große Hallenbad. Wegen seiner Konferenzräume und seines ausgezeichneten, gut eingespielten Services ist das Chams El Hana auch gut für eine Kombination zwischen Urlaub und Geschäftsreise geeignet.

Chams El Hana Sousse

243 Zimmer und 8 Suiten. Alle Räume mit Klimaanlage und Telefon.

Service

Zwei Panoramarestaurants, zwei Swimming-Pools mit Bar, ein Hallenbad, Konferenzräume, Fernsehraum, Boutique, Friseur, Wechselstube, Kreditkarten.

Aktivitäten

Ein Tennisplatz mit Flutlicht, wechselndes Wassersport-Angebot, maurisches Bad mit Massage.

Unterhaltung

Piano-Bar mit musikalischer Unterhaltung am Abend, organisierte Ausflüge.

Hotel Chams El Hana
Rue de Corniche
P.O. Box 113
Sousse, Tunesien
Tel.: 00 216/32 58 18
Fax: 00 216/32 26 076

Die Architektur des Phenicia verleugnet maurische Einflüsse nicht. Auch die Prominenz aus Europa und Afrika mischt sich unter die Gäste des recht großen Hotels.

Die direkt am feinsandigen, hellen Strand gelegene Anlage wurde im maurischen Stil erbaut. Alles ist weiß, niedrig und kubisch. Arabische und europäische Prominenz mischt sich unter die Gäste. Zimmer und Suiten bestechen durch erlesene Einrichtung – und die Präsidentensuite sucht ihresgleichen auf der Welt!

Hotel Phenicia Hammamet

370 Zimmer, 7 Suiten, 2 Appartments. Telefon, Radio, Klimaanlage, Balkon. Einige Zimmer mit Minibar.

Service

Zwei Restaurants, Snackbar, 2 Bars, Strand-Barbecue und Strand-Bar, drei Swimming-Pools (innen, außen, Kinderbecken), Friseur, Boutique, Kreditkarten, Airport-Transport.

Aktivitäten

Sieben Tennisplätze (drei mit Flutlicht), Reitclub mit Reitlehrer, Wasserski, Segeln, Pedalos, Basket- und Volleyball, Tischtennis, Sauna, Massage, Fitnesscenter, 2 Golfplätze mit 54 Löchern fünf Minuten mit Hotelshuttle entfernt.

Unterhaltung

Diskothek, Live-Musik, täglich Folklore-Abende, organisierte Ausflüge.

Hotel Phenicia
8000 Hammamet, Tunesien
Tel. 00 216/2/22 65 33
Fax 00 216/2/22 63 37

Hotel Lido, Nabeul

164 klimatisierte Zimmer mit Balkon im Haupthaus und 204 klimatisierte Bungalows mit Terrasse, Radio, Telefon.

Service

Zwei Restaurants, zwei Bars, Innen- und Außenpool, Pool für Kinder, Boutiquen, Friseur, Kreditkarten, Airport-Transport, Mietwagen.

Aktivitäten

Zwei Tennisplätze mit Flutlicht, Golf 18 km entfernt, Bowling, Segeln, Wasserski, Tauchen, Surfen, Sauna, Aerobic.

Unterhaltung

Bars, Disco, Barbecue, Folklore-Abende, organisierte Ausflüge.

Hotel Lido
Av. du 7 Novembre
8075 Plage Dar Chabaane
Nabeul/Tunesien
Tel.: 00 216/2/28 54 88
Fax 00 216/2/2854 87

Weniger luxuriös, doch geschmackvoll eingerichtet sind die Zimmer des Hotel Lido im einige Kilometer nördlich von Hammamet gelegenen Nabeul. Die Anlage liegt lediglich drei Kilometer vom Stadtzentrum Nabeuls entfernt am Rande der lieblichen und fruchtbaren Landschaft des zu Recht berühmten Cap Bon.

Ohne Zweifel: Das Lido nennt einen der breitesten Strände der Welt sein eigen. Die 164 klimatisierten Zimmer verteilen sich auf das Haupthaus, zusätzlich gibt es aber auch noch 204 ebenfalls klimatisierte Bungalows. In der 14 Hektar großen Gartenanlage laden Pools, Tennis-Plätze, ein Golfplatz und ein vielseitiges

Wassersport-Angebot zum Aktiv-Urlaub ein. Von überall her hat man einen schönen Blick auf die Parkanlage oder das Meer.

Die Restaurants des Lido bieten eine schmackhafte Küche. Und auch hier findet sich das, was den Charakter des Hotels ausmacht:

An einem der breitesten Strände Nordafrikas liegt das Hotel Lido am Rande der fruchtbaren Landschaft des Cap Bon. Die Zimmereinrichtung ist allerdings verglichen mit anderen Häusern eher zurückhaltend und bescheiden.

das kommunikationsfördernde Wesen der Anlage, demgegenüber eine eher intime Atmosphäre zurücktreten muß. Einen besonderen Vorteil gibt es dabei: Das Lido ist auf Kinder eingestellt und somit bestens für einen Familienurlaub geeignet.

Anreise

In etwa zwei Flugstunden erreicht man von der Bundesrepublik Deutschland aus die internationalen Flughäfen von Tunis oder Monastir. Autofähren nach Tunis gibt es zweimal wöchentlich von Genua oder Marseille aus.

Auskunft

Fremdenverkehrsamt Tunesien, Am Hauptbahnhof 6, 60329 Frankfurt, Tel.: 069/23 18 91. Vor Ort: Commissariat Régional du Tourisme Tunisien, Avenue Taieb M'Hiri, Nabeul, Tunésie, Tel.: 00 216/2/28 67 37.

Einreise-Formalitäten

Ein gültiger Reisepaß ist ausreichend.

Elektrizität

220 Volt. Man sollte möglichst einen Euro-Zwischenstecker mitnehmen, da die Steckdosen oft kleine Eingänge haben.

Essen und Trinken

Die Köche in den großen Hotels lehnen sich an die französische und die italienische Kochkunst an. Verpassen sollte niemand die traditionellen tunesischen Gerichte, wie zum Beispiel Cous-Cous (Hartweizengries mit Fleisch oder Fisch), Merguez (geröstete Lammwürste) oder Ftira (in Olivenöl gebackene Pfannkuchen). Im Land selbst werden hervorragende Weine produziert.

Einkaufen

Neben antiken und modernen Silberarbeiten sind vor allem die kunstvollen tunesischen Teppiche kostbare Erinnerungsstücke. Wichtig: Als Echtheitsgarantie gilt der Stempel der staatlichen Organisation ONAT auf der Rückseite. Nabeul ist Zentrum des tunesischen Kunsthandwerks. Keramikarbeiten, Stickereien und Schmiedearbeiten sind dort preisgünstig. Während man in den Souks (Märkten) handelt, ist dies bei Lebensmittelhändlern verpönt.

Unternehmungen

Kein Tunesien-Reisender darf die Metropole Tunis und die Ruinen von Karthago verpassen. Die Sahara mit ihren Oasen und die großen Salzseen im Süden sollten möglichst mit einem ortskundigen Reiseleiter besucht werden. In Hammamet lockt außer dem malerischen Fischerhafen auch ein Museum mit traditionellen Kostümen sowie die Medina (Altstadt) mit den lebhaften Souks. In den Sommermonaten findet ein internationales Kulturfestival statt. Ein tolles Erlebnis ist auch der Wochenmarkt in Nabeul (freitags), der mit seinem quirligen, bunten Treiben einem großen Volksfest gleicht. Im nahe gelegenen Ort Dar Châabane sind Steinmetze zu bewundern. Sousse lockt mit großer Moschee und alter Festung, dem zweitwichtigsten Museum Tunesiens und den fünf Kilometer langen Katakomben mit rund 5000 Grabstätten.

Fotografieren

Zwanzig Filme dürfen eingeführt werden.

Geld

Die Landeswährung heißt Dinar. Ihre Ein- und Ausfuhr ist verboten. Devisen können in unbeschränkter Menge eingeführt werden. Euroschecks lösen nur die Banken ein. In vielen Hotels werden Kreditkarten akzeptiert.

Kleidung

Nur im A-la-Carte-Restaurant des Phenicia wird beim Dinner eine Krawatte erwartet. In der Zeit zwischen April und Oktober genügt leichte Sommerkleidung.

Sport

Bergsteiger finden im Atlasgebirge ein nahezu unentdecktes Areal. Das fruchtbare Cap Bon ist sehr gut auf Radtouren zu erkunden.

Sprache

Die offizielle Landessprache ist Arabisch. Französisch ist sehr verbreitet. In den Hotels wird oft sogar Deutsch gesprochen.

Transport

Das Straßennetz ist gut ausgebaut. Mit Bussen kann man alle wichtigen Orte erreichen. Bei kürzeren Entfernungen empfehlen sich Sammeltaxis. Ein Eisenbahnnetz verbindet alle an der Küste gelegenen Orte sowie einige Städte im Landesinneren. Regelmäßige Flugverbindungen bestehen zwischen Tunis und Monastir.

Klima

Als beste Reisezeit für das Cap Bon und den Golf von Hammamet gelten die Monate April bis Oktober. Mit durchschnittlich 30 Grad Lufttemperatur (Wasser 25 Grad) sind Juli und August die heißesten Monate. Eine ständige Brise vom Meer gestaltet die Temperaturen für Europäer sehr erträglich.

Jan.	Feb.	Mrch.	Apr.	May	June	July	Aug.	Sept.	Oct.	Nov.	Dec.	
16	18	21	23	26	29	32	33	31	28	23	18	○
8	9	11	14	16	20	22	23	22	19	14	10	☾
8	8	9	9	10	11	12	12	10	8	8	7	☼
16	15	15	17	18	21	24	26	26	24	20	18	≈
4	4	3	2	1	1	0	0	3	4	4	4	☂

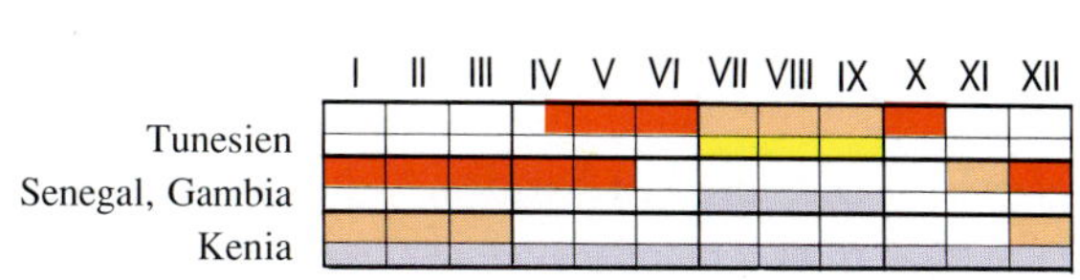

Weite Steppe, dichte Mangrovensümpfe, ein blühendes kulturelles Leben und politische Kultur: Der Senegal liegt am Schnittpunkt afrikanischer Welten.

Négritude – wohl kein anderer Begriff hat die geistige Welt des nachkolonialen Afrika so geprägt wie dieser. Die Rückbesinnung auf das eigene afrikanische Erbe ist zentraler Gedanke dieser Botschaft. Leopold Senghor, langjähriger Staatspräsident des Senegal und der erste afrikanische Philosophie-Doktorand an der Sorbonne, gilt als Vater der schillernden Gedankenwelt der Négritude.

Es ist kein Zufall, daß gerade am senegalesischen Cap Verde die Frage nach afrikanischer Identität zuerst gestellt wurde, war doch das Land am Gambia-Fluß stets der Schnittpunkt zweier afrikanischer Welten. Nordafrika und Schwarzafrika prallen im Senegal aufeinander. Die großen, vorkolonialen Reiche Malis im Norden und die frühen westafrikanischen Staatsgebilde übten gleichermaßen Einfluß aus. Schließlich betraten Mitte des 15. Jahrhunderts auch die Europäer an der Steilküste des „grünen Kaps" erstmals westafrikanischen Boden. Dort nahm dann die Jagd nach Gold, Sklaven und schnellem Reichtum ihren Anfang.

Unter Leopold Senghor hat der heutige, 200.000 Quadratkilometer große Senegal eine rasante Entwicklung hinter sich gebracht. Dakar, in den vierziger Jahren noch ein Fischerdorf, ist heute die wichtigste Hafenstadt Westafrikas und mit einer blühenden Musik-Kultur, mit Theater und Malerei die geistige Metropole ganz Westafrikas. Zwar bestimmt auch heute noch die Erdnußernte die Staatsfinanzen, doch wirtschaftliche Unabhängigkeit und politische Einigkeit sind in der ehemaligen französischen Kolonie mehr als nur Schlagworte. So schloß sich der Senegal mit der früheren britischen Kolonie Gambia 1982 in einer Konföderation zusam-

Mit goldgelbem Sandstrand verwöhnen Senegals Küsten ihre Gäste. Und auch kulturell hat das Land einiges zu bieten: In Tanz, Musik, Film und Literatur zählt das Land zu den wichtigsten Afrikas.

men, und trotz vieler Unterschiede wächst nun Jahrhunderte Getrenntes wieder zusammen.

Doch politische Kultur ist nicht alles im Senegal. Sechs wildreiche Nationalparks, die subtropisch-fruchtbare Landschaft der Casamance im Süden, das Saloum-Delta mit seinen ungezählten Inseln, die unter dem Einfluß der Sahel-Zone stehende Steppe im Nordosten – im Senegal bestätigt sich die Vorstellung von der Unterschiedlichkeit und Großartigkeit der afrikanischen Landschaft. Eine Vielfalt, zu der natürlich auch Strand gehört, unendlich viel Strand.

Club Aldiana M'Bour

600 Betten in Bungalows verschiedener Kategorien oder einem kleinen Hotel. Klimaanlage.

Service

Restaurant, Bars, Swimming-Pool direkt am Strand, Pool-Bar, Boutique, Basar, Souvenirshop, Beauty Farm, Kreditkarten, Airport-Transport.

Aktivitäten

Neun Quarzsand-Tennisplätze (vier mit Flutlicht), zwei Squash-Courts, Reitstall, Surfen, Segeln, Fitness-Studio, Bogenschießen, Tischtennis, Darts, Aerobic/Gymnastik, Volleyball, Tanzkurse, spezielle Kinderprogramme ab vier Jahren.

Unterhaltung

Nachtclub, Bar, Diskothek, Folklore-Shows, Gästetheater, Workshop, Show- und Unterhaltungsprogramme, organisierte Ausflüge.

Club Aldiana
P.O. Box 2985
M'Bour
Senegal, Africa
Tel.: 00 221/57 15 95
Fax: 00 221/57 15 66

Nach anregendem Aktivprogramm ist der Swimming-Pool willkommener Ort der Erholung.

Mit zwei Millionen Quadratmetern ist die Clubanlage Aldiana, rund 100 Kilometer südlich von Dakar und nahe der Kleinstadt M'Bour, die größte der Welt. Direkt an einer Lagune und einem drei Kilometer langen Sandstrand gelegen, verlieren sich die in afrikanischer Architektur erbauten Rundbungalows mit ih-

Club Med Cap Skirring

205 Bungalows für je zwei Personen, mit Klimaanlage und Safe.

Service

Restaurant, Bar, Swimming-Pool im tropischen Garten, Boutique, Basar, Bibliothek, Friseursalon, Airport-Transport, Autovermietung, Kreditkarten, Wechselstube.

Aktivitäten

9-Loch-Golfplatz in drei Kilometern Entfernung mit kostenlosem Einführungskurs, sechs Tennis-Hartplätze (zwei mit Flutlicht), Segeln, Windsurfen, Bogenschießen, Tischtennis, Reiten, Gymnastik, Pétanque, Kurse in allen Sportarten.

Unterhaltung

Nachtclub, Diskothek, Abendshows, Konzerte, Atelier für Kunsthandwerk, Seidenmalerei, organisierte Ausflüge.

Club Med Cap Skirring
P.O. Box 9
SN-Ziguinchor
Senegal, Africa
Tel.: 00 221/93 51 35
Fax: 00 221/93 51 73

Einen Schuß exklusiver gibt sich der Club Med an den wunderschönen Stränden des Cap Skirring im Südwesten Senegals. Mitten in üppiger Vegetation liegen 205 Bungalows sowie ein ansehnlicher Swimming-Pool und die Haupthäuser mit Restaurant, Bar, Nachtclub, Boutique, Basar, Bibliothek und Kunsthandwerk-Atelier. Auch im Club Med flossen afrikanische Traditionen in die Architektur ein, doch die zugleich realisierten europäischen Ästhetik-Vorstellungen haben eine wirklich einzigartige Symbiose geschaffen.

Im Sportangebot steht der Club Med dem Club Aldiana in nichts nach. Sogar ein Golf-Einführungskurs auf dem clubeigenen, drei Kilometer entfernten Platz ist kostenlos. Hervorzuheben ist nicht zuletzt die Lage

des Club Med nahe der faszinierenden und berühmten Landschaft Casamance am gleichnamigen Fluß – Obstgarten und Kornkammer des Senegal. Der Club ist aufgrund klimatischer Bedingungen nur von Oktober bis April geöffnet.

ren 600 Betten im dicht gewachsenen, tropischen Grün – ein blühender Kontrast zur Weite der Savannenlandschaft hinter dem bewaldeten Clubgebiet.

Die Zimmer des kleinen Hotels und der Bungalows sind einfach, aber modern eingerichtet. Die Aktivposten des Clubs liegen denn auch, wie es den klimatischen Bedingungen entspricht, eher außerhalb dieser Räumlichkeiten. Ein kaum zu übertreffendes Sportangebot mit Kursen, ideenreich zusammengestellten Ausflügen, nächtlicher Unterhaltung und täglicher Animation sowie spezielle Kinderprogramme lassen den Club zum afrikanischen Paradies für Aktiv- und Familienurlauber werden.

Am Cap Skirring weht ständig eine frische Brise an die weiten Sandstrände. Der Club Med wurde dort in einer der wundersamsten Landschaften Senegals errichtet.

Anreise
Mit dem Flugzeug nach Dakar. Von dort gibt es einen hoteleigenen Transfer mit Bus oder Flugzeug. Pauschalreisen in den Senegal sind preiswerter als individuelle Buchungen.

Auskunft
Bureau National du Tourisme Sénégalais, 22 rue Hamelin, F-75016 Paris, Tel.: 00 33/1/44 05 38 48, Fax: 00 33/1/45 56 04 30.

Einreise-Formalitäten
Der Paß muß drei Monate über den Rückreisetermin hinaus gültig sein. Gelbfieber-Impfung ist zwingend vorgeschrieben. Malaria-Prophylaxe wird empfohlen.

Elektrizität
220 Volt.

Essen und Trinken
In den Clubs stehen internationale Gerichte neben senegalesischen Spezialitäten auf der Speisekarte. Die oft sehr scharfe Kochkunst des Senegal gehört zu den schmackhaftesten Afrikas. Außer dem landestypischen Hirsegericht CousCous sind Fischgerichte und Meeresfrüchte weit verbreitet. Großer Beliebtheit erfreut sich das Yassa-Hühnchen. Die Senegalesen trinken viel süßen Tee und Palmwein. Das in Gambia gebraute Bier ist preiswert und gut.

Einkaufen
Das Kunsthandwerk steht im Senegal in voller Blüte. Im Dorf Soumbédioune nahe Dakar kann man den Kunsthandwerkern bei ihrer Arbeit über die Schulter schauen. Silberarbeiten, kunstvoll geschnitzte Holzfiguren, Flechtarbeiten, Kupferschmuck, Bernstein und farbige Steine sind dort zu finden. Schallplatten mit populärer Musik sind eine gelungene akustische Erinnerungsstütze für zu Hause.

Fotografieren
Fotomaterial sollte mitgebracht werden, da außerhalb von Dakar kaum Einkaufsmöglichkeiten bestehen. Die Senegalesen sind feinfühlig und von höflicher Reserviertheit. Sie erwarten, vor dem Ablichten gefragt zu werden.

Geld
Der CFA-Franc ist die Landeswährung im Senegal. In Gambia heißt sie Dalasi und darf weder ein- noch ausgeführt werden. Im Senegal können Devisen in beliebiger Höhe eingeführt werden, der Rücktausch allerdings ist auf 25.000 CFA-Franc beschränkt. Kreditkarten werden nur in den großen Clubs akzeptiert.

Klima
Zwei Hauptjahreszeiten bestimmen das Klima. Von November bis Juni dauert die Trockenperiode, von Juli bis Oktober die Regenzeit mit kurzen, aber kräftigen Schauern. Die angenehmste Reisezeit liegt zwischen Dezember und Mai mit Lufttemperaturen von etwa 25 und Wassertemperaturen von rund 20 Grad.

Kleidung
Dem legeren Charakter der Clubs entsprechend, lassen Sie die Abendgarderobe zu Hause. Für den Abend empfehlen sich Jacke oder Pullover.

Sport
Das clubeigene Sportangebot ist umwerfend. Die Senegalesen selbst sind kaum Sport-Fans im europäischen Sinne.

Unternehmungen
Die brodelnde Metropole Dakar sollte niemand verpassen. Die Flußlandschaft Casamance wirbt mit subtropischer Fülle, während die gelb-braune Savanne des Nordostens von der Nähe der Sahel-Zone kündet. Die Nationalparks Senegals haben für westafrikanische Verhältnisse viele Wildtiere – der Niokolo Koba-Park im Südosten gilt als eines der wichtigsten Schutzgebiete für Großsäugetiere auf dem Kontinent. Der riesige Markt von Toubatoul in der Nähe von Thiès ist allemal einen Besuch wert.

Sprache
Im Senegal sind Französisch und Wolof die Amtssprachen, in Gambia Englisch. In den touristisch genutzten Zonen wird durchaus auch Deutsch verstanden.

Transport
Erkundungsfahrten mit dem Mietwagen sind kostspielig und nur etwas für Mutige und Abenteuerlustige. Buschtaxis hingegen sind spottbillig und halten, wo die Fahrgäste es wünschen. Sie verbinden alle größeren Orte miteinander. Taxis, die direkt vor den Clubanlagen warten, sind verglichen mit anderen überteuert. Gehandelt werden sollte unbedingt.

Jan.	Feb.	Mrch.	Apr.	May	June	July	Aug.	Sept.	Oct.	Nov.	Dec.	
25	25	25	25	27	29	30	30	30	30	29	27	○
18	17	17	18	20	23	24	25	24	24	23	20	☾
8	8	10	10	10	8	7	6	8	8	9	8	☼
21	20	20	21	23	25	27	27	27	27	27	24	≋
1	0	0	0	1	2	3	3	7	2	0	0	☂

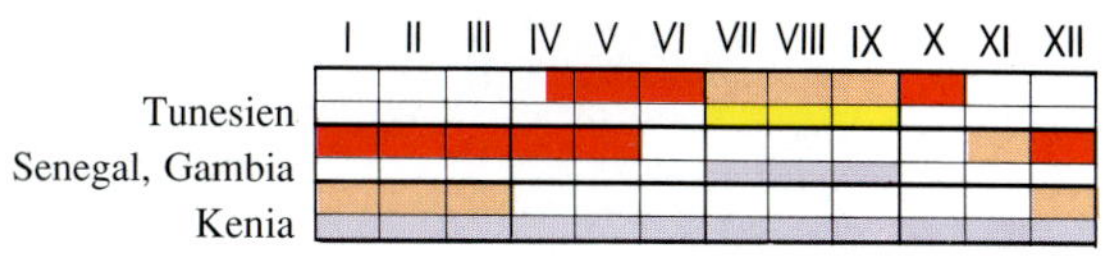

Pulsierende Städte, geschützte Natur, weite Strände nebst Korallenriff und erstklassigen Hotels – Kenia ist das Traumland der Afrika-Reisenden.

Kenia gilt als das landschaftlich und kulturell anregendste Urlaubsland Afrikas. Und das aus gutem Grund: Vielfalt, wohin der Blick auch fällt! Allein 40 Völker mit 30 Stammessprachen leben in dem rund 580.000 Quadratkilometer großen, politisch stabilen Staat. Die artenreichste Tierwelt ganz Afrikas, der Postkartenblick vom Amboseli-Nationalpark auf den Kilimandscharo, der Victoria- und der Rudolf-See, die Vulkanwelt am 5200 Meter hohen Mount Kenya und am Mount Elgon, das grüne Hochland, die buschreichen Savannen und die brodelnden Metropolen Nairobi oder Mombasa – wer als Reisender nur an den Superstränden Kenias liegt, verpaßt halb Afrika.

Kenia ist ein Land für Unternehmungslustige. Und es hat viel zu bieten. Segeln in einem Einbaum zum Korallenriff vor der Küste lockt ebenso wie die noch abenteuerlichen Safaris.

Kenia, das Land der Begegnungen. Ob am endlos langen Diani Beach oder vor den Hotels, in den Dörfern, auf den Märkten – überall begegnen die Völker Kenias den Besuchern mit einem freundlichen Lächeln.

Die Spurensucher der Menschheitsgeschichte vermuten, daß im heutigen Gebiet von Kenia und Tansania der Ursprung der Menschheit zu finden ist. Frühe Staatsgebilde wie in Nord- und Westafrika gab es aber nicht. Die Volksgruppen der Niloten und Bantu blieben lange ihrer halbnomadischen Lebensweise treu. Einzig die Städte der Küste waren festes Bindeglied im Handel mit Asien. Selbst Mombasa wurde im 11. Jahrhundert von arabischen Händlern gegründet.

Der Vielvölkerstaat Kenia muß heute noch um nationale Einheit ringen und tut dies mit politischem Bedacht. Die Zeiten der Mau-Mau-Aufstände der Kikuyu unter Jomo Kenyatta sind längst vergessen, die Engländer abgezogen, doch ihr koloniales Gesellenstück – die Ugandabahn – ist noch intakt. Die Kunst des politischen Gleichgewichts wird in Kenia mit Erfolg betrieben, alle Volksgruppen partizipieren heute an der Macht. Die Wirtschaftskrise in Afrika, die Millionen um ihren bescheidenen Lebensstandard brachte, hat allerdings auch vor Kenia nicht halt gemacht.

Bevölkerungswachstum, eine hohe Analphabetenrate, eine wenig entwickelte Landwirtschaft und kaum Bodenschätze sind die Prüfsteine für Kenias Entwicklung. Fremden Reisenden gegenüber geben sich Land und Leute dabei aufgeschlossen – schließlich sorgen die 600.000 Touristen pro Jahr für 60.000 Arbeitsplätze. Das Kenia, das die Autorin und Tania Blixen in „Jenseits von Afrika“ sah, ist längst ein anderes geworden und liegt doch heute noch diesseits von Eden.

Als Kaskade rauscht das Wasser aus dem oberen in den unteren der Pools des Flamingo Beach.

Hotel Flamingo Beach

86 Zimmer, 35 Deluxe Zimmer, 4 Studios, 12 Suiten mit Telefon, Klimaanlage, Balkon oder Terrasse; Villa für Kleingruppen.

Service

2 Restaurants, 2 Bars, Frühstück auch in der Villa möglich, Konferenzraum, Swimming-Pool, Boutique, Kreditkarten.

Aktivitäten

4 Tennisplätze, Windsurfschule, Hochseefischen, Yachting, Tauchen; alle Wassersportangebote der Hotels Coral-/Palm-/Shanzu-/Paradise Beach nutzbar.

Unterhaltung

Dreimal wöchentlich Tanz und Unterhaltung; 2 Nightclubs in Nachbarhotels.

Hotel Flamingo Beach
P.O. Box 81443
Mombasa Kenya
Tel. 00 254/11/48 58 79
Fax 00 254/11/48 58 80

1989 entstand am feinsandigen Shanzu-Strand an der Küste Mombasas neben dem Hotel Dolphin das Hotel Flamingo Beach. Seitdem können die Gäste wählen zwischen einem eigenen Bungalow oder Zimmern und Suiten in der neuen Flamingo-Villa. Die sportlichen Einrichtungen und Restaurants stehen Gästen beider Häuser offen; Frühstück wird auf Wunsch im Haus oder auf der Terrasse serviert. Wer mit Freunden zusammen Ferien machen möchte, kann eine Villa mieten, die mit ihren sechs klimatisierten Schlafzimmern und dem Wohnzimmer ausreichend Platz für zwölf Personen bietet.

Die Gebäude liegen leicht erhöht, mit wunderschönem Blick auf den Indischen Ozean. Blickfang in der exotischen Gartenlandschaft sind die beiden Swimming-Pools. Von dem höher gelegenen Becken rauscht ein Wasserfall in den unteren, 2400 Quadratmeter großen Super-Pool mit der herrlichen Palmeninsel... Palmen spenden auch ausreichend Schatten auf den Liegewiesen neben den Pools. Abkühlung bringt, zumindest am Abend, auch ein Spaziergang in dem Privatpark, der zwischen dem Flamingo Beach und dem angrenzenden Schwesterhotel Dolphin liegt.

Das Flamingo Beach ist zudem Ausgangspunkt für alle Safaris, Ausflüge und Sportaktivitäten. Am Shanzu-Strand gibt es eine Windsurfschule und dort trifft man sich auch zum Hochseefischen, Yachting, Tauchen und Wassersport. Darüber hinaus stehen vier Tennisplätze mit Flutlicht zur Verfügung.

Das Kiwayu Safari Village, plaziert im Dodori-Nationalpark, zeichnet sich dadurch aus, daß es vieles nicht hat: Zwar findet der Gast westlichen Komfort und absolute Ruhe in den 18 Zimmern (sie sind über die Hälfte des Strandes verstreut), aber Telefon und Fernsehen sind tabu. In diesem Resort zählt nur die Natur.

Die 18 Cottages sind im traditionellen „Bajuni"-Stil aus Mangrovenstämmen, Palmendächern und Matten erbaut, besitzen weder Türen noch Fenster, aber fließendes Wasser und normale Toiletten. Der meilenlange Korallen-Strand zieht sich an beiden Seiten des Camps entlang. Das kristallklare Wasser ermuntert sofort zum Schwimmen, Schnorcheln, Windsurfen, Segeln oder Wasserskifahren. Mit den Bootsbesatzungen kann man auch die Unterwasserwelt in Fiberglas-Kanus erforschen oder zu einem Archipel segeln, wo man noch eine unverfälschte Bajuni-Kultur vorfindet. Die Gegend ist kaum besiedelt.

Die Fischgründe am Kiwayu sind schier unerschöpflich. Davon zeugt auch die Speisekarte mit frischen Krabben, Hummer und Marlin-Fisch.

Kiwayu Safari Village

18 Zimmer ohne Telefon, ohne Klimaanlage.

Service

Ein Restaurant, Air-Service nach Nairobi und Mombasa, Airporttransfer vom Hotel

Aktivitäten

Alle Wassersportarten, Fischen, Picknick, Vögel und Wild beobachten

Unterhaltung

Wind, Wasser, Meer.

Kiwayu Safari Village
P.O. Box 55 343
Nairobi, Kenya
Tel. 00 254/2/50 30 30
Fax 00 254/2/50 31 49

Natur pur, versüßt durch unaufdringlichen, entspannenden Komfort: das Kiwayu Safari Village.

Safari Beach Hotel

214 klimatisierte Zimmer und Suiten mit Radio, Telefon, Minibar, Aircondition, Mini-Kühlschrank, Terrasse oder Balkon.

Service

Vier Restaurants, zwei Kaffee- und Snackbars, fünf Cocktail-Bars, davon ein Pub mit TV und Videoleinwand, Kinderclub, kleine Einkaufspassage, zwei Swimming-Pools mit großer Sonnenterrasse, Wäscherei, Friseur, Kreditkarten, Euroschecks, Mietwagen, Flughafen- und Bahnhof-Transport. Die Sportanlagen und Einrichtungen der Hotels Jadini Beach und Africana Sea Lodge können mitgenutzt werden.

Aktivitäten

Zwei Tennis-Hartplätze mit Flutlicht, drei Squash-Courts, Volleyball, Tischtennis, Billard, Fitnesscenter, Tauch- und Windsurfschule, Tiefseefischen, Glasbodenboote, Schnorcheln.

Unterhaltung

Diskothek, Abend-Shows, Barbecue, organisierte Ausflüge und Safaris.

Safari Beach Hotel
South Coast Mombasa
P.O. Box 9069
Mombasa, Kenya
Tel. 00 254/127/27 26
Fax 00 254/127/22 69

Der schönste Strand des von der Natur verwöhnten Kenia, der Diani Beach, ist 20 Kilometer lang. Etwa in seiner Mitte, 36 Kilometer südlich von Mombasa, liegt das frisch renovierte Safari Beach Hotel inmitten einer Fülle tropischen Grüns. Die einstökkigen Rundbungalows wurden afrikanischer Architektur nachempfunden. Alle Zimmer und Suiten verfügen über Aircondition, Radio, Telefon, Minibar, ein Badezimmer mit separater Dusche sowie Terrasse oder Balkon. Zwei Pools, davon einer mit Bar, Restaurants mit Blick auf den herrlichen weißen Korallen-Sandstrand und die Bushtracker-Bar bilden das Zentrum der weitläufigen, unter Schweizer Leitung stehenden Anlage.

Ein umfassendes Sportangebot mit Tennis, Squash, Tauch- und Windsurfschule, eine kleine Einkaufspassage, abendliche Unterhaltungsprogramme sowie organisierte Ausflüge und Safaris machen das Hotel zu einem Paradies für Aktiv-Urlauber. Eine besondere Würdigung verdient der sich endlos hinziehende Strand, dessen vorgelagertes Korallenriff zu Tauchgängen in eine faszinierende Unterwasserwelt einlädt.

Leisure Lodge Club

140 Zimmer mit Klima- und Musikanlage, Kühlschrank, Telefon, TV, Balkon oder Terrasse.

Service

Bade-Landschaft mit Wasserfall mitten im Garten, Pool-Bar, Restaurant, Bar, Shopping-Arkade, Massage, Friseur, Kreditkarten, Mietwagen, Airport-Transport mit Auto und Flugzeug; einzigartiger und kostenloser Beach Express zum Congo River, wo Baden bei Ebbe möglich ist.

Aktivitäten

Vier Tennisplätze mit Flutlicht, Surf- und Tauchschule, Aerobik am Strand, Schnorcheln, Reiten, 9-Loch-Golfplatz ab Ostern 1995, 18-Loch ab Weihnachten 1996.

Unterhaltung

Dinner Dance, Disco in der Grottenbar, Shows, Tanz, Kasino.

Leisure Lodge Club
Diani Beach
P.O. Box 84383
Mombasa, Kenya
Tel. 00 254/127/26 20, 22 72
Fax 00 254/127/20 46

Architektur, Pool-Landschaft und Vegetation bilden im Leisure Lodge Club eine Einheit.

Vielleicht noch einen Hauch exklusiver als das Safari Beach Hotel ist der Leisure Lodge Club, ebenfalls am Diani-Strand. Eine sehenswerte Badelandschaft Landschaft durchzieht den zentralen Teil der Anlage. Brunch und Spezialitätenbuffets werden gerne im Freien serviert. Kleine Teiche, Tropengewächse und eine afrikanisch anmutende, harmonisch gegliederte Architektur zeichnen den Club optisch aus.

Die Zimmer sind selbst für ein Hotel der Spitzenklasse sehr groß. Eine gemütliche Sitzecke, ein

Der Strand vor dem Safari Beach zieht sich endlos hin, so daß oft nur einige Urlauber den Weg zum Swimming-Pool finden, zumal die Schwesterhotels mit all ihren Einrichtungen ebenfalls genutzt werden können.

Nur zehn Gehminuten entfernt liegen die unter gleichem Management stehenden Schwesterhotels Jadini Beach und Africana Sea Lodge. Alle Einrichtungen dieser Häuser können von den Gästen des Safari Beach Hotels mitgenutzt werden. Damit stehen ihnen unter anderem weitere A-la-Carte-Restaurants zur Verfügung.

prachtvolles Doppelbett und ein edel ausgestattetes Badezimmer stehen zur Verfügung. Am deutschsprachigen Videofilm-Programm kann man erkennen, daß der Club von einem deutschen Manager verwaltet wird. Die Zimmer blicken auf die Pools oder den Park mit seinen Teichen und Bächen. Tennisplätze, ein breites Wassersport-Angebot und zwei – allerdings 35 Kilometer entfernte – Golfplätze wenden sich an die aktiven Sportler. Eigene Golfplätze stehen kurz vor der Vollendung; die passenden Golfappartements dazu sind aber schon fertig. Direkt neben dem Club liegt das Leisure Lodge Hotel, dessen Einrichtungen die Clubgäste mitbenutzen dürfen.

Anreise
Linienflüge nach Nairobi mit Kenya Airways, Lufthansa, Swissair und Austrian Airlines. Charter nach Mombasa. Pauschalreisen sind oft preiswerter als eine individuelle Buchung.

Auskunft
Staatliches Verkehrsbüro der Republik Kenia, Neue Mainzer Straße 22, 60311 Frankfurt, Tel.: 069/23 20 17. Fax: 069/23 92 29. Vor Ort: Tourism Department, Ministry of Tourism and Wildlife, P.O. Box 54 666, Nairobi, Kenia, Tel.: 00 25 42/33 10 30, Fax: 00 25 42/21 76 04.

Einreise-Formalitäten
Gültiger Reisepaß und Rückflugticket. Empfohlen werden Malaria-Prophylaxe und Typhus-Schluckimpfung.

Elektrizität
220 Volt, manchmal auch 240 Volt. Für die Dreipunkt-Steckdosen braucht man einen Adapter.

Essen und Trinken
Die Hotels bieten zumeist internationale Gerichte an. Kenianische oder arabische Spezialitäten sind eher selten. Fangfrischer Fisch und Meeresfrüchte beherrschen die Speisekarte an der Küste, Fleischgerichte werden natürlich auch gereicht. Dank der asiatischen Minderheit im Land finden sich vor allem in Mombasa preiswerte und gute indische Restaurants. Getrunken werden viel Kaffee, Tee und Fruchtsäfte, wobei die Getränkepreise staatlich kontrolliert sind. Palmwein und Zuckerrohrschnaps sind die beliebtesten heimischen Alkoholika.

Einkaufen
Elfenbein, Felle und Muscheln dürfen weder getragen noch ausgeführt werden. Attraktiv sind Holzschnitzereien und Skulpturen aus Seifenstein sowie Silberschmuck und Flechtarbeiten. Mombasa ist eines der Modezentren Afrikas.

Unternehmungen
Safaris führen in alle großen Nationalparks im Landesinnern. Vorsicht ist bei Billig-Safaris in Kenia geboten, da oft genug keine Zimmerreservierungen von den Organisatoren vorgenommen werden. Auf halbtägigen Dhau-Segeltouren kann man den Rand tropischer Mangrovenwälder und das Korallenriff ansteuern. Ebenfalls einen Besuch wert ist Mombasa. Ein Abenteuer hingegen ist der Ausflug auf die Insel

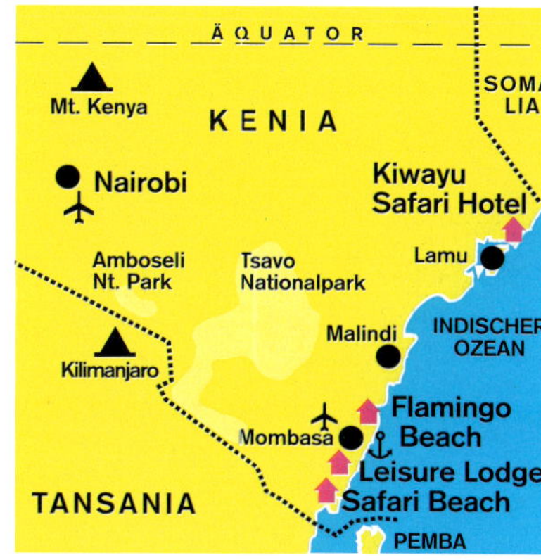

Latnu, wo heute noch arabische Kultur und orientalische Lebensweise gepflegt werden.

Fotografieren
Es ist preiswerter, Filme mitzubringen. Viele Kenianer lassen sich nicht gerne ablichten.

Geld
Die Landeswährung heißt Shilling und darf nicht ein- oder ausgeführt werden. Die Banken sind meistens nur vormittags geöffnet und akzeptieren im Regelfall Reise- und Euroschecks. Jeder Tausch muß ordnungsgemäß auf einer Devisenerklärung vermerkt werden.

Kleidung
In den meisten Hotels geht es leger zu, doch bei den Herren wird zum Diner eine lange Hose erwartet. Safari-Anzüge kann man sich relativ preisgünstig in Kenia anfertigen lassen. Bei Ausflügen ins Hochland warme Kleider einpacken. Nacktbaden wird bestraft.

Sport
Das Sportangebot der Hotels am Diani Beach ist umfassend und auf westeuropäische Besucher abgestimmt.

Sprache
Offizielle Landessprache ist Swahili, doch viele Kenianer sprechen auch Englisch.

Transport
Entlang der gesamten Südküste fahren regelmäßig Busse. Ebenfalls mit Bussen oder der Eisenbahn können größere Orte im Inland erreicht werden. Beim Mietwagen lohnt sich der Preisvergleich (Linksverkehr!).

Klima
Zwischen Oktober und April erwärmt sich die Luft auf 33 Grad, und das Wasser hat Badewannentemperatur. Im Hochland ist das Klima gemäßigt, nachts kann es jedoch kühl werden.

Jan.	Feb.	Mrch.	Apr.	May	June	July	Aug.	Sept.	Oct.	Nov.	Dec.	
32	32	33	31	29	29	28	28	29	30	31	32	○
23	23	24	24	23	21	20	20	21	22	23	23	☾
9	9	9	8	6	8	7	8	9	9	9	9	☼
27	28	28	28	28	27	25	25	27	27	27	27	≋
4	2	5	10	14	9	11	10	9	12	10	6	☂

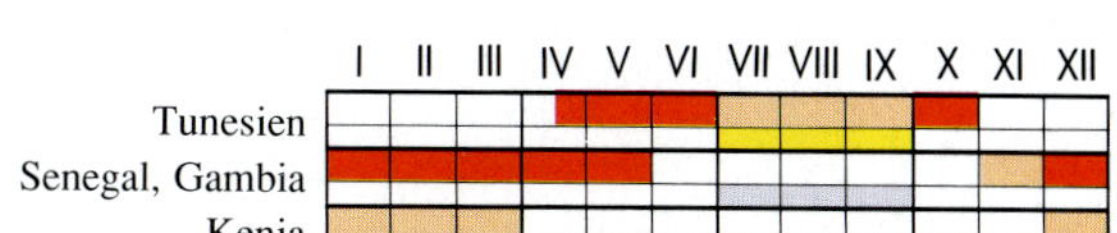

Schnitt-punkt der Kulturen

Asiaten, Afrikaner, Polynesier, Europäer – alle haben sich an dem schönen Völkergemisch beteiligt. Entstanden ist ein neuer Menschenschlag. Freundlich, fröhlich lebt er an einem der schönsten Enden der Welt.

„Wir lagen vor Madagaskar...“, beginnt ein schon fast vergessenes Seemannslied, dessen Text das Verlorensein in der Fremde, die Einsamkeit und Abgeschiedenheit beschreibt. All dies trifft auch heute noch auf den westlichen Indischen Ozean zu. Verloren in der Weite zwischen Afrika und Asien, haben beide Kontinente zur Entwicklung der fünf Inselgruppen beigetragen. Doch dominierend war keiner, die Abgeschiedenheit siegte.

Madagaskar, die viertgrößte Insel der Welt, die Komoren, die pro Jahr von nur rund 500 Touristen besucht werden, das französisch anmutende Treiben auf La Réunion, die liebevolle Bevölkerung und die guten Hotels auf Mauritius oder die 100-Insel-Welt der Seychellen, wo Besucher gerade mal auf acht Inseln Hotel-Resorts finden – jede dieser Inselgruppen hat ihre ureigene geschichtliche Entwicklung und Kultur.

Mit Auslegerbooten, den Pirogen, kamen die Polynesier und Asiaten etwa um das Jahr 1000 auf die Archipele, lebten vom Fischfang und den Naturreichtümern der Inseln, trieben Handel mit den Arabern oder den ostafrikanischen und asiatischen Reichen. Mit Vasco da Gama besuchte der erste Europäer diesen Teil der Welt. Bald führte ein wichtiger Handelsweg über den Ozean. Eine einzige Schiffsladung an Gewürzen und Edelholz konnte im 17. Jahrhundert dem europäischen Besitzer eines Handelsseglers bis zum Lebensende Reichtum bescheren. Noch heute geht auf den Inseln die Sage von noch nicht entdeckten Piratenschätzen.

Die spät einsetzende europäische Kolonisation zog keine tiefen Gräben, nur die französischen Massaker auf Madagaskar sind tief in die Herzen der 11 Millionen Menschen dieser Inselgruppen eingebrannt. Politisch souverän und blockfrei, segeln die Staaten heute einen weltoffenen Kurs. Gäste aus allen Teilen der Welt sind in ihnen vor allem eines: herzlich willkommen.

Grüne Tupfer im blauen Ozean – die maledivische Inselwelt lädt zum Ausspannen ein, und dies sowohl unter als auch über dem Meer.

Das gibt es nur einmal auf dieser Welt: 1196 kleine und kleinste Inseln, bewachsen mit dem satten Grün von Mangrovenvegetation und Kokospalmen, umringt von schneeweißem Sand. Alles wird umsäumt vom Türkis bis Smaragdgrün des indischen Ozeans. Die Malediven, offiziell 19 knapp 800 Kilometer von der Küste Sri Lankas entfernte Atolle, sind ein Naturwunder ohnegleichen und seit der Expedition und den Reportagen des Tauchpioniers und Fernseh-Autors Hans Hass ein bevorzugtes Taucherparadies.

Erst vor rund 15 Jahren wurden die Inseln Korumba und Bandos für den Tourismus entdeckt. Heute sind weit über 50 Inseln

Die Inseln der einzelnen Atolle liegen oftmals so nah beieinander, daß man meint, hinüberschwimmen zu können. Nur wenige Gäste finden auf den Resort-Inseln Platz. Abgeschiedenheit, Ruhe und Entspannung sind somit – das merken die Gäste schon beim Anflug – garantiert.

mit Resorts bestückt. Die Divehi, wie sich die Einheimischen nennen, haben für ihre Gäste ausgewählte Inseln reserviert, und wer mehr als diese sehen will, benötigt eine Sondergenehmigung. Religiöse Empfindungen der ursprünglich aus Indien stammenden und seit dem 12. Jahrhundert islamischen Divehi, traditionelle Familienstrukturen und überlieferte Werte wurden auf diese Weise geschützt vor dem unkontrollierten Zusammenprall mit einer fremden Zivilisation. Das geschah mit Erfolg – noch heute erscheint ihre Kultur so unberührt wie das Leben im Korallenriff.

Etwa 180.000 Divehi leben auf rund 200 besiedelten Inseln der

seit 1965 politisch unabhängigen, 9.500 Quadratkilometer großen Inselgruppe. Allein 50.000 Menschen wohnen auf der Hauptinsel Male, deren eindrucksvolle Moschee schon beim Anflug signalisiert: Hier hat die Lehre des Propheten gesiegt.

Portugiesen und Holländer, Franzosen und Engländer wechselten sich als Kolonialmächte ab, aber die Macht der islamischen Sultane konnten sie nie ganz brechen. Doch der Islam auf den Malediven pflegt einen offenen Charakter – verschleierte Frauen sieht man nie. Dafür sieht aber so ziemlich jeder Besucher auf den Grund des Meeres, denn wer die Zauberwelt der Korallenriffe nicht entdeckt, kennt die Malediven noch nicht wirklich.

Das Leben auf den Malediven ist paradiesisch, auch was seine Einfachheit angeht. Die Wasserknappheit bedingt das Fehlen von Süßwasserpools. Aufgrund der Insellage und der Armut ist das Lebensmittelangebot natürlich begrenzt.

Nika Hotel

25 Strandbungalows mit Schlaf- und Wohnzimmer, eine Suite mit zwei Schlafzimmern, Telefon. Rundbauweise aus lokalen Baustoffen und mit strohgedeckten Dächern. Durch Ventilatoren und unverglaste Fenster wird Aircondition unnötig.

Service

Abholung vom Flughafen; wenn eine Übernachtung auf der Hauptinsel Male nötig ist, wird dem Gast auch dort ein hoteleigenes Appartement gestellt. Absolut persönlicher Service. Restaurant und zwei Bars stehen zur Verfügung.

Aktivitäten

Tennis, Federball, Volleyball, Schnorcheln, Surfen, Wasserski, Tauchschule, Fischen (auch nachts).

Unterhaltung

Das Füllen der Abendstunden wird, wie fast überall auf den Malediven, der Phantasie der Gäste überlassen.

Nika Hotel
Kuda Folhudhoo, Ari Atoll,
Republic of Maledives
Tel. 00 960/32 50 87 oder 5091
Fax 00 960/32 50 97

Auf den Resort-Inseln wird Luxus auf Sparflamme serviert. Doch wer zwischen Tauchgängen, Wassersport und ungestörter Ruhe trotzdem nicht auf ein Tennisspiel verzichten möchte, wird nun auf dem jüngst erschlossenen Ari-Atoll fündig. Die 25 Korallensteinbungalows des Nika Hotels auf dem rund 70 Kilometer vom Flughafen Hulule entfernten Eiland Kudafolhudu sind jeweils von einem Garten umgeben und mit einer originell gestalteten Wohnfläche von 70 Quadratmetern mehr als geräumig.

Maximal 50 Gäste treffen sich im Nika Hotel. Die an westlichen Maßstäben orientierte Leitung setzt in Service und Atmosphäre auf Individualität. Die Beachtung des Privatlebens und das unaufdringliche Bemühen, auch auf persönliche Wünsche einzugehen, sind ideal für Gäste, die zu zweit gern allein sind.

Dem knappen Lebensmittelangebot der Malediven setzt das Nika Hotel die Vielfalt der italienischen Pasta entgegen. Für die Verhältnisse des Inselreichs ist der Speiseplan abwechslungsreich.

Cocoa Island

8 Gästehäuser für 2 oder 3 Personen. Offen konzipiert, ohne Klimaanlage, aber mit Dusche und WC.

Service

Restaurant, Bar, Boot- oder Helikopter-Service, Rundfahrten, Kreditkarten. - Telefon- und Fax-Kontakt nur über die Rezeption.

Aktivitäten

Wasserki, Segeln, Windsurfen, Schnorcheln, Volleyball, Tischtennis, Ausflug im Preis inbegriffen. Gegen Gebühr: Nachtfischen, Parasegeln, Tauchen in der eigenen Schule.

Unterhaltung

Meer, Wind und Wasser.

Cocoa Island
South-Male-Atoll
Rep. of Maldives
Tel. 00 960/44 37 13
Fax 00 960/44 19 19

Es ist wirklich eines der letzten Paradiese dieser Erde. Unglaublich, aber wahr: Dieses Korallen-Atoll ist nur 500 Meter lang und 80 Meter breit, feinkörniger Sand umringt es, und zwischen Palmen und der schäumenden Brandung am Riff stehen acht verträumte Hütten – gebaut aus einheimischen Materialien wie weißer Koralle, Palmenholz und Stroh. Architektur und Natur gehen eine äußerst harmonische Symbiose ein. Wo früher nur karge zwölf Palmen wedelten, schaffen heute Hibiskusbäume, Oleander, Bougainvillea und viele andere Pflanzen einen rechten Garten Eden. Und wer dazu alleine in diesem Farbenmeer aus hellem Türkis und tiefem Blau badet, fühlt sich garantiert wie zu Evas Zeiten.

Maximal 24 Personen können hier einen absoluten Traum-Urlaub genießen. Wohn- und Schlafebene verteilen sich auf zwei Ebenen und garantieren auch ohne Klimaanlage eine kühle und luftige Atmosphäre.

Die Bar, als Pfahlbau in eine Lagune gesetzt, offeriert eisgekühlte Getränke. Cocoas Küche hat sich durch Fischspezialitäten einen Namen gemacht. Weine und Champagner kommen aus Frankreich, wo Cocoa-Besitzer Eric Klemm sein Zuhause hat: Er pachtete das Atoll, nachdem er die Malediven als Art Director und Photograph für ein Lifestyle-Magazin entdeckt hatte.

Große Villen aus natürlichen Materialien und lauschigen Plätzchen sind nur zwei der Aktivposten des Nika Hotels.

Die Tauchschule bietet auch Anfängern die Möglichkeit, Korallenriffe zu erkunden. Jetzt gibt es auch Wasserski- oder Surfmöglichkeiten auf der in einem Viertelstündchen zu Fuß umrundeten Insel – das läßt die paradiesische Ruhe noch wirklicher erscheinen.

Ein Inselatraum: die Hütten des Cocoa Island.

Anreise
Bundesdeutsche Chartergesellschaften fliegen die Malediven ohne Zwischenstop an, Linienmaschinen asiatischer Gesellschaften legen streckenbestimmte Stops ein.

Auskunft
Touristisches Informationsbüro der Republik Malediven, Immanuel-Kant-Str. 16, 61350 Bad Homburg, Tel. 069/69 06 67 89, Fax 069/69 21 02. Vor Ort: Ministry of Tourism, Ghaazee Building 2nd Floor, Ameer Ahmed Magu, Male, Rep. of Maldives, Tel. 323224. Die Einfuhr von Alkohol, Schweinefleisch, Hunden, Statuen anderer Gottheiten als der des Islam, Videocassetten und natürlich Drogen, Waffen und Pornographie ist verboten. Ein gültiger Reisepaß ist ausreichend.

Elektrizität
Strom wird über Generatoren erzeugt, die Voltzahl von 220 schwankt stark.

Essen und Trinken
Gaumenfreuden sind sicherlich nicht der primäre Grund, warum man die Malediven aufsucht. Fisch und Reis sind die Grundnahrungsmittel. Was man damit alles machen kann, zeigt das maledivische Buffet. Mixgetränke aus Kokossaft sowie importiertes Dosenbier und Limonade löschen den Durst. Trotz des Einfuhrverbots von Alkohol und des praktizierten Islam gibt es auf den Resorts natürlich auch Wein und Spirituosen.

Einkaufen
Eigentlich kann man nur auf der Hauptinsel Male das eine oder andere Andenken ergattern. Malediven-Reisenden reicht aber oftmals eine Muschel oder ein Gläschen Sand.

Unternehmungen
Das Nachtleben beschränkt sich auf anregende Gespräche an der Strandbar, Dia-Vorführungen oder auch gelegentliche Folklore-Auftritte. Auch die Ausflugsmöglichkeiten sind eingeengt. Moschee und Museum, Hafen und Markt auf der Hauptinsel Male sind an einem Tag zu erkunden. Einen Einblick in das Leben der Divehi bietet das sogenannte Inselspringen mit dem Boot. Ein Spaß, der oft mit einem Picknick auf einem unbewohnten Eiland endet.

Fotografieren
Ob über oder unter Wasser, ob traumhafte Sonnenuntergänge oder buntes Gewimmel im Korallenriff – die Malediven sind ein Fotoparadies. Also: Unbedingt genügend Filme mitbringen und die entsprechenden Filter wegen der Sonneneinstrahlung nicht vergessen.

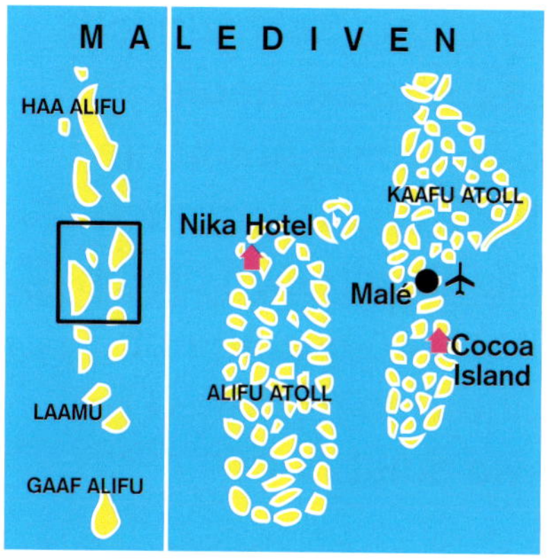

Geld
Die Währung nennt sich Rufias. Während man auf jeder Insel US-Dollar tauschen kann, sieht es mit Mark und Euroschecks schon schwieriger aus. Kreditkarten werden in den meisten Resorts akzeptiert.

Kleidung
Die Garderobe darf so einfach sein wie das Leben auf den Malediven. Neben Badezeug sind Sandalen, Jeans und T-Shirts durchaus angemessen.

Sport
Neben einem Tennismatch auf den hoteleigenen Tennisplätzen lädt die herrliche Unterwasserwelt vor allem zum Tauchen ein. Ein Banause, wer sich dieses unvergleichliche Naturschauspiel entgehen läßt! Diejenigen, die lieber eine etwas ruhigere Kugel schieben, können sich auf's Angeln oder Schnorcheln verlegen.

Sprache
Gesprochen wird Divehi, und außer den Divehi selbst versteht dies wohl niemand. In den Resorts wird natürlich Englisch gesprochen.

Transport
Neben den organisierten Ausflügen kann man auch mit Dhonis, Segelbooten oder Speedbooten die nähere Inselumgebung kennenlernen. Die Mietpreise sind sehr unterschiedlich, ein Aushandeln der Leihgebühr ist verpönt.

Klima
Zwischen Januar und April liegen die Durchschnittstemperaturen bei 30 Grad in der Luft und 27 Grad im Wasser. Ein ständiger Wind sorgt für Abkühlung, und zwischen Mai und Dezember wird die See etwas rauher.

Jan.	Feb.	Mrch.	Apr.	May	June	July	Aug.	Sept.	Oct.	Nov.	Dec.	
30	30	29	28	26	24	24	24	25	27	28	30	○
23	23	22	21	19	17	17	17	17	18	20	22	☾
8	8	7	8	7	8	8	8	8	8	9	8	☼
27	27	27	27	25	24	23	22	23	23	24	25	≋
15	16	18	17	15	11	13	14	9	9	7	14	☂

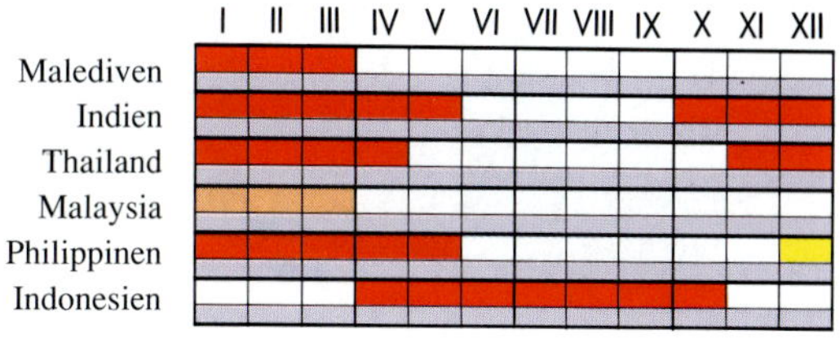

Ehemals Schatzinseln der Piraten, heute tropisches Ambiente für Werbefotografen: Die Seychellen bieten noch immer Anmut und Unberührtheit wie einst.

Sie liegen fast verloren zwischen Afrika und Asien, im westlichen Teil des Indischen Ozeans. Und sie verleugnen ihre englischen und französischen Einflüsse aus kolonialer Zeit nicht. In mitreißenden Rhythmen und farbenprächtiger Malerei entdekken sie seit einigen Jahren ihre eigene Identität. Die 92 Granit- und Koralleninseln der Seychellen erwachen langsam aus ihrem Robinson-Schlaf! Zeit wird es, denn da, wo sich Prominente wie Mick Jagger und Peter Sellers bräunten, lockt eines der wirklich reizvollsten Enden dieser Welt.

Nur elf Inseln der Seychellen sind überhaupt bewohnt. Rund 90 Prozent der Einwohner leben auf Mahé, wo es in Victoria – mit 24.000 Einwohnern vielleicht die kleinste Hauptstadt der Welt – mittlerweile Diskotheken, Kinos und sogar ein Amateurtheater gibt. Doch trotz vorsichtiger Annäherung an den Vergnügungsrummel der westlichen Welt bieten die Seychellen dem Besucher noch immer vor allem eines – ungestörte Ruhe in üppig-tropischem Gewand.

Seit Jahrtausenden werden die mächtigen Granitfelsen an den weiten Sandstränden der Seychellen vom Meer glattgeschliffen (oben). Die Holz-Architektur der Hauptstadt Mahé verleugnet ihre kolonialen Einflüsse nicht.

Schönheit ist Trumpf – sowohl bei den Menschen als auch in der Natur.

Besiedelt wurde die Inselgruppe um das Jahr 1000 von Polynesiern und Asiaten. Ihnen folgten – im Gepäck neben vielen kulturellen Einflüssen auch die Kokosnuß – die Araber und zu Beginn des 16. Jahrhunderts europäische Entdecker. Lange vor der eigentlichen Kolonisation durch Franzosen und Engländer war der auf 390.000 Quadratkilometer verstreute Archipel ein Abenteuerspielplatz für Piraten und Korsaren, und bis heute geht die Mär von vergrabenen Edelstein-Schätzen.

Doch die eigentlichen Schätze der 1976 von England unabhängig gewordenen Seychellen liegen in der tropisch-üppigen Natur, den langen Sandstränden an türkisgrünem Meer und einem Volk, das die so gegensätzlichen Einflüsse Asiens, Afrikas und Europas mühelos in sich vereint.

Le Méridien Fisherman's Cove

48 Zimmer im Hauptgebäude oder Chalets; Klimaanlage, Radio, TV, Minikühlschrank, Telefon, Balkon oder Terrasse, alle Zimmer mit Meerblick.

Service

Restaurant, Bar, Swimming-Pool im Garten, Friseur, Boutiquen.

Aktivitäten

Drei Tennisplätze (zwei mit Flutlicht), Wasserski, Windsurfen, Segeln, Tauchschule, Hochseefischen, Motorbootfahrten; ein 9-Loch-Golfplatz liegt etwa 10 Minuten entfernt.

Unterhaltung

Viermal wöchentlich Tanz und Folklore, organisierte Inselrundfahrten.

Fisherman's Cove Hotel
P.O. Box 35, Victoria
Mahé Island, Seychelles
Tel.: 00 248/24 72 47
Fax: 00 248/24 77 24

Schon lange gilt das Fisherman's Cove auf der Hauptinsel Mahé als das führende Haus der Seychellen, was sicherlich auf den vollendeten Service, die phantastische Küche und die elegant-zweckmäßig eingerichteten Zimmer zurückzuführen ist. Gediegener Luxus, auch wenn der Strand an der langgezogenen Beau-Vallon-Bucht zumindest bei Ebbe einen verschlammten Eindruck macht.

Die nach drei Seiten hin offene Hotellobby bietet einen atemberaubenden Blick auf das Meer. Nur einen Steinwurf vom Hauptgebäude und den Chalets entfernt befindet sich eine Tauchschule sowie die Möglichkeit zu Wasserski, Windsurfen, Segeln, Motorbootfahren und Hochseefischen. Golfer finden hier, mitten im indischen Ozean, immerhin einen 9-Loch-Platz.

Im tropischen Ambiente der Beau-Vallon-Bucht liegt das Fisherman's Cove, die eindrucksvollste Hotelanlage der Seychellen. Von dort aus lassen sich erlebnisreiche Ausflüge zu anderen Inseln organisieren.

Das Tennisspielen auf den drei Hartplätzen ist übrigens im Preis inbegriffen. Ein etwas zu klein geratener Swimming-Pool liegt direkt am Strand. Die in der phantasievollen lokalen Architektur errichteten Chalets verbergen sich unter hohen Palmen in einem überaus gepflegten Hotelgarten. Das Fisherman's Cove ist nur zehn Kilometer vom Hauptstädtchen Victoria entfernt. Dort kann sich der Besucher in kleinen Museen über die Naturgeschichte und den nicht uninteressanten politischen Werdegang des Archipels informieren. Vor allem an den Wochenenden gibt es in Victoria zahlreiche Tanzmöglichkeiten unter freiem, tropischem Himmel, und auch das Fisherman's Cove bittet viermal wöchentlich zum Tanz oder zu Folklore-Vorführungen.

Anreise
Air Seychelles und Condor fliegen nonstop von Frankfurt nach Mahé, British Airways und Air France mit Zwischenlandung.

Auskunft
Fremdenverkehrsamt der Seychellen, Hochstraße 15, 60313 Frankfurt, Tel.: 069/29 20 64. Fax: 069/29 62 30. Vor Ort: Seychelles Tourist Board, Independence House, P.O. Box 92, Victoria. Tel.: 00 248/22 881.

Einreise-Formalitäten
Ein gültiger Paß ist ausreichend, ein Visum ist nicht erforderlich.

Elektrizität
220 Volt.

Essen und Trinken
Die Küche im Fisherman's Cove ist berühmt und bietet neben internationalen auch die pikanten kreolischen Genüsse. Das Marie Antoinette in Victoria lockt mit einem feinen und doch preiswerten Menü. Das nur mittags geöffnete Restaurant La Sirène an der Anse à la Mouche kredenzt neben Fischspezialitäten auch gebratene Fledermaus. Wer es aber lieber weniger exotisch mag: Die Desserts auf den Seychellen sind eine Sünde wert.

Einkaufen
Noch sind die expressiven Drucke und Gemälde der Seychellen-Künstler erschwinglich und sicher ein außergewöhnliches Andenken. Verzichten sollte man auf Schildpattsouvenirs, da diese vom Zoll beschlagnahmt werden. Etwas Besonderes ist sicherlich die bis zu 25 Kilogramm schwere Doppelnuß Coco de Mer, die ehemals als Aphrodisiakum in hohem Kurs stand.

Unternehmungen
Wer am Samstag das Hauptstädtchen Victoria besucht, kann neben den kleinen Museen auch den kunterbunten Markt bewundern. Zumindest Tagesausflüge sollten auf die Nachbarinseln Praslin und La Digue führen. Das letztgenannte Eiland ist nicht nur die tropisch-verträumte Kulisse vieler Werbe-Spots, sondern bot auch das stilechte Ambiente für eine Robinson-Verfilmung. Von Mai bis Oktober ist die Insel Bird Island Treffpunkt unzähliger Seeschwalben sowie der im Wasser so wendigen und an Land so trägen Riesenschildkröten.

Fotografieren
Die Inselbewohner haben normalerweise nichts dagegen, abgelichtet zu werden. Filme sollte man besser mitbringen und wegen der tropischen Hitze im Kühlschrank lagern.

Geld
Rupien heißt die Inselwährung. Banken und Hotels wechseln neben Barem auch Euroschecks in begrenztem Umfang. Unter den Kreditkarten ist Visa am bekanntesten.

Kleidung
Leger und luftig – so heißt auf den Seychellen die Kleidervorschrift. Elegante Garderobe ist, wenn überhaupt, nur beim Dinner angebracht.

Sport
Wassersport und Fitness-Möglichkeiten bieten die Hotels. Die Seychellois selbst spielen gern Fußball und – Einfluß der Engländer – Rugby!

Sprache
Gesprochen wird eine Kreolsprache. Die meisten Insulaner verstehen aber auch gut Englisch und Französisch.

Transport
Mahé verfügt über ein gutes Bussystem. Die Taxipreise werden nachts verdoppelt. Von Insel zu Insel kommt man mit Flugzeugen oder Fähren. Wer Praslin mit einem Mietwagen erkunden will, sollte diesen vorher buchen. Es wird links gefahren. Auf La Digue ist das Fahrrad neben dem Ochsenkarren das schnellste Fortbewegungsmittel.

Klima
Die Durchschnittstemperatur der Luft liegt bei 27 Grad, zwischen Mai und Oktober ist es ein wenig kühler. Die Regenzeit kommt zwischen Januar und März mit kräftigen Tropen-Güssen.

Jan.	Feb.	Mrch.	Apr.	May	June	July	Aug.	Sept.	Oct.	Nov.	Dec.	
30	30	29	28	26	24	24	24	25	27	28	30	○
23	23	22	21	19	17	17	17	17	18	20	22	☾
8	8	7	8	7	8	8	8	8	8	9	8	☼
27	27	27	27	25	24	23	22	23	23	24	25	≋
15	16	18	17	15	11	13	14	9	9	7	14	☂

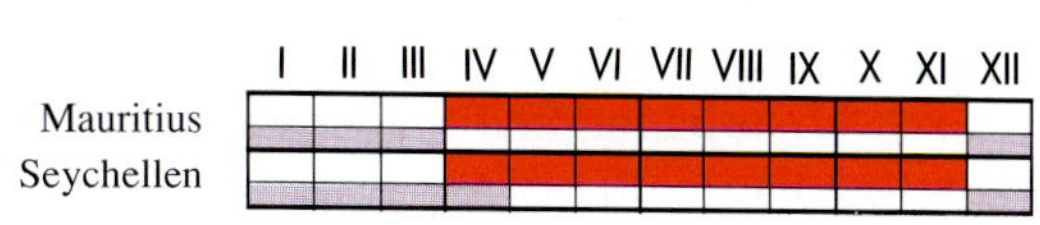

Eine fehlgedruckte Briefmarke brachte den Ruhm, die Spitzenhotellerie bringt heute die Gäste – Mauritius, ethnischer Regenbogen zwischen Vulkanbergen, Lava und Strand.

Tropischen Klischeevorstellungen entspricht sie eigentlich nicht, die Insel mit der "Blauen Mauritius", der bekanntesten Briefmarke der Welt. Die Regenwälder wurden gnadenlos von den holländischen, französischen und englischen Kolonisatoren abgeholzt, um Platz für Zuckerrohr zu schaffen. Auch Kokospalmen wiegen sich nur vereinzelt im Wind. Und doch: Die weiten, grünen Ebenen im Westen und Norden, die Bergwelt der Rivière Noire mit Wasserfällen und Baumriesen im Süden, buntes, pralles Hafengewimmel in der Hauptstadt Port Louis, erloschene Vulkane und nicht zuletzt eine Spitzenhotellerie an 600 Kilometern Strand haben Mauritius zu einem bevorzugten Ziel für Ferienreisen gemacht.

Die heute sehr dicht bevölkerte, etwa 1900 Quadratkilometer große Insel wurde erst Ende des 16. Jahrhunderts besiedelt. Nachdem Holländer und Franzosen aus Mauritius eine Zuckerrohr- und Gewürzinsel gemacht hatten, übernahmen im 19. Jahrhundert bis zur Unabhängigkeit der Insel im Jahr 1968 die Engländer die Regie. Als frühe Gegner der Sklaverei waren sie es auch, die Hindus aus Indien als Kontraktarbeiter verpflichteten – heute stammen rund 70 Prozent der Bevölkerung von den Immigranten ab.

Hinduistische Religiosität, kreolische Lebensweise, chinesische Restaurants, britischer Linksverkehr und eine auf dem französischen Code Napoleon basierende Rechtsprechung – das sind nur

Endlose Strandweite und tropisch-brodelnde Feste: Auf Mauritius findet man beides. Außerdem: eine üppige Vegetation mit ausgedehnten Regenwäldern in den Bergen des Landesinneren, romantische Buchten und eine faszinierende Unterwasserwelt.

einige wenige Ausschnitte des immer wieder anders schillernden ethnischen und kulturellen Regenbogens auf Mauritius. Auch wenn die einzelnen Bevölkerungsgruppen recht getrennt voneinander leben, auf einen jeweils eigenen Lebensstil, eigene Zeitungen, Tempel, Kirchen und Moscheen Wert legen, so ist ihnen allen doch eines gemeinsam: zurückhaltende Freundlichkeit.

Hotel Royal Palm

72 Zimmer mit Wohn- und Schlafbereich, Radio, TV, Video, Telefon, Safe, Minibar, möblierter Terrasse, Ozean-Blick. Vier Suiten und acht Luxus-Suiten mit Küche, Eßzimmer und Whirlpool.

Service

Restaurant mit Meerblick sowie Spezialitäten-Restaurant, Piano-Bar, Boutiquen, Juweliergeschäfts, „duty free", Beauty, Friseur, Sauna, Massage, Swimming-Pool im Garten, Limousinen- und Helikopterservice.

Aktivitäten

Kostenlos: Windsurfen, Wasserski, Segeln, Tennis, Reiten, Bootsausflüge, Billiard, Pitching Green, klimatisierter Squash Court. Gegen Gebühr: Hochseefischen, Trimaran-Ausfahrten, Golf auf einer nahe gelegenen 9-Loch-Anlage, Tauchschule.

Unterhaltung

Piano-Bar mit Abendprogramm. Zehn Fahrtminuten entfernt liegt ein Kasino.

Hotel Royal Palm
Grand Baie
Mauritius
Tel. 00 230/26 38 363
Fax 00 230/26 38 455

Der an sich schon recht hohe Standard der Hotellerie auf Mauritius kann auf eine absolute Perle verweisen: Das Hotel Royal Palm in Grand Baie, etwa 20 Kilometer von der Hauptstadt Port Louis entfernt. Allgegenwärtiger Service, großzügig und exklusiv ausgestattete Zimmer und Suiten mit Meerblick, ein umfangreiches Wassersportangebot am Privatstrand und ein großer Swimming-Pool direkt an der mit kleinen Buchten übersäten Küste von Grand Baie sind nur einige Aktivposten dieses so vornehmen wie sympathischen Spitzenhotels im touristisch sehr gut erschlossenen Nordwesten der Insel.

Die Restaurants bieten auserlesene französische Küche, der Weinkeller würde selbst noblen Häusern in Paris gut zu Gesicht stehen. Der liebevoll gepflegte

Ob am Eingang, am Swimming-Pool, in den Zimmern oder den Restaurants: Alles im Royal Palm besticht durch gelassene Eleganz.

Club Med Grand Baie

216 klimatisierte Bungalows für zwei Personen

Service

Spezialitätenrestaurant, Bar, Swimming-Pool im Garten, Boutique, Konferenzräume, Autovermietung, Fahrradverleih.

Aktivitäten

Wasserski, Segeln, Windsurfen, Schnorcheln, vier Tennis-Hartplätze mit Flutlicht, Bogenschießen, Yoga, Aerobic; gegen Gebühr Hochseefischen, zwei Golfplätze (9-Loch und 18-Loch), Kurse in allen Sportarten.

Unterhaltung

Kasino, organisierte Ausflüge.

Club Med
La Pointe aux Cannoniers Grand Baie,
Mauritius
Tel.: 00 230/26 38 650
Fax: 00 230/26 37 511

Prachtvolle Strände umgeben die tropisch bewachsene Landzunge des Club Med.

Ebenfalls im Nordwesten der Insel hat sich der Club Med angesiedelt. Die mehrstöckigen weißen Gebäude wurden im Kolonialstil errichtet. Sie liegen direkt in einem Garten mit immerblühenden tropischen Pflanzen. Im Zentrum der großzügigen Anlage trifft man sich am Swimming-Pool oder auch an der Bar.

Im Spezialitätenrestaurant des Club Med wird neben europäi-

Park versüßt Honeymoonern romantische Spaziergänge. Sie sollten um ihren Aufenthalt ganz auszukosten, ohnehin eine der neuen, verschönerten Junior Suites beziehen.

Gleich neben dem Resort liegen Golfplatz nebst Tauchschule. Gegen Gebühr hat das Royal Palm auch Hochseeangeln und Trimaran-Ausfahrten auf dem Programm. Apropos Sport – der wird hier ganz groß geschrieben: Windsurfen, Waserski, Reiten, Tennis auf drei Flutlichtplätzen, Segeln sowie Ausflüge in Tret-, Motor- oder Glasbodenbooten sind kostenlos; ebenso die hoteleigene Sauna. Ein weiterer Pluspunkt gegenüber anderen Hotels: Zum Ort, wo am Abend zur Nationalmusik Sega getanzt wird, braucht man zu Fuß nicht mehr als einige Minuten.

scher auch kreolische Küche kredenzt. Ein ausgezeichnetes Sportangebot richtet sich an die Aktiven unter den Urlaubern. Sogar Golf kann, wenn auch nicht direkt im Club, gespielt werden. Ein breites Ausflugs-Programm macht es möglich, neben erholsamen Stunden am weißen, scheinbar unendlich langen Sandstrand auch die Insel und ihre Bewohner mit der faszinierenden Vielfalt ihrer Lebensweise kennenzulernen. Am Abend lockt dann ein Kasino all jene, die ihr Glück herausfordern möchten. Insgesamt herrscht eine legere Atmosphäre. Vor allem jüngere Aktiv-Urlauber fühlen sich im Club Med, Grand Baie „La Pointe aux Cannoniers“ wohl.

Anreise
Mit Air Mauritius und Condor.

Auskunft
Mauritius Informations-Büro, Postfach 10 18 46, 60018 Frankfurt, Tel.: 06 171/98 03 54, Fax: 06 171/98 06 52. Vor Ort: Mauritius Gouvernment Tourist Office, Sir S. Ramgoolam Street, Port Louis, Mauritius, Tel.: 00 230/20 11 703, Fax: 00 230/21 25 142.

Einreise-Formalitäten
Ein gültiger Paß ist ausreichend.

Elektrizität
Die Stromspannung beträgt 220 Volt.

Essen und Trinken
Was Gaumenfreuden angeht, so ist Mauritius die Perle im Indischen Ozean. Vorzügliche chinesische Restaurants in Port Louis und natürlich die durch indische Kochkunst beeinflußte mauritianische Kreolküche lassen auch außerhalb der Hotels keine Wünsche offen. Als bestes Haus lokaler Kochkunst gilt Carri Poule in Port Louis. Die Qualität des einheimischen Bieres geht auf die deutschen Braulehrer zurück, und wer in Grand Baie einen preiswerten, aber guten Wein trinken will, sollte es in Phil's Pub versuchen.

Einkaufen
Zentrum für den Einkauf ist nicht Port Louis, sondern Curepipe auf der Hochebene im Norden der Insel. Tax-Free-Shops bieten eine Warenpalette wie in Singapur, origineller sind sicherlich die mauritianischen T-Shirts. Wer ein paar tausend Mark anlegen möchte, kann sich eines der maßstabgetreu nachgebauten Modelle großer Segelschiffe zulegen.

Unternehmungen
Ende Februar unternehmen rund 2.000 gläubige Hindus einen Pilgergang zum Great Bassin, wo sie bei rituellen Waschungen Blumen in die See werfen. Der Duft von zahlreichen Räucherstäbchen schwängert dann die Luft – unbedingt miterleben! Ausflüge sollten auch zum erloschenen Vulkankrater bei Curepipe, zu dem botanischen Garten bei Pamplemousse und zur Pferderennbahn von Port Louis führen, wo von Mai bis Oktober auf Sieg und Platz gewettet wird.

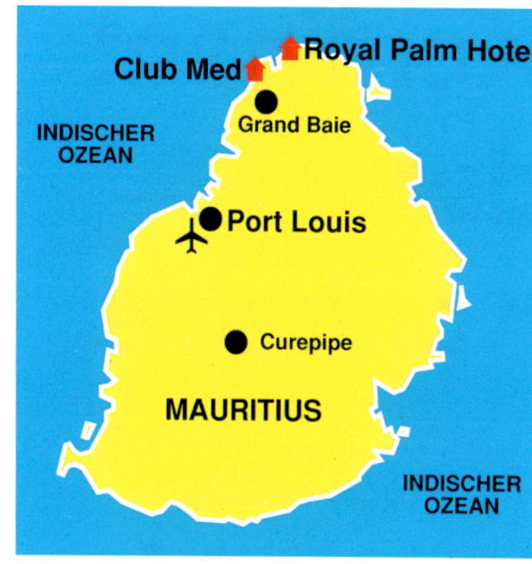

Verpassen darf man auch nicht die Markthallen von Port Louis, wo sich zwischen tropischen Früchten und Fischen auch Tigerbalsam findet. Neu für Golfer: Mauritius besitzt inzwischen drei 9- und drei 18-Loch-Plätze.

Fotografieren
Kaum jemand hat etwas dagegen, wenn er abgelichtet wird. Filme sollte man mitbringen, da es auf jeden Fall preiswerter ist.

Geld
Die Währungseinheit nennt sich Rupie. Hartwährungen wie Mark und Dollar wechseln die Banken und Hotels. Kreditkarten werden alle akzeptiert, Euroschecks dagegen nicht.

Kleidung
Auf Etikette wird auch in den Spitzenhotels kein übertriebener Wert gelegt. Die Garderobe sollte den Temperaturen angemessen luftig und leicht sein.

Sprache
Umgangssprache ist Créole, doch viele beherrschen auch Englisch oder Französisch. Selbst Deutsch wird in einigen Hotels gesprochen.

Transport
Fahrräder sind in den Hotels kostenlos, für Kurzausflüge eignen sich Mofas. Mietwagen kommen teurer als ein Taxi nebst Fahrer, der sich oft genug auch als Fremdenführer versteht.

Klima
Zwischen 25 und 30 Grad schwanken die Durchschnittstemperaturen. Januar und Februar sind sehr feucht-heiße Monate. Die regenärmsten Monate liegen zwischen Juni und November. In den übrigen Monaten erreichen die Wassertemperaturen bis zu 26 Grad.

Jan.	Feb.	Mrch.	Apr.	May	June	July	Aug.	Sept.	Oct.	Nov.	Dec.	
30	30	29	28	26	24	24	24	25	27	28	30	○
23	23	22	21	19	17	17	17	17	18	20	22	[moon]
8	8	7	8	7	8	8	8	8	8	9	8	[sun]
27	27	27	27	25	24	23	22	23	23	24	25	[waves]
15	16	18	17	15	11	13	14	9	9	7	14	[umbrella]

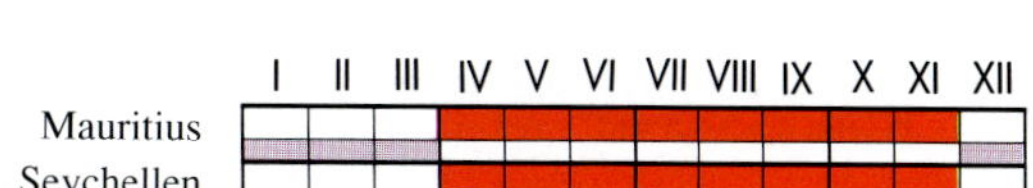

Kontinent der Kontraste

High-Tech neben Rikschas, rasantes Leben in den Städten, gemächlicher Wandel auf dem Land: Asien ist der Kontinent der Kontraste. Alle Weltreligionen sind hier zugegen, und sie verbindet eins – die Höflichkeit.

Buddhistische Mönche in wallenden Gewändern, heilige Kühe, das unendliche Bergmassiv des Himalaya, die verzauberte Inselwelt im Süden – das sind einige der Mosaiksteinchen, aus denen sich unser Bild über Asien zusammensetzt. Andere sind Rassenprobleme und Armut, Bevölkerungsexplosion und Verkehrschaos, wobei die Mischung aus Unberührtheit und Moderne, das Zusammenspiel von Vergangenheit und Zukunft die Faszination des bis heute so exotisch-verwunschenen größten Kontinents der Welt ausmacht.

In den 41 Ländern Asiens leben heute auf 44 Millionen Quadratkilometern rund 300 Millionen Menschen, die zum Teil auf eine 4000jährige Geschichte zurückblicken. Bis ins späte Mittelalter war Asien daher für die Europäer der Kontinent, wo Milch und Honig flossen und eine hochstehende Kultur und Wissenschaft blühten. Gewürze, Gold und Edelsteine lockten die Entdecker der Alten Welt, doch ihre koloniale Präsenz, ihr missionarischer Eifer konnten keine allzu tiefen Furchen ziehen. Buddhismus, Hinduismus, Konfuzianismus, Islam und die Welt der Geister und Dämonen wehrten sich gegen den Machtanspruch des Christentums. Nur die Philippinen sind heute ein überwiegend katholischer Staat.

Asien ist ein Kontinent der landschaftlichen Kontraste, der kulturellen Unterschiedlichkeiten und der gesellschaftlichen Gegensätze, und nur die zurückhaltende Höflichkeit scheint die Menschen zu verbinden. Inneres Gleichgewicht, Respekt vor dem Fremden und ungebrochener Lebensmut selbst in schwierigen Situationen lassen den Reisenden von heute in den asiatischen Ländern oftmals das finden, was die Abenteurer vergangener Jahrhunderte schon vermuteten – ein fremdes, begehrenswertes Paradies.

India – wohl kaum ein anderer Name hat die Phantasie europäischer Entdecker so beflügelt und wurde zum Synonym für so viele Verlockungen und Sehnsüchte. Der Vielvölkerstaat, das Herkunftsland von Pfeffer, Gewürzen, Gold und Edelholz, ließ schon die antiken Griechen schwärmen. Schließlich beschäftigte die Suche nach einem Seeweg über Jahrhunderte die Navigatoren der Alten Welt.

Vasco da Gama landete als erster europäischer Entdecker an der Küste des riesengroßen indischen Subkontinents und nahm die Halbinsel Goa für das portugiesische Königshaus in Besitz.

Ehemals Ankerplatz für Einsteiger ins Aussteigen, heute Flitterwochenparadies – Goa hat sich verändert und dabei Freiheit bewahrt.

Wohl keine andere Landschaft Indiens hat solch einen lieblichen Reiz wie Goa. Palmenhaine, Reisfelder und geschwungene Flußläufe prägen das Bild. Die kulturelle Vielfalt des Landes äußert sich vor allem auch in der Musik. Denn deren Traditionen sind in Goa völlig verschieden von denen der klassischen südlichen Klänge.

Der Reichtum Indiens floß ins arme Portugal und in die Kolonialstädte des neuentdeckten Kontinents. Viele Portugiesen gingen nach Indien – in der Blütezeit der Hauptstadt Velha Goa lebten dort mehr Menschen als in Lissabon.

Mit den Portugiesen kamen die christlichen Missionare. Heute bekennen sich rund 40 Prozent der 850.000 Bewohner der Halbinsel zum Christentum. Die Menschen geben ein Beispiel für friedliche Koexistenz jenseits ethnischen Dünkels – Christen, Hindus, Buddhisten und Muslime leben Tür an Tür und erliegen in ihrer Mehrheit nicht der neuen indischen Geißel, dem religiösen Fanatismus.

Etwa 120 Kilometer feinen weißen Sandstrands umsäumen Goas nur eine knappe Flugstunde von Bombay entfernte Küste. Palmenwälder und Reisfelder, Cashewnüsse und Gewürzplantagen prägen die Landschaft. Die heutige Hauptstadt Panaji ist mit den breiten, schattigen Alleen und den bedächtigen Bewohnern ein geeigneter Ort für Einsteiger ins Aussteigen.

Das wußten auch Hippies aus aller Welt, als sie sich in neu entdeckter Innerlichkeit in den sechziger Jahren Goa zum Treffpunkt auserkoren. Die Joints der Hermann-Hesse-Verehrer kreisen längst nicht mehr, die Blumenkinder sind verschwunden. Geblieben ist, was vor ihnen war: das betörende Flair der Landschaft, der Charme der Menschen, die trotz Besucherinvasion aus aller Welt ihrem traditionellen Leben und ihren Werten treu geblieben sind.

Fort Aguada Beach Resort

120 Zimmer im Haupthaus oder Bungalows mit zwei Gästezimmern, Klimaanlage, TV, Telefon, Meer-Blick. Die „Terrace Rooms" im Haupthaus haben zusätzlich eine Wohnecke sowie einen großen Balkon oder eine Terrasse.

Service

1 Restaurant, Coffeeshop, 3 Bars, Swimming-Pool mit Bar und Liegewiese; Boutique; Fitneßzentrum, Schönheitssalon, Friseur einige Meter entfernt auf dem Weg zum Taj Holiday Village; Kreditkarten.

Aktivitäten

Gemeinsame Sportanlage mit dem Taj Holiday Village: Zwei Tennisplätze, Squash, Badminton, Wasserski, Segeln, Motorboot, Windsurfen, Fahrradverleih.

Unterhaltung

Gelegentlich indische Folklorevorführungen, Videofilme, Barbecue, organisierte Ausflüge.

The Fort Aguada Beach Resort
Sinquerim
Panaji/Goa, India
Tel. 0091/75 601
Briefanfragen über:
The Taj Group of Hotels
St. James Court
Buckingsham Gate
Westminster, London SW1E6AF
Tel. 00 41/71/82 85 909
Fax 00 41/71/63 07 587

Das quasi auf den Ruinen einer alten portugiesischen Festungsanlage errichtete Fort Aguada Beach Resort ist nach wie vor das beste Strandhotel Indiens. Es liegt am 16 Kilometer langen Calangute Beach. Hoch über der Mündung des Mandovi-Flusses paßt sich die Anlage harmonisch in die Landschaft ein. Im Haupthaus und den 14 Bungalows des reizvollen Resorts stehen dem internationalen Publikum 120 Zimmer zur Verfügung.

Die Ausstattung der Zimmer und Aufenthaltsräume im Fort Aguada ist zweckmäßig bis einfach, was auch auf den Swimming-Pool zutrifft. Von den großen, schattigen Liegewiesen hat der Gast dafür allerdings einen atemberaubenden Blick auf das Meer und den endlosen, scheinbar unberührten Strand mit seinem braunen Sand.

Der Calangute Beach beherbergt noch eine ganze Reihe weiterer Hotels. So teilen sich die Gäste des Fort Aguada Beach Resorts auch das Sportzentrum mit dem nur 200 Meter entfernten Taj Holiday Village. Trotz der Weite der Strand- und Palmenlandschaft ist an völlige Abgeschiedenheit nicht zu denken, denn die vielen kleinen indischen Hotels ziehen

Romantisch gelegen, von tropischer Pracht umhüllt: die freistehenden Villen des Aguada Beach.

Auf einem Hügel hoch über dem Calangute Beach hat man von den Gebäuden des Aguada Beach Resorts einen phantastischen Blick auf das Meer. Schon die portugiesischen Entdecker errichteten wegen der strategisch günstigen Lage dort ein Fort.

nicht nur Alt-Hippies aus aller Welt an, sondern auch badefreudige Inder aus dem für indische Entfernungsverhältnisse alles andere als weit gelegenen Bombay.

Wer sich in dieser faszinierenden Gegend Indiens erholen, aber ungestörter als im Aguada Beach Resort absteigen möchte, entscheidet sich für eines der 40 klimatisierten Nobelhäuser des Aguada Hermitage. Die freistehenden Villen mit Wohnraum, Eßecke, Schlafzimmer, Bad, WC, Klimaanlage und eigenem Garten nebst Terrasse liegen etwa 200 Meter am Hang über dem Aguada Beach Resort, zu dem die Villenanlage gehört.

Alle Einrichtungen des Beach Resorts können selbstverständlich auch von den Gästen des Hermitage benutzt werden. Ein kostenloser Taxiservice steht ihnen dabei zur Verfügung.

Anreise
Ein Linienflug der Air India führt über Bombay mit Anschlußflug nach Goa. Charterflüge gehen in den europäischen Wintermonaten direkt nach Goa.

Auskunft
Indisches Fremdenverkehrsamt, Baseler Str. 48, 60329 Frankfurt, Tel.: 069/23 54 23, Fax: 069/23 47 24. Vor Ort: Govt. of India Tourist Office, Communidade Building, Church Square, Panaji, Tel.: 00 91/832/43 41 2.

Einreise-Formalitäten
Reisepässe müssen eine Gültigkeitsdauer von mindestens sechs Monaten haben, Kinderausweise mit Lichtbild versehen sein. Ein Visum ist erforderlich. Impfungen sind nicht vorgeschrieben, freiwillige Vorsorge gegen Malaria, Cholera und Typhus wird aber von Kennern des Landes empfohlen.

Elektrizität
Die Stromspannung beträgt mal 110, dann wieder 220 Volt.

Essen und Trinken
Der kulinarische Reiz der Küche Goas liegt in der Verquickung indischer und portugiesischer Kochkunst. Grundsätzlich wird zwischen vegetarischer und nicht-vegetarischer Kost unterschieden. Überall laden preiswerte, saubere Restaurants zum Verweilen ein – ein Hummer kostet oft weniger als ein Huhn! Fruchtsäfte, Limonade und Tee werden zum Essen getrunken. Hinzu kommen noch goanesischer Wein und „Feni", ein Schnaps aus Cashew-Nüssen. Weithin bekannt sind die chinesischen Gerichte des Goenchin in der Hauptstadt Panaji und am gleichen Ort das Godinho mit Goas kulinarischen Spezialitäten im portugiesischen Ambiente.

Einkaufen
Gewürze sind nach wie vor ein praktisch-schmackhaftes Andenken. Im Örtchen Anjuna lockt zudem jeden Mittwoch ein Hippie-Markt mit Schmuck, Kleidern und bronzenen Statuen. Keramik kann man zweimal wöchentlich in Mapusa ersteigern.

Unternehmungen
Besuchen sollte man Alt-Goa mit der portugiesischen Basilika Bom Jesus, in der auch Goas Schutzpatron Francis Xavier in einem gläsernen Sarg ruht. Ebenfalls einen Ausflug wert: Die Hauptstadt Panaji und die etwa 60 Kilometer entfernten Dudhsagar-Wasserfälle. Auf einer Zugfahrt durch Südgoa hat der Gast die Gelegenheit, Land und vor allem Leute näher kennenzulernen.

Fotografieren
Filme sollte man mitbringen, da oftmals die Lagerzeit vor Ort überzogen wird. Die Goanesen sind dankbare Modelle.

Geld
Die Währung heißt Rupie und darf nicht ausgeführt werden. Euroschecks werden oft nicht akzeptiert. Kreditkarten dagegen stellen für die großen Hotels kein Problem dar.

Kleidung
Auch in den Top-Hotels legt man auf feine Abendgarderobe keinen Wert. Leichte Kleidungsstücke aus Leinen und Baumwolle werden empfohlen.

Sport
Die Hotels bieten so ziemlich alles, was sich ein sportlicher Urlauber wünscht.

Sprache
Hindi ist die Staatssprache, einige ältere Menschen verstehen auch noch Portugiesisch. In den Hotels kommuniziert man in Englisch.

Transport
Von den Stränden und den Hotels zur Hauptstadt Panaji kommt man mit dem Bus. Die Preise bei Taxifahrten müssen vorher ausgehandelt werden, Mietwagen werden mit und ohne Fahrer verliehen.

Klima
Zwischen Oktober und März liegt die beste Reisezeit mit Temperaturen um 30 (Tag) bis 25 (Nacht) Grad. Das Meer lockt mit durchschnittlich 26 Grad.

Jan.	Feb.	Mrch.	Apr.	May	June	July	Aug.	Sept.	Oct.	Nov.	Dec.	
28	28	30	32	33	31	30	29	30	32	32	30	○
19	20	22	24	27	26	25	24	24	24	23	21	☾
9	9	9	9	9	5	3	2	5	8	10	10	☼
25	26	26	27	28	29	28	27	27	27	27	26	≈
0	0	0	0	0	16	26	20	14	3	1	0	☂

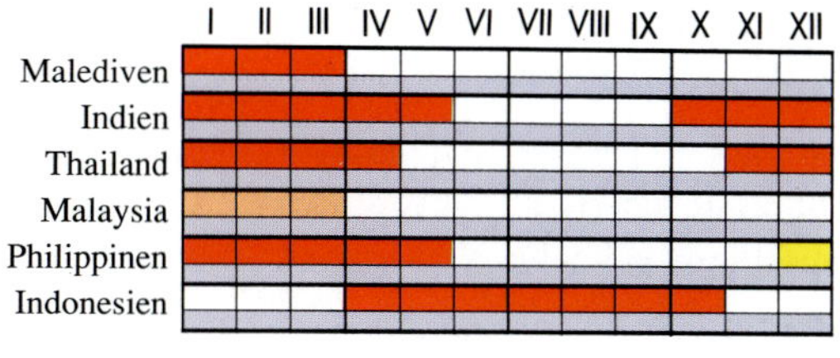

Bewahrte Tradition neben Weltoffenheit, Bars, Diskos und Tourismus neben überlieferten Lebensformen der Bergstämme: Das Land des Lächelns verbindet Zukunftt und Vergangenheit.

Unendlich vieles fasziniert an Thailand, dem ehemals so mächtigen Königreich Siam. Etwa die abwechslungsreiche Landschaft, die durch die Geometrie der Reisfelder, undurchdringlichen Regenwald und weite Strände geprägt ist. Oder die trotz Verkehrschaos mitreißende Metropole Bangkok und das in scharfem Kontrast dazu stehende archaische Leben der Reisbauern, Kautschukzapfer und Bergstämme im „Goldenen Dreieck".

Doch: Das Land des Lächelns und der weißen Elefanten besticht vor allem durch die Freundlichkeit, Güte, Toleranz und Bedürfnislosigkeit seiner Menschen. Der Buddhismus und das einfühlsame Sozialverhalten der Thai sind die Säulen einer filigran gesponnenen Gesellschaft, in der vor allem vieles „sanuk", Spaß, machen soll. Dabei steht im Zentrum das tiefe Bedürfnis der Thai, Peinlichkeiten zu vermeiden. Hinter den ewig lächelnden Lippen verbergen sich viele, strikt einzuhaltende Verhaltensregeln.

Nie hatten die Thai unter der Geißel des Kolonialismus zu leiden, umso heftiger wütete zumin-

Thailand hat sich schon lange dem Westen gegenüber geöffnet, doch viel Ursprünglichkeit bewahrt. Das Taucher-Paradies Phi Phi Island (rechts) lädt zu Ausflügen in die bunte Unterwasserwelt ein. Das Dorf der Schirmmacher bei Chiang Mai (unten) bietet Einblicke in thailändisches Kunsthandwerk, und die unzähligen Tempel auf Phuket sind sicher Zeugen tiefempfundener Religion.

dest eine Zeitlang die Fremdenverkehrsprostitution. Allerdings hat das Königreich weit mehr zu bieten, und die von den Völkern der Khmer und Mon beeinflußte Kultur des Landes ist trotz westlicher Einflüsse nicht nur in den 25.000 Klöstern den traditionellen Werten treu geblieben.

Thailand hat sich dem Tourismus gänzlich geöffnet – nicht nur der Rummel in Pattaya oder das noch relativ neue Fremdenverkehrszentrum auf der Insel Phuket sind dafür Zeugen. Doch die auf dem Reisanbau basierende Kultur der Thai setzt den materiellen Verlockungen geistigen Reichtum und soziales Gleichgewicht entgegen und verliert sich nicht in westlicher Imitation. Vielleicht ist auch dies ein Grund dafür, warum die Thai ihre Gäste anlächeln.

Royal Cliff Beach Resort

271 Superior-Zimmer, 327 Mini-Suiten, 115 Suiten, 187 Royal Cliff Grand Rooms. Alle mit Telefon, Minibar, Safe, Klimaanlage.

Service

10 Restaurants, 4 Bars, 4 Swimming-Pools mit Snack-Bars, 30 Shops, Friseur, Massage, Kreditkarten, Mietwagen, Airport-Transport.

Aktivitäten

6 Tennisplätze mit Flutlicht, Minigolf, 14 Golfplätze in der Nähe, Tischtennis, Sauna, Fitnesscenter, Tauchen, Schnorcheln, Segeln, Wasserski, Fischen, hoteleigener Katamaran.

Unterhaltung

Barbecue jeden Freitag, Ausflüge.

Royal Cliff Beach Resort
Royal Cliff Bay
Near Pattaya, Thailand
Tel. 00 66/38/25 04-21/-40
Fax 00 66/38/25 05 11
Fax Royal Wing: 25 04 86

Mit all seinem Rummel zwischen Nightclubs, Diskos und Souvenirläden ist das nur etwa 150 Kilometer südlich von Bangkok entfernte Pattaya Ausdruck des Massentourismus in Thailand. Doch mit dem größten Resorthotel des Kontinents, dem Royal Cliff, hat Pattaya Einmaliges zu bieten.

Der Komplex splittet sich in drei verschiedene Hotelgebäude auf, von denen sich der jüngste, der Royal Wing, durch Eleganz, Exklusivität und Intimität abhebt. Es ist „ein Hotel im Hotel". Pianomusik in der Marmorlobby, überdimensionale Orchideen-Gebinde, zu Suiten erhobene „Zimmer" und der persönliche Butler ermöglichen hier Entspannung fernab der Masse.

Ein gläserner Lift bringt die Gäste von der Lobby auf dem Dach hinunter zu den weich geformten Swimming-Pools, den Restaurants und dem privaten Strand des Hotels. Vor allem Meeresfrüchte und frischen Fisch serviert The Benjarong Restaurant: man dinniert vor Tapeten

Luxus pur in drei separaten Hotelgebäuden bietet das Royal Cliff Beach Resort in Pattaya.

Amanpuri

40 Pavillions und 10 Thaivillen mit Außenterrasse,Kühlschrank, Safe, Musik- und Klimaanlage, Telefon; Villas mit maximal 4 Schlafzimmern und Privatpool

Service

2 Restaurants, Bar, Strandbarbecue, Swimming-Pool, 24 Stunden Roomservice, Beauty, Friseur, Boutique, Bibliothek, Wäscherei, Mietwagen, Limousinentransfer zum Flughafen

Aktivitäten

Segeln, Windsurfen, Schnorcheln, 4 Golfplätze in 30 Minuten Entfernung, 2 Tennisplätze mit Flutlicht, Fitnessraum, Massage, Kosmetik, gegen Gebühr: Kreuzfahrten auf privaten Yachten

Amanpuri
Pansea Beach, Phuket Island
Thailand
Tel. 00 66/76/32 43 33
Fax 00 66/76/32 41 00

Die Anmut der traditionellen Thai-Architektur und Schnitzkunst prägt die zwischen Palmen gelegenen Gebäude des Amanpuri.

„Amanpuri" heißt „Platz des Friedens", und der Pariser Architekt Ed Tuttle ließ hier äußerst gefühlvoll, zwischen den Palmen einer ehemaligen Kokosnuß-Plantage, 40 Pavillion-Suiten im Thai-Stil entstehen. Jede Suite verfügt über ein Schlafzimmer, einen Ankleideraum, ein großes Bad und eine großzügige Terrasse mit einem Eßbereich. Feinste Thai-Schnitzkunst spiegelt sich in dem Mobiliar und den Holzverkleidungen von Schiebetüren und Fenstern.

aus Thai-Seide und auf klassischem Thai-Porzellan. Sportlich veranlagte Gäste bedienen sich aus dem Riesen-Repertoire dieses Resorts, dem man auch in dieser Hinsicht nur das Prädikat „super" geben kann.

Wohnen steigert sich zum Residieren in den Thai Villa Homes. Jede verfügt über einen privaten Pool, einen Open-air-Bereich, Wohnzimmer, Küche, Waschraum und Schlafzimmer in separaten Pavillons. Ein Zimmermädchen und Koch übernehmen die persönliche Betreuung.

Die Hütten bieten also ein echtes Refugium; dennoch offeriert das Nobel-Resort alle erdenklichen Wassersportarten, vier internationale Golfplätze in 30 Minuten Entfernung, zwei Tennisplätze, Sauna, Thai-Massage, aber auch Kosmetikbehandlungen. Einzigartig im Amapuri: Als einziges Hotel Thailands besitzt es seine eigene Marina, mit der man Ausflüge zu jeder benachbarten Insel unternehmen kann.

Anreise
Die großen asiatischen Fluglinien fliegen Bangkok nonstop an. Von dort aus geht es mit Thai-Airways weiter.

Auskunft
Thailändisches Fremdenverkehrsamt, Bethmannstr. 58, 60323 Frankfurt, Tel.: 069/29 57 04, Fax: 069/28 14 68. Vor Ort: Tourism Authority, 73-75 Phuket Road Muang, Phuket-Town, Tel.: 00 66/76 21 22 13, Fax: 00 66/ 76 21 35 82. In Pattaya hilft das Royal Cliff Beach Resort bei allen Fragen.

Einreise-Formalitäten
Ein gültiger Reisepaß reicht, doch wer länger als 14 Tage bleibt, braucht ein Visum.

Elektrizität
220 Volt.

Essen und Trinken
Wer der ausgezeichneten Küche der Hotels oder der internationalen Gerichte überdrüssig ist, findet überall Ausweichmöglichkeiten. Die thailändische Kochkunst zählt sicher zu den abwechslungsreichsten der Welt: ob Meeresfrüchte, Huhn oder Gemüse – alles ist preiswert, pikant und frisch.

Einkaufen
Gängige Souvenirs, ausgefallene Strandkleidung, aber auch Imitate internationaler Markenartikel finden sich an fast jeder Ecke. Zudem bietet das reichhaltige Kunsthandwerk der Thai eine Vielzahl interessanter Objekte. In Phuket-Town kann man sich in kurzer Zeit im Rani Silk Shop preiswert aus Seide etwas maßschneidern lassen.

Unternehmungen
Bangkok mit den schwimmenden Märkten, dem Königspalast und den vielen Tempelanlagen ist für mehrere Ausflugstage geeignet. Die nur 70 Kilometer nördlich davon gelegene alte Hauptstadt Ayuthia ist auch als Ruine ein faszinierendes Monument kulturellen Reichtums und der Pracht des Königshauses Siam. Auf Phuket sollte man die Dörfer im Südosten der Insel besuchen. Unterwasserfreunde dürfen die Phi Phi Islands nicht verpassen, und niemand die nur 70 Kilometer entfernte Pang Nga Bay mit den bewachsenen, schroff aus dem Wasser ragenden Felsen – eine James-Bond-Kulisse.

Fotografieren
Menschen aufzunehmen ist im allgemeinen kein Problem. Auf Phuket sollte man allerdings vorsichtig sein, da dort viele Muslime leben.

Geld
Die Währung nennt sich Bath. Die großen Hotels sind auch auf Kreditkarten eingestellt. Einfachstes Zahlungsmittel ist allerdings der US-Dollar.

Kleidung
Die Garderobe sollte sportlich bis elegant den klimatischen Verhältnissen angepaßt sein. Die Thais sehen es nicht gerne, wenn an öffentlichen Stränden nackt gebadet wird.

Sport
Ob Pattaya oder Phuket – Sport-Fans können aus dem Vollen schöpfen. Auf Phuket ist Wassersport in den Sommermonaten nur bei entsprechend ruhigem Seegang möglich.

Sprache
Da Thai eine Tonsprache ist, entscheidet die Tonhöhe über die Bedeutung einzelner Wörter, was ein schnelles Verständnis nahezu unmöglich macht. In den Hotels und Geschäften wird ein ebenfalls schwer zu verstehendes Englisch gesprochen.

Transport
Bus-, Bahn- und Flugnetz sind gut ausgebaut. Auf Phuket stehen neben Taxis preiswerte Minibusse und Mietwagen zur Verfügung.

Klima
Durch den Südwestmonsun kommt es zwischen Mai und September zu starken Regenfällen. Das ganze Jahr herrschen zwischen 28 und 32 Grad.

Jan.	Feb.	Mrch.	Apr.	May	June	July	Aug.	Sept.	Oct.	Nov.	Dec.	
32	33	34	35	34	33	32	32	32	31	31	31	○
20	23	24	26	25	25	25	24	24	24	23	20	☾
8	8	8	10	8	6	5	5	5	6	7	8	☼
26	27	27	28	28	28	28	28	28	27	27	27	≋
1	2	3	4	13	14	15	15	17	13	4	1	☂

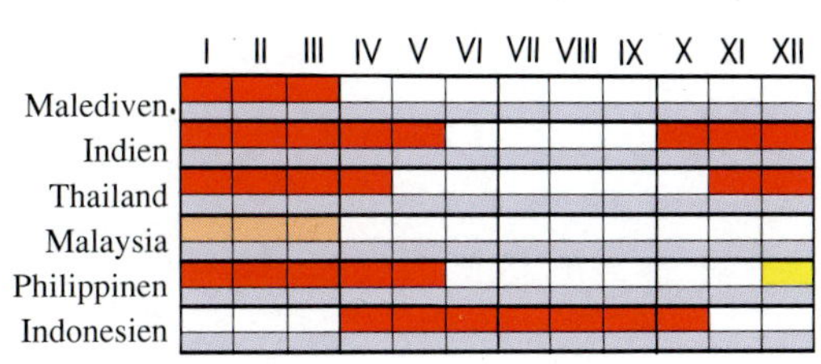

Der älteste Urwald der Welt, die letzten Orang Utans: Malaysia hat zwischen materiellem Reichtum und politischen Unruhen friedliche Stille bewahrt.

Empfindsame Malaien, geschäftstüchtige Chinesen, gemächliche Inder, der Islam, der Konfuzianismus, der Hinduismus, das Christentum – das kunterbunte Völker- und Religionsgemisch Malaysias spiegelt die gesamte Kulturvielfalt Asiens wider. Doch ein Schmelztiegel ist das vom Südchinesischen Meer in eine Ost- und eine Westhälfte getrennte Land nicht. Blutige Rassenunruhen sind auch dort nichts Unbekanntes. Ein Grund: Die knappe Bevölkerungsmehrheit der islamischen Malaien besitzt die politische Macht und beäugt eifersüchtig die ökonomisch erfolgreichen Chinesen.

Malaysia, durch den Reichtum an Zinn, Erdöl, Kautschuk und Palmöl eines der entwickeltsten Länder Asiens, sucht noch nach nationaler Identität – gelebt wird mehr neben- als miteinander. Die Sultane wählen aus ihren Reihen alle fünf Jahre einen König. Diese Wahlmonarchie garantiert innenpolitische Ordnung und außen-

Knallbunte Tempel, aber auch Moscheen prägen überall in Malaysia das städtische Bild. Außerhalb der Metropolen finden sich noch unendlich viele Strandabschnitte, an denen Fischer ihrer täglichen Arbeit nachgehen. Ob zu Land oder zu Wasser: Malaysia ist gut erschlossen, und Ausflüge sind problemlos. Mit Barkassen (unten) lassen sich auch abgelegene Inseln erreichen.

politisch einen blockfreien Kurs. Hoher Lebensstandard, ein ausgezeichnetes Bildungsniveau und ein effektives Gesundheits und Sozialwesen zeichnen dabei den jungen, zu 70 Prozent mit Regenwald bedeckten Staatenbund aus. Nur ein Sechstel der etwa 16 Millionen Einwohner lebt im Ostteil, in den Provinzen Sarawak und Sabah, wo sich im dichten Dschungel auch die Zufluchtsstätten der letzten Orang Utans befinden.

Malaysia, im 14. Jahrhundert von den Arabern islamisiert, war aufgrund des strategisch wichtigen Seewegs von Malakka auch Ziel portugiesischer, holländischer und britischer Kolonisatoren. Auch die Insel Penang, heute eines der touristisch erschlossensten Gebiete Malaysias, war bis 1957 in englischer Hand. Heute prägen die Kultur und Lebensweise der Chinesen das Leben. Penang, einst Torweg zu den Reichtümern des Ostens, wird gegenwärtig zu Recht „Paradies der Strände" genannt und hat ganz nebenbei brodelndes urbanes Leben in der zweitgrößten Stadt Malaysias, Georgetown, zu bieten.

Rasa Sayang

333 Zimmer und Suiten mit Balkon, Telefon, Radio, TV, Minibar und Klimaanlage.

Service
Zwei Spezialitäten-Restaurants, Coffee Garden, Bar in der Lobby und am Swimming-Pool, Liegewiese, Friseur, Boutiquen, Kreditkarten.

Aktivitäten
Wasserski, Windsurfen, Segeln, Schnorcheln, Tauchstation liegt in der Nähe; vier Tennis-Hartplätze, 18-Loch-Golfplatz in 25 Kilometern Entfernung, Squash.

Unterhaltung
Diskothek, drei Bars, Barbecue, organisierte Ausflüge.

Rasa Sayang
Batu Feringgi Beach
11100 Penang Malaysia
Tel. 00 60/4/81 18 11
Fax 00 60/4/81 19 84

Die geschwungenen Dächer der sechs miteinander verbundenen Häuser des Rasa Sayang geben dem attraktivsten Hotel der Insel Penang einen unverwechselbaren Charakter. Das schon ältere, aber immer wieder renovierte Haus ist nach wie vor Malaysias Luxus-Perle. Die mehrstöckigen Häuser gruppieren sich im Halbkreis um eine Gartenanlage mit Palmen, Swimming-Pool und grünem Rasen, der sich bis zum Strand von Batu Feringgi zieht.

Die luxuriös und geschmackvoll in Rosa und Blau eingerichteten Zimmer erlauben einen Blick auf Garten oder Pool. Besonders zu erwähnen sind die phantasievoll im jeweiligen Stil des Landes eingerichteten Suiten mit den Namen Malaysia, Thailand, Indien, China oder Japan.

Zwei vorzügliche Restaurants bieten internationale und japani-

Die Dachkonstruktion des Rasa Sayang lehnt sich an die malaiische Architektur an. Wem der Strand vor dem Hotel zu belebt ist, der kann auf den Swimming-Pool ausweichen.

Penang Mutiara Beach Resort

444 Zimmer mit Balkon und großen komfortablen Bädern.

Service
5 Restaurants, Swimming-Pool mit Bar, 5 Konferenzräume und ein Ballsaal, eigenes Areal für Kinder (mit Aufsicht).

Aktivitäten
4 Tennisplätze, 2 Squashcourts, Tischtennis, Strand-Volleyball, Badminton, Fitness Center, Sauna, Massage, kleiner Golf Putting Green, Schnorcheln, Wasserski, Windsurfen, Boote

Unterhaltung
Diskothek, Themenpartys.

Penang Mutiara Beach Resort
1, Jalan Telok Bahang
11050 Penang, Malaysia
Tel.: 04/885/2828
Fax: 04/885/2829

Das Penang Mutiara Beach Resort ist eine Perle: es ist das einzige 5-Sterne-Resort entlang des Strandes von Telok Bahang. Als Leading Hotel läßt es keine Wünsche offen. Elegante, exotische Materialien prägen die Zimmeratmosphäre. Der mächtige Hotelblock am Strand erlaubt aus jedem Zimmer einen wunderschönen Blick über die Bucht und den Swimming-Pool in der Mitte des hufeisenförmigen Komplexes. Groß ist die Auswahl an Restaurants: Im „Garden Terrace“ findet man internationale Küche, das House of Four Seasons offeriert chinesische Küche. „La Farfalla“ serviert zu Pianoklängen feinste italienische Spezialitäten, und im „Tsuru-No-Ya“-Restaurant bringen junge Mädchen im Kimono Sushi.

Aus allen Zimmern des Penang Mutiara Beach Resort geht der Blick über die Bucht und den Swimming-Pool in der Mitte des Komplexes.

Das Mutiara Beach richtet auch viele Veranstaltungen aus. Schließlich faßt der Ballroom bis zu 725 Personen. Doch den Urlauber interessiert primär das

sche Küche. Damit nicht genug: Ein weiteres Gartenrestaurant kredenzt mit Blick auf das Meer allabendlich ein Spezialitätenbuffet. Im Rasa Sayang herrscht eine legere Atmosphäre, und nicht nur beim Golf oder Tennis, sondern auch beim Dinner – ohne Krawattenzwang – geben sich die Gäste locker.

Der Batu Feringgi-Strand vor der Anlage ist durchaus belebt, denn eine ganze Reihe Hotels haben sich in dieser grüntropischen Landschaft angesiedelt. Doch unter ihnen ist das Rasa Sayang ist mit seiner unaufdringlichen Eleganz ein Ort der Ruhe und Abgeschiedenheit geblieben. Es liegt zudem nur 30 Autominuten vom großstädtischen Leben Georgetowns entfernt. Im Hotel selbst und in seiner Umgebung besteht ein reiches Angebot an Sportmöglichkeiten.

Sportangebot. Es umfaßt, alle Möglichkeiten vom Tennis über Sauna und Fitness bis hin zu sämtlichen Wassersportarten. Neu ist der Marine Adventure Golf. Dieses Putting Green in der Nähe des Marina Clubs eignet sich für Anfäger wie für Profis.

Anreise
Diverse Gesellschaften, darunter der nationale Carrier Malaysia Airlines (MH), fliegen nach Kuala Lumpur und Penang. Im Land geht's weiter mit MH oder Pelangi Air. Flugpreise vergleichen, da es immer wieder besondere Angebote gibt.

Auskunft
Fremdenverkehrsamt von Malaysia, Am Rossmarkt 11, 60311 Frankfurt, Tel.: 069/28 37 82, Fax: 069/28 52 15. Vor Ort: Tourism Malaysia Office, 10 Jalan Tun Syed She Barakdah, 10 200 Penang, Tel.: 00 60/46 20 066.

Einreise-Formalitäten
Ein gültiger Paß reicht, bei der Ankunft wird ein kostenloses Visum ausgestellt.

Elektrizität
220 Volt.

Essen und Trinken
Die Hotelrestaurants lassen keine Wünsche offen. Ansonsten bietet Malaysia ein kulinarisches Gemisch mit chinesischen, indischen und natürlich malaiischen Einflüssen. Vorherrschend sind Curry- und Fischgerichte.

Einkaufen
In Kuala Lumpur und auch in Georgetown kann man in den chinesischen Shops Seide und viel Kunsthandwerkliches erstehen. Als Besonderheit gelten die großen malaiischen Holzfiguren.

Unternehmungen
Kuala Lumpur hat zwar einen interessant klingenden Namen, doch außer Moschee, Nationalmuseum und einem samstäglichen Markt nicht viel zu bieten. Interessanter sind da schon die wenige Kilometer nördlich gelegenen Batu-Tropfsteinhöhlen, wo jeweils im Februar das traditionelle hinduistische Thaipusam-Fest gefeiert wird. Auf Penang selbst sollte man nicht die durch ihr Völkergemisch so lebhafte Stadt Georgetown mit all den Tempeln und Moscheen verpassen. Ebenfalls interessant für einen Ausflug sind der Schlangentempel, das Aquarium, das ehemalige englische Fort Cornwallis und der Kek Lok Si-Tempel auf dem 800 Meter hohen Penang Hill, zu dem eine Bergbahn führt.

Fotografieren
Die Angehörigen des Islam lassen sich nicht so gerne ablichten, deshalb sollte man unbedingt

vorher fragen. Aufgrund der Lichtverhältnisse empfiehlt sich ein Braunfilter.

Geld
Zahlungsmittel ist der Malaysian Ringgit (MYR), in der Umgangssprache immer noch Malaysia Dollar genant. Man sollte schon in Kuala Lumpur tauschen und nicht in den Hotels.

Kleidung
Das tropisch-schwüle Klima erfordert leichte Kleidung. Selbst im Rasa Sayang ist Abendgarderobe nicht notwendig. Minirock und Shorts bei den Damen werden von den Malaien nicht gern gesehen. An öffentlichen Stränden ist topless verpönt.

Sport
Auch für den aktivsten Sportler bieten die Hotels alles nur Erdenkliche. Doch Vorsicht: Wegen der hohen Luftfeuchtigkeit und der tropischen Hitze sollte man den Sport sachte angehen lassen.

Sprache
Babylonische Sprachverwirrung herrscht nicht, denn auch außerhalb der Hotels wird oft Englisch gesprochen.

Transport
Flug- und Straßennetz sind vorzüglich ausgebaut. Taxis sind an asiatischen Maßstäben gemessen teuer. Auf Penang können die Gäste auf ein Bussystem und Mietwagen zurückgreifen.

Klima
Bei Temperaturen zwischen 23 und maximal 31 Grad (Wasser durchschnittlich 25 Grad) sind die günstigsten Reisemonate Januar bis März. Zwischen Juli und September muß man an der Westküste mit heftigen Niederschlägen rechnen. An der klimatisch anderen Einflüssen ausgesetzten Ostküste regnet es viel während des europäischen Winters.

Jan.	Feb.	Mrch.	Apr.	May	June	July	Aug.	Sept.	Oct.	Nov.	Dec.	
27	27	27	28	29	29	29	29	30	30	28	27	○
21	21	22	22	23	24	24	24	24	24	23	22	☾
7	8	8	8	8	8	8	8	8	7	7	7	☼
26	26	26	27	27	28	28	28	29	29	28	27	≋
13	7	8	10	15	14	18	15	14	12	13	14	☂

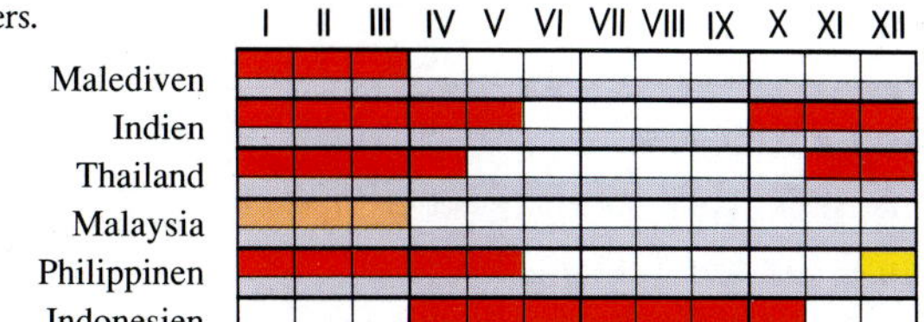

Katholische Enklave in Asien, zahlreiche spanische Baudenkmäler und weit verbreitet die amerikanische Sprache – doch die Philippinen sind mehr als ein Stück Westen im Osten.

In keinem anderen östlichen Land hat die westliche Kolonisierung und die damit verbundene Missionierung so nachhaltig gewirkt wie auf den Philippinen. Allein schon der Name des aus 7107 Inseln bestehenden und auf rund 300.000 Quadratkilometer verstreuten Staates erinnert an die frühe spanische Kolonisation im Jahre 1565. Philipp II., der mit allen Mitteln in Lateinamerika und Asien eine katholische Welt unter spanischem Herrschaftsanspruch etablieren wollte, war Namenspate aus Europa.

Heute sind etwa 80 Prozent der Bevölkerung gläubige, teilweise auch fanatische Anhänger des Katholizismus. In vielem erinnern die Philippinen eher an einen lateinamerikanischen als an einen asiatischen Staat. Die katholischen Orden haben in den 333 Jahren der Kolonialherrschaft nicht nur großen Grundbesitz angehäuft und weltliche Macht ausgeübt, sondern zudem auch die Säulen der heutigen philippinischen Gesellschaft gemauert: Katholizismus und westlich orientiertes Denken. Nie aber war die katho-

Trotz kultureller Annäherung an den Westen sind die Philippinen touristisch kaum erschlossen. Einsame Strände sind deshalb keine Seltenheit. Wer die Inselwelt bereist, findet an allen interessanten Orten einfache Hütten direkt am Strand (oben).

lisch-spanische Herrschaft gänzlich gefestigt. Schon der Entdekker Ferdinand Magellan wurde von einem Häuptling der malayopolynesischen Völker erschlagen. Jahrhunderte voller regionaler Aufstände folgten, bis sich in der zweiten Hälfte des vergangenen Jahrhunderts ein geeinter, zunächst von den Vereinigten Staaten von Amerika unterstützter lokaler Widerstand organisierte.

Wenn heute Manila als westlichste Hauptstadt Asiens empfunden wird, wenn die Hälfte der 55 Millionen Filipinos Englisch spricht, so sind dies Ergebnisse einer 45 Jahre anhaltenden Anwesenheit von Amerikanern, denn die USA sahen die Philippinen als ihre Bastion in Asien an. Doch die bergigen Inseln, deren Küsten länger als die der USA sind, sind trotz westlicher Prägung noch immer ein Reich für individualistische Entdecker. Sie sind dabei touristisch weit weniger erschlossen als etwa Bali oder gar Thailand.

Die Jugend auf den Philippinen ist immer fröhlich und Fremden gegenüber aufgeschlossen.

Amanpulo

40 Pavillons am Strand oder am Hügel, mit Telefon, Bar, Sateliten-TV, CD, Ankleideraum.

Service

Restaurant, Lobby-Bar, Beach Club, großer Swimming-Pool, Picknick, Bibliothek, Kunstgalerie und Boutique; die Aman-eigene Flotte bringt einen jederzeit zu den Nachbarinseln, Airport-Transfer mit Privatflugzeugen.

Aktivitäten

Alle Wassersportarten wie Schnorcheln, Tauchen, Segeln, Rudern, Fischen, Tennis.

Amanpulo
Pamalican Island
Philippines
Tel. 00 63/2/53 24 040
Fax 00 63/2/53 24 044

Das Amanpulo selbst steht auf einem kleinen privaten Eiland von Pamalican, nur eine Flugstunde von Manila entfernt. Aber auch hier, unter Kokosnußpalmen und an bestechend schönem kristallinen Wasser, empfängt den Urlauber der Luxus und die Exklusivität aller Amanresorts. So spiegeln schon die Pavillons eine modernere Architektur-Version des philippinischen „Bahay Kubo“-Hauses. Philippinisches Holz gibt den Räumen sehr viel Wärme, und die Relaxliegen stehen vor beeindruckend großen Pano-

Eine eigene Flotte gehört zu dem exklusiven Amanpulo auf Pamalican Island.

Die Pavillons des Amanpulo: eine moderne Version traditioneller philippinischer Architektur.

ramafenstern. Eine Holzterrasse und große Gartenterrassen erlauben das absolut intime Erholen.

Vor jedem Domizil steht übrigens ein kleiner Golf Cart, der einen zum zentralen Clubhaus bringt. Es beherbergt große Restaurants, in dem es täglich eine große Auswahl an südostasiatischen und kontinentalen Gerichten gibt. Nur wenige Schritte vom Clubhaus entfernt steht der Beachclub, der eine sehr legere Bar mit Restaurant beinhaltet. Alle Wassersportaktivitäten können hier beginnen...

Anreise
Diverse Fluggesellschaften steuern Manila an, fast immer gibt es besondere Angebote. Von dort geht es in einer Flugstunde auf die Insel Cebu und weiter mit dem Auto quer über die Insel (etwa drei Stunden). Anschließend zehn Minuten Bootsfahrt zum Patina Island.

Auskunft
Philippinisches Fremdenverkehrsamt, Kaiserstraße 15, 60311 Frankfurt, Tel.: 069/20 893, Fax: 069/28 51 27. Vor Ort: Department of Tourism, T.M. Kalaw Street, Rizal Park, Metro Manila, Tel.: 00 63/2/59 90 31.

Einreise-Formalitäten
Wer länger als 21 Tage verweilen will, braucht ein Visum. Ansonsten ist ein gültiger Paß ausreichend.

Elektrizität
220 Volt.

Essen und Trinken
In einheimischen Restaurants sollte man die philippinische Fisch-Spezialität Lapulapu probieren. Ebenfalls köstlich sind die leichten Kokosnußcookies und das schwere Bananenbrot. Dazu trinkt man Papaya-Shakes oder Calamansi-Juice.

Einkaufen
Bunte Shorts und Muschelketten werden überall auf den Philippinen angeboten. Taucher auf Badian Island holen sich ihre Erinnerungsstücke aus der Tiefe des Meeres. In der Hauptstadt Manila finden sich so ziemlich alle Verlockungen Asiens.

Unternehmungen
Besichtigen sollte man auf jeden Fall die Wasserfälle auf der Insel Cebu. Die Hauptstadt Cebu City wurde als erste Stadt der Spanier gegründet und bietet mit dem Fort San Pedro und der Basilica frühe Zeugen spanischer Herrschaft. Auf der Insel Panay wird alljährlich am dritten Sonntag im Januar das weltberühmte Ati Atihan-Fest gefeiert. Philippinische Hahnenkämpfe sind allerdings nur etwas für Leute mit starken Nerven.

Fotografieren
Aufgrund der intensiven Sonne sollte man entsprechende Filter mitnehmen; ebenfalls Filme.

Geld
Die Währung erinnert an die spanische Vergangenheit und heißt Peso. Der Kurs ist vom US-Dollar abhängig. Reiseschecks kann man nur in den Banken tauschen. Kreditkarten sind weitgehend unbekannt.

Kleidung
Bei Veranstaltungen in der Öffentlichkeit sollte man weder Sandalen noch Shorts anziehen. Wer dazu Schuhe trägt, zollt dem Ereignis und den Einheimischen mehr Bedeutung und Respekt.

Sport
Neben Wassersport und Tauchen sind Inselwanderungen lohnenswert. Ebenfalls erlebnisreich: Flußfahrten mit einem Boot.

Sprache
Das Philippino ist seit 1973 offizielle Staatssprache, doch eigentlich überall – außer in ganz entlegenen Gebieten – kann sich der Gast auch in Englisch verständigen.

Transport
Das Flug- und Fährnetz ist gut ausgebaut. Vor allem während der Regenzeit geraten aber häufig die Fahrpläne durcheinander. Auf den größeren Inseln gibt es Busse und umgebaute Jeeps.

Klima
Die beste Reisezeit mit Temperaturen um 30 Grad liegt zwischen November und Mai. Regenzeit ist zwischen Juni und November. Das ist auch die Zeit der Taifune.

Jan.	Feb.	Mrch.	Apr.	May	June	July	Aug.	Sept.	Oct.	Nov.	Dec.	
32	33	34	35	34	33	32	32	32	31	31	31	○
20	23	24	26	25	25	25	24	24	24	23	20	☾
8	8	8	10	8	6	5	5	5	6	7	8	☼
26	27	27	28	28	28	28	28	28	27	27	27	≈
1	2	3	4	13	14	15	15	17	13	4	1	☂

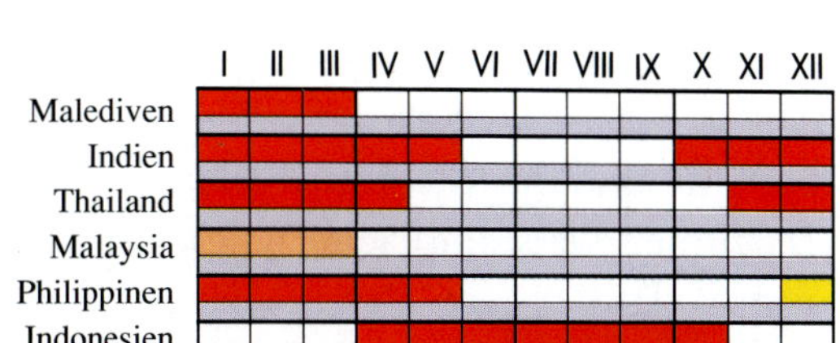

Gesucht wird das Gleichgewicht in sich und mit dem Kosmos – gefunden wird es auf Bali, der Leihgabe der Götter.

Wie kaum ein anderer weckt der Name Bali Fernweh-Phantasien. Gamelan-Orchester, Schattenspiele und Tempelfeste, weite Strände, kunstvoll angelegte Reisterrassen, zerklüftete Bergwelt – Assoziationen, die ein Stück phantastischer, einzigartiger Wirklichkeit erfassen. Doch Balis touristisch erschlossene Region im Süden der Hauptstadt Denpasar zeigt längst auch ein anderes Bild. Scharen aufdringlicher fliegender Händler, Strände aus Korallensand, die das Tragen von Schuhwerk erfordern, oder ein mit Algen durchsetzter Ozean lassen auf die selbsternannte „Insel des Lichts" auch Schatten fallen.

Die Inselgeschichte kennt ein wichtiges Datum. Als der Islam die indonesische Hauptinsel Java eroberte, zogen die Würdenträger des Hinduismus geschlossen fort – Bali wurde so zur Insel der Götter, ein hinduistischer Sprenkel in einer muslimischen Welt. Überall finden sich heute blumengeschmückte Tempel. Der religiöse Festkalender kennt kaum einen freien Tag, und der in Indien so viel strengere, auf Bali aber mit Buddhismus und Naturreligionen verschmolzene Hinduismus läßt weder Paria noch heilige Kühe zu. Religion, Kultur und alltägliches Leben werden in der balinesischen Lebensphilosophie zur Einheit verschmolzen. Das Land ist nicht Eigentum, sondern nur der Götterwelt entliehen. Tanz, Musik, Feste und Opfergaben sollen das Gleichgewicht zwischen den Herren des Himmels und den Dämonen beschwören – die Balinesen sehen sich als Mittler in dieser bunt bevölkerten Götter- und Geisterwelt.

In den jahrhundertelang gelebten Traditionen, in dem blühenden kulturellen und religiösen Leben – also nicht nur am Strand – liegt der eigentliche Reiz dieser mit keiner anderen vergleichlichen Insel. Dorfgemeinschaft und Familie sind bis heute die Säulen des so wichtigen sozialen Netzes, denn Bali ist arm. Außerhalb der touristischen Zentren reicht die persönliche Lebensplanung oft nur bis zur nächsten Mahlzeit.

Drei Grundzüge des balinesischen Lebens in Bildern: Innere Ausgeglichenheit trotz Schwerstarbeit auf dem Meer: unzählige Tempelfeste, bei denen die Götter geehrt werden; dörfliche Gemeinschaften mit einem ausgeprägten Sinn für das Familienleben.

Koloniale Stipvisiten der Holländer und Japaner konnten die balinesische Ausgewogenheit ebensowenig erschüttern wie der Tourismus oder das Eindringen westlicher Ideale. Auch wenn heute bunte Glühbirnen einige Tempelschreine beleuchten oder die Musiker der Gamelan-Orchester stolz neuerworbene Sonnenbrillen tragen – das Gleichgewicht auf die Leihgabe der Götter ist erhalten geblieben.

Four Seasons Resort

147 villenartige Bungalows mit 200 bis 600 Quadratmetern inmitten einer 140 000 Quadratmeter großen tropischen Gartenlandschaft. Bungalows mit Video, CD-Player, Safe, eigene Sonnenterrassen, großzügige Bäder.

Service

Zwei Restaurants, Cafe am Pool, Terrassenbar und Lounge mit Piano-Musik, Bibliothek, Kinderbetreuung, Airport-Transfer per Limousine, Mietwagen

Aktivitäten

Haupt-Swimming-Pool mit Wasserkaskaden in ein sieben Meter tiefer gelegenes Naturbecken, Windsurfen, Segeln, Kanu, Schnorcheln, zwei Tennisplätze mit Flutlicht, Sauna, Aerobic, Fitness-Geräte, Beauty, Massagen, 18-Loch Golfplatz in der Nähe, Tauchen, Hochseefischen, Treckingrad- und Klettertouren, Wildwasser-Rafting oder Wasserski auf den Vulkanseen.

Unterhaltung

Jeden Abend Piano-Musik, organisierte Ausflüge zu Galerien und Kulturveranstaltungen.

Four Seasons Resort Bali
Jimbaran, Denpasar 80361
Bali, Indonesia
Tel. 00 62/361/71 288
Fax 00 62/361/71 280

Die größzügigen Bungalows des Four Seasons Resort bilden sieben kleine Dörfer.

Ein kühles Getränk und erfrischende Tücher reichen die Mitarbeiter zum Empfang. Und schon bringt das Elektroauto den Gast zur Villa. Diese Feriendomizile findet man kaum in der 140 000 qm^2 großen, überaus gepflegten tropischen Gartenlandschaft des Resorts, die sich hinunter zum drei Kilometer langen, weißen Sandstrand erstreckt. Die Bungalows gruppieren sich um sieben Dorfplätze, und jeden Servicewunsch erfüllen der Village-

Amankila

35 Suiten mit Blick auf Meer oder Pool Telefon, Mini-Bar, Klimaanlage, Safe, CD, Cassetten-Spieler, TV, Video

Service

Restaurant, Bar, Beach-Club, Snacks am Pool, Boutique, Kreditkarten, Airport-Transport

Aktivitäten:

Wassersport, Unterhaltung

Amankila
Manggis, Bali, Indonesia
Tel. 00 62/361/77 12 67
Fax 00 62/361/77 12 66

Das luxuriöse Amankila steht an der Ostküste Balis. Genau wie in den anderen Amanresorts nimmt auch hier die Architektur Rücksicht auf das Kunsthandwerk und die Traditionen der Einheimischen. Die Gäste residieren in freistehenden Pavillons. Jeder besitzt drei Areale und eine großzügige Terrasse mit Relax-Liegen, das Schlafzimmer hat ein King-Size-Bett, einen Schreibtisch und eine Musikanlage. Sieben Suiten haben sogar einen eigenen Swimmingpool. Balinesische Architektur ist hier gepaart mit westlichem Top-Luxus.

Der Pool zieht sich in drei Stufen hinab zum Meer und bietet immer neue Aussichten auf den Ozean. Kleine, weiße Sonnenschirmchen spenden dem Urlauber auf den Liegen ein bißchen Schatten. Der sogenannte Beach Club wurde im Kokosnuß-Wäldchen unterhalb der Resortanlage angesiedelt. Dort eröffnete man auch ein legeres Restaurant.

Chief und sein Team. Eine Bali-typische Hochmauer umgibt den Bungalow, der samt Außenanlagen mindestens 100 qm^2 Wohnfläche umfaßt. Das Bad ist ein Traum, ausgestattet mit einer übergroßen Wanne, separaten Dusche und sogar Gartendusche. Im Dining Room des Resorts genießt der Gast das Beste aus der Küche Asiens und des Westens; im Restaurant Pantai Jimbaran dinnieren die Gäste im Freien. Am langen Sandstrand der Jimbaran Bay findet man alle Utensilien zum Windsurfen, Katamaran-Segeln, Kanu-Fahren und Schnorcheln. Golfspieler können auf dem 18-Loch Golfkurs des nahegelegenen Bali Golf und Country Clubs antreten. Schönheitsbehandlungen und Massagen steigern das Urlaubsgefühl zu einem absoluten Glücksgefühl.

Einzigartig ist das Amankila durch den Blick auf das Wasser, die Ruhe und auch durch die Historie der Umgebung.

Das nahegelegene Dorf Karangasem war im 18. Jahrhundert das blühendste balinesische Königreich. Dem Amankila allerdings noch näher liegt das interessante Städtchen Candi Dasa mit seinen alten Tempeln.

Anreise
Garuda-Airways fliegt ab Frankfurt und ermöglicht einen Zwischenstop in Singapur. Wichtig: Pauschalreisen sind oftmals günstiger als eine individuelle Buchung.

Auskunft
Indonesisches Fremdenverkehrsbüro, Wiesenhüttenstraße 17, 60329 Frankfurt, Tel. 069/23 36 77, Fax 069/23 08 40. Vor Ort: Bali Gouvernment Tourist Office, J.L.S. Parman Niti Mandala Renon, Denpasar, Tel. 0062/361/22 23 87 oder 22 63 13.

Einreise-Formalitäten
Ein gültiger Reisepaß ist ausreichend, ein Visum für zwei Monate wird bei Ankunft erteilt.

Elektrizität
220 Volt.

Essen und Trinken
Die Köche im Club Med und im Putri Bali zaubern täglich Spezialitäten aus allen Teilen der Welt. Zudem finden sich an den Stränden Balis fahrbare Garküchen, in denen Reis kombiniert mit Gemüse, Geflügel oder Meerestieren angeboten wird. Gegrillte Fleischspieße namens Satay und ein Gado-Gado genannter Gemüsesalat sind durch ihre exotische Gewürzmischung unnachahmlich. Das Restaurant Rotisserie im Hotel Putri Bali hat ebenfalls einen guten Ruf.

Einkaufen
Mittlerweile gibt es mehr alte balinesische Schattenspiele in ausländischen Museen als auf der Insel selbst. Neugefertigte Figuren offerieren die Souvenirshops in Kuta und Denpasar. Goldschmiedearbeiten findet man im Örtchen Celuk, Maskenschnitzer in Mas und Maler in Ubud. Balis vielseitiges Kunsthandwerk bietet scheinbar alles, bis hin zum verzierten Bambusbungalow.

Unternehmungen
Auf Bali gibt es etwa 20.000 Tempel, und alle kann nun wirklich niemand erkunden. Verpassen sollte man aber auf keinen Fall den Muttertempel Besakih, hoch auf dem Vulkan Gunung Agung. Reizvoll sind auch Ausflüge zu der Elefantenhöhle Goa Gajah, den Felsenhöhlen von Tanah Lot und den Königsgräbern von Gunung Kawi. Berühmt, selbst unter Balinesen, ist der Sonnenuntergang in Ulu Watu oder Tanah Lot.

Klima
Durchschnittlich liegt die Temperatur ganzjährig über 30 Grad. Als beste Reisezeit gelten die Monate zwischen April und Oktober, von November bis März kommt es oft zu heftigen Regenschauern.

Fotografieren
Mit all den Tempeln und der scheinbar verwunschenen Landschaft ist Bali eine Schatzgrube für Fotografen – sogar die hinduistischen Balinesen lassen sich ablichten. Filme sollte man schon wegen der erhöhten Preise mitbringen.

Geld
Die Währung wird Rupiah genannt. US-Travelerschecks sowie Dollars werden ohne Probleme getauscht. Kreditkarten akzeptieren jedoch nur die großen Hotels.

Kleidung
An Sonnenbäder ohne Hüllen haben sich die Balinesen bis heute nicht recht gewöhnt, deshalb sollte niemand ihr Moralempfinden an öffentlichen Stränden damit verletzen.

Sport
Dem umfassenden Angebot und Service der Hotels ist nichts hinzuzufügen. Ein in sportlicher sowie landschaftlicher Hinsicht unvergeßliches Ereignis ist eine Kanufahrt auf den Kraterseen in der Bergwelt um Bendugul oder Kintamani.

Transport
Die Minibusse nennen sich Bemos, sind preiswert, und eine Fahrt garantiert hautnahen Kontakt mit balinesischem Lebensgefühl. Vermietet werden Autos und Motorräder, die vor Fahrtantritt auf Fahrtüchtigkeit geprüft werden sollten. Auf Bali herrscht Linksverkehr.

Jan.	Feb.	Mrch.	Apr.	May	June	July	Aug.	Sept.	Oct.	Nov.	Dec.	
31	31	32	31	31	29	27	27	28	30	31	31	○
23	24	24	24	24	23	22	22	23	23	23	23	☾
7	7	7	7	6	5	4	5	5	7	8	7	☼
27	27	28	28	28	27	25	24	25	26	27	27	≈
13	11	9	9	6	5	5	4	5	11	10	12	☂

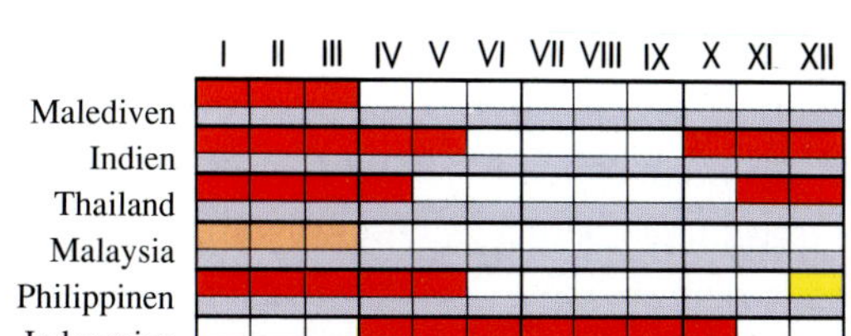

Wo der Mythos entstand

Umwerfende Naturschauspiele über und unter dem Wasser, blendend weiße Strände und trotz westlicher Einflüsse eine tiefverwurzelte Kultur – die Südseeinseln entsprechen auch heute noch dem europäischen Bild vom Paradies.

Träume vom Paradies auf Erden, ewige, schon in der Antike formulierte Sehnsüchte nach unschuldigem, sorglosem Leben in freigebiger Natur – nirgendwo anders wurde der Mythos vom Schlaraffenland so etabliert wie in der Südsee. Schon die ersten Berichte sprachen von einer phantastischen Welt. Omai, einer der ersten Polynesier in Europa, war die Sensation am englischen Hof und festigte die Vorstellung vom einfachen Leben jenseits europäischer Zwänge und Moral.

Goethe wünschte sich, auf einer der Inseln geboren zu sein, „um nur einmal das menschliche Dasein, ohne falschen Beigeschmack, durchaus rein zu genießen". Rousseau philosophierte über das Südsee-Leben vor dem Sündenfall, und auch der Maler Gauguin und der Schriftsteller Melville ließen sich verzaubern. Doch während die Europäer schwärmten, beförderten bis dahin unbekannte Krankheiten, westliche Kultur und gewissenlose Geschäftemacherei die heile Südseewelt ins Zentrum eines Zivilisationsorkans. Atomversuche, wirtschaftliche Abhängigkeiten, Rassenprobleme und eine zwischen westlichem und traditionel-

lem Lebensstil wankende Identität bestimmen heute die Nachrichten über die Südseeregion. Die Unbefangenheit der Südsee-Insulaner, „freie" Liebe und gefestigte Traditionen gehören längst der Vergangenheit an. Die neuen Sehnsüchte der Menschen bestehen aus schnellen Motorrädern und Videorecordern.

Und doch: Auf den 30.000 großen und kleinen Inseln, Riffs und Sandbänken – die immerhin auf einem Drittel der Erdoberfläche verstreut liegen – erfüllt sich auch heute noch so mancher Traum. Die Welt in Polynesien, Mikronesien und Melanesien ist nicht mehr so heil, wie die europäischen Entdecker sie beschrieben. Doch zerbrochen ist sie auch nicht.

Das ehemalige Reich kriegerischer Kannibalen leidet zwar unter seinem kolonialen Erbe, es bietet aber dennoch viel Herzlichkeit und Unberührtheit.

Wenn heute vom Südsee-Traum noch etwas Wirklichkeit ist, dann auf den 322 Fiji-Inseln: gastfreundliche, herzliche Menschen, große und kleinste Inseln mit weißem Sandstrand vor grünblau schimmerndem Meer, dicht bewaldet und oft unberührt. Nur ein Drittel der Inselwelt ist bevölkert, auf dem Rest regiert die ursprüngliche Natur.

Abel Tasman sichtete als erster Europäer den melanesischen Archipel. Die ihm folgenden Entdecker berichteten eher weniger Erfreuliches. „Die hiesigen Eingeborenen sind gräßliche Kannibalen, sie essen ihre besiegten Feinde", notierte James Cook in sein Tagebuch, und auch Kapitän Bligh von der Bounty ruderte um sein Leben. Die kräftigen, großen, kriegerischen Melanesier wurden ab 1850 von den Engländern mit dem bekehrenden Christentum konfrontiert. 17 Jahre später verspeisten sie letztmalig einen Missionar.

1879 machte England die Fiji-Inseln zu seiner Kolonie. Damit begann eine Zeit tiefgreifender Veränderungen für das Inselreich. Ging es den Europäern zu Beginn

Mehr Südsee-Flair kann ein Hotel nicht bieten: Das Fijian Hotel liegt auf der kleinen Insel Yanuca direkt vor der südlichen Coral Coast. Es ist durch eine schmale Brücke mit dem Festland verbunden.

Südsee aus dem Bilderbuch: Auf Fiji entspricht dies der Wahrheit. Die Menschen auf diesen Inseln zeigen auch heute noch gerne den Besuchern ihre traditionellen Holzwaffen (rechts). Friedlich und kunterbunt geht es auf dem Markt in der Hauptstadt Suva zu (unten). Luxuriöse Abgeschiedenheit findet man hingegen an etlichen Stränden der Inselgruppe (links).

des vergangenen Jahrhunderts nur um das teure, duftende Sandelholz – innerhalb von zehn Jahren wurden die Bestände abgeholzt –, so waren Ende des Jahrhunderts Zuckerrohrplantagen das Objekt kolonialer Wünsche.

Inder wurden als Kontraktarbeiter von den Engländern verpflichtet, und nach einem Jahrhundert stellen sie heute die Bevölkerungsmehrheit. Die Angst der Melanesier, im eigenen Land zur Minderheit zu werden, hat inzwischen zu einer Radikalisierung der Bevölkerungsgruppen geführt. Die Schranken zwischen den verschiedenen Religionen, Kulturen und Familienstrukturen tun ein Übriges. Nationale Identität hat der seit dem Jahre 1970 unabhängige Commonwealth-Staat noch nicht erreicht.

Das städtische Bild der Hauptstadt Suva wird einerseits von Indern geprägt, andererseits werden auch Arbeitslosigkeit und Alkoholprobleme deutlich. In den ländlichen Gebieten trifft man hingegen auf traditionelles Fiji-Leben in verträumt-beschaulichen Dörfern. Dort, und an den oft menschenleeren Stränden ist der Südsee-Mythos noch immer Realität.

The Regent Fiji

285 geräumige Zimmer, zwei Telefone, Radio, Kühlschrank, Klimaanlage, Balkon oder Terrasse mit Garten- oder Meerblick.

Service

Vier Restaurants, vier Bars, Swimming-Pool mit Sonnenterrasse, Spieleraum, Boutique, Kunstgalerie, Kreditkarten.

Aktivitäten

Windsurfen, Mini-Segeln und Paddelboote sind kostenlos. 18-Loch-Golfplatz, Mini-Golf, zehn Tennisplätze (vier mit Flutlicht), Wasserski, Hochseeangeln, Tauchen, Reiten, Massage.

Unterhaltung

Barbetrieb, Tanzabende, häufig lokale Shows.

The Regent, Fiji
P.O. Box 9081
Nadi Airport, Fiji Islands
Tel.: 00 679/75 00 00
Fax: 00 679/75 02 59

Direkt am Strand und von prächtiger Vegetation umgeben: Der Pool des Regent of Fiji.

Im Stil eines melanesischen Dorfes wurde das Regent Fiji auf der Hauptinsel Viti Levu, rund zwanzig Autominuten vom Flughafen entfernt, gebaut. Holz und Bambus, Grünpflanzen und Rattanmöbel geben der Ausstattung einen freundlich-wohnlichen Südsee-Anstrich. Das Hotel liegt an der langgestreckten und von einer urwüchsigen Vegetation umsäumten Bucht von Nadi. Nur der graue Sand entspricht nicht dem Südsee-Klischee.

Vatulele Island Resort

12 Hütten ohne Fernseher, ohne Radio, ohne Telefon, aber mit Safe.

Service

Tägliche Wäsche, Bibliothek, Boutique; Trinkgelder nicht erlaubt. „Alles inklusive“-Resort.

Aktivitäten

Schnorcheln, Fischen, Schwimmen, Segeln, Tauchen, Tennis, kein Radio, kein Fernsehen

Unterhaltung

Meer, Wind, Wasser.

Vatulele Island Resort
P.O. Box 9936
Nadi Airport, Fiji Islands
Postanschrift
P.O. Box 470, Woollahra
NSW 2025, Australia
Tel. 00 61/2/23 61 055
Fax 00 61/2/32 72 764

Unter tropischen Bäumen liegen die Villen des Vatulele Island Resort über den ganzen Strand verstreut.

Es ist eine Spitzen-Destination für Honeymooner und das Refugium für ruhesuchende Fiji-Freaks. Auf den kleinen Vatulele Island stehen lediglich zwölf Villen, diskret versteckt unter großen Bäumen und natürlich mit dem privaten Strandblick. Vatulele heißt „klingender Felsen“. Ein Korallenriff umarmt die Insel, die sieben

Das Hotelangebot umfaßt einen herausragenden Service, ein umfangreiches Wassersportangebot sowie gestalterisch raffiniert und komfortabel eingerichtete Zimmer mit Blick auf Garten oder Meer.

Ein phantasievoll angelegter, von tropischen Pflanzen eingefaßter Swimming-Pool sowie ein Golfplatz und zehn Tennisplätze (Rasen) machen aus dem Regent of Fiji eines der schönsten Hotels der Welt – eine wirklich gelungene Mischung aus Eleganz und landestypischer Architektur. Am Abend, nach dem Dinner in einem der vier erstklassigen Restaurants, locken vier Bars, Tanz und die Fiji-Show den Besucher.

Meilen lang und drei Meilen groß ist. Das Hideaway liegt an einem langen weißen Sandstrand, gesäumt von Kokosnußbäumen. Die Lagune ist der ideale Platz zum Schwimmen und für jeden naturschützenden Wassersport.

Die Gäste wohnen in Villen, sogenannten Bures. Mexikanische und polynesische Architektur vereint sich in warmen Naturfarben, dicken Wänden, offen konzipierten Räumen und der Hängematte auf der Terrasse. 52 einheimische Bedienstete verwöhnen die maximal 24 Gäste.

Kulinarisch ist der Urlaub ein Fest. Jeden Abend treffen sich alle am großen Tisch, barfuß, aber mit viel guter Laune. Gebaut wurde Vatulele vom australischen Filmproduzenten Henry Crawford und dem Hotelmanager Martin Livingston.

Anreise
Günstig sind die Flüge mit Air New Zealand, die – wie andere Fluggesellschaften auch – Stop-Over-Möglichkeiten anbietet.

Auskunft
Tourismus Council of the South Pacific, Romanplatz 10, 80639 München, Tel.: 089/17 82 914, Fax: 089/17 82 811. Vor Ort: Fiji Visitors Bureau, Head Office, Thomsen ST, Suva, G.P.O. Box 92. Tel.: 00 679/30 24 33, Fax: 00679/30 09 70.

Einreise-Formalitäten
Ein Visum ist nicht erforderlich, dafür unbedingt ein Rückreiseticket.

Elektrizität
220 Volt.

Essen und Trinken
Indische Küche wird in vielen Spezialrestaurants angeboten und ist auch auf den Speisezetteln der Hotels zu finden. Landestypische Gerichte – zumeist am Buffet serviert – bestehen aus Fisch, Meeresfrüchten, Gemüse und Früchten. Das örtliche Bier kann sich sehen lassen, das Nationalgetränk Kawa hingegen schmeckt sehr eigentümlich und ist stark berauschend.

Einkaufen
The Regent of Fiji beherbergt eine wirklich ansehnliche Kunstgalerie. Der traditionelle Wandschmuck Tapa fühlt sich wie Seide an, wird jedoch aus Baumrinde gefertigt. Die Hauptstadt Suva hat etliche Geschäfte mit zollfreiem Warenangebot zu bieten.

Unternehmungen
Abwechslungsreich und aufregend ist die Blue Lagoon Cruise, eine Mini-Kreuzfahrt, auf der in vier oder sieben Tagen kleine, unbewohnte Inseln angelaufen werden (Buchung in den Hotels). Besuchen sollte man auch das Cultural Centre in Suva (90.000 Einwohner) und eine der vielen Kawa-Zeremonien. Wer eine filmreife Südsee-Landschaft sehen möchte, muß sich auf die Insel Taveuni mit ihren Wasserfällen und steilen Vulkanen begeben.

Fotografieren
Auf die Fiji-Inseln sollte man unbedingt ausreichend Filme mitnehmen. Die Melanesier lassen sich recht gerne ablichten, die hinduistischen Inder sind da schon zurückhaltender.

Geld
Am günstigsten tauscht man US-Dollar in die Landeswährung Fiji-Dollar. Wechselstuben sind selten, deshalb besorgt man sich besser gleich am Flughafen ausreichend Fiji-Dollar.

Kleidung
In den genannten Hotels kleidet man sich leger, aber immer korrekt. In den kühleren Wintermonaten empfiehlt sich für den Abend wärmere Garderobe.

Sport
Neben dem vollständigen Sportangebot der Hotels können Abenteuerlustige zusätzlich auch Kanuausflüge und Wanderungen ins gebirgige Inland von Viti Levu buchen.

Sprache
Außer der Landessprache Melanesisch beherrschen die meisten Einwohner auch ein wenig Englisch. Die Fijianer sind offenherzig und gastfreundlich und sprechen von sich aus ihre Gäste gern an.

Transport
Die Expressbusse von Viti Levu halten auf Zuwinken. Wer mehrere Inseln besuchen will, wählt einen Airpaß: Der neue Visit South Pacific Paß gilt bis Ende 1995 und für neun Fluggesellschaften, die im ganzen Südpazifik fliegen. Wichtig beim Inselhüpfen: Die Fiji-Inseln liegen an der Datumsgrenze. Wer das Archipel Richtung Westen verläßt, fliegt also ins Gestern.

Klima
Die Durchschnittstemperatur liegt bei 28 Grad. In den Wintermonaten (Juni bis September) kann es jedoch am Abend kühl werden. Hurrikane tauchen in der Regenzeit von November bis März auf.

Jan.	Feb.	Mrch.	Apr.	May	June	July	Aug.	Sept.	Oct.	Nov.	Dec.	
30	30	30	30	29	29	28	28	28	29	29	29	○
23	23	23	23	22	21	20	20	21	21	22	23	☾
6	6	7	8	7	7	7	8	8	7	7	7	☼
27	27	27	28	28	27	26	26	26	26	27	27	≈
15	15	16	11	9	6	8	6	6	7	12	15	☂

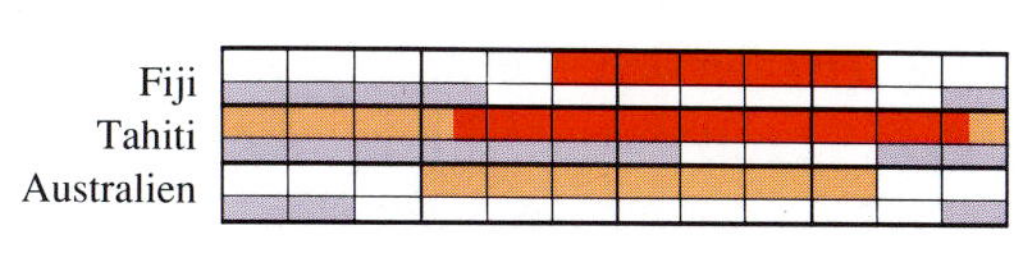

Schon die Namen zergehen auf der Zunge: Tahiti, Bora Bora, Huahine und Moorea. Es formen sich im Geist Bilder von schillernden Lagunen mit prächtigen Korallenriffen, sanft im Wind raschelnden Palmen, duftenden Orchideengärten und blumengeschmückten Insel-Schönheiten, die betörend mit den Hüften kreisen.

Cook, Wallis, de Bougainville kamen auf ihren Entdekkungsfahrten im 18. Jahrhundert in das abgelegene Inselreich. Sie schwärmten von der „Existenz des verlorenen Paradieses". Der Maler Paul Gauguin folgte diesem Traumbild. „So reine, starke Farben, daß sie einen Europäer blind machen", schrieb er nach Hause und blieb bis zu seinem Lebensende den Inseln und den Menschen dort verfallen. Noch heute haben sich die Polynesier ihre scheue Fröhlichkeit, ihre Offenheit und ihre Toleranz bewahrt.

Seit 1880, als der letzte König abdankte, ist Frankreich auf Tahiti und seinen Inseln präsent. Heute bilden sie das französische Überseeterritorium Französisch-Polynesien. Insgesamt umfaßt das Territorium rund 130 Inseln in fünf Archipelen. Sie verteilen sich auf ein Gebiet, das so groß wie Westeuropa ist.

Tahiti lohnt sich als Zwischenstation: Die Strände sind zwar schwarz und wenig spektakulär, dafür präsentiert sich Papeete als quirliges, charmantes Städtchen mit netten Boutiquen und einem großen Markt. Unsere Hotelempfehlung für Tahiti: das Beachcomber Parkroyal.

Bora Bora mit seiner blau schillernden Lagune und der zackigen, grün überwucherten Bergkulisse erfüllt dagegen das Südsee-Klischee. James Michener bezeichnete sie als die „schönste Insel der Welt". Etwas ursprünglicher, gleichwohl mit Luxushotels, gibt sich Huahine.

Nur wenige Flugminuten von Tahiti entfernt liegt ein Südsee-Traum: Das Hotel Sofitel Kia Ora auf Moorea (links). Bora Bora (unten) gilt vielen Reisenden als einer der schönsten Plätze weltweit. Trotz französischer Lebensart sind die Menschen der polynesischen Inseln in ihrer Tradition verhaftet. Nicht nur die Tätowierungen (oben) zeigen dies.

In Französisch-Polynesien hat der europäische Einfluß manche Traditionen vergessen lassen. Zudem zählt es zu den teuersten Südseezielen. Es gilt aber immer noch das polynesische Motto „ora es arearea": Leben und sich des Lebens in jedem Moment erfreuen.

Im Südsee-ambiente weltstädtischen Komfort bietet der neue Club Med Bora Bora.

Club Med Bora Bora

150 Zimmer, 14 Zimmer mit Verbindungstür, Minibar, Telefon, Safe, Haartrockner.

Service

Restaurant, Drugstore, Souvenirgeschäft, Boutique, Babysitting, Auto- und Rollervermietung, kostenloser Transfer vom und zum Flughafen, Zimmerservice.

Aktivitäten

Windsurfen, Segeln, Schnorcheln, Auslegerkanus, Glasbodenboot, Tennis (2 Plätze, beleuchtet), Volleyball, Basketball, Bogenschießen, Golfpractice mit Fangnetz, Aerobic, Stretching. Pendelverkehr zu den Riffinseln (alles im Preis inklusive), Picknicks, Sonnenuntergangsfahrt, Inseltour mit Einbaum, Jeep-Safaris, Helikopterflüge, Tauchen.

Unterhaltung

Shows jeden Abend, Bar, Diskothek, Club-Theater, Stereokonzerte, Folkloreveranstaltungen, Spieleverleih.

Club Med
P.O. Box 34
Bora Bora
French Polynesia
Tel. 00689/677057
Fax 677424

Der Club Med, einer der Pioniere auf Bora Bora, ist Ende 1993 umgezogen und sitzt nun am schönsten Strand der paradiesischen Urlaubsinsel, am Moana Beach. Auf einem riesigen Gelände hat der Erfinder des Cluburlaubs ein luxuriöses Feriendorf verwirklicht, das in seinem Komfort weit entfernt vom Hüttenimage ist, das den französischen Ferienmacher groß machte.

Der Eingangsbereich besteht aus einer Ladenstraße, die in ihrer Eleganz und der Fülle des Angebots an eine feine Straße in Paris erinnert. Ein Schmuckstück die große Bar, die sich mit Blick auf die Lagune am Ende des Laden-Boulevards befindet. Geplant und eingerichtet hat sie Christian Liaigre, der Dekorateur des Modemachers „Kenzo", der hier wie auch in den Zimmern zeitlos schöne Designer-Möbel einsetzte.

Die Zimmer befinden sich in Häuschen, die in kräftigen Pastellfarben gestrichen sind. Jedes Zimmer bietet 32 qm Platz, ist klimatisiert und besitzt eine eigene Veranda, von der der Blick aufs Meer geht. Ungewöhnlich für einen Ferienclub: Es gibt Room-Service, Mini-Bar, Telefon, Föhn im Bad, und die Zimmer sind abschließbar. Die Einrichtung wirkt durch die Designermöbel kühl, aber schön. Große Bäder mit separater Toilette, davor ein Dressing-Room runden das Angebot ab. Wer übrigens einmal des Komforts überdrüssig ist – der Club hat eine eigene Badeinsel, Le Tuamotu, wo man zumindest über Nacht auch Robinsonträume verwirklichen kann.

Das Hotel Moana Beach Parkroyal liegt am schönsten Strand der Insel, dem Moana Beach, und ist das authentischste Luxushotel auf der Insel. Die Dächer der 41 Bungalows und von Lobby, Bar und Restaurant sind traditionell mit Palmwedeln gedeckt. 15 Tage brauchen zehn Leute, um ein Bungalow-Dach kunstvoll zu flechten.

Die Bungalows sind hell und freundlich im Vergleich zu anderen Hotels und wirken dadurch großzügiger. Im Badbereich ranken sich an der Decke und bei der Badewanne um ein Bambusgitter Vanillepflanzen. Japanisch wirkende Schiebetüren trennen den Wohnzimmer- vom Schlaf- und Badezimmerbereich. Der Clou im Wohnzimmer ist das Fenster im Fußboden unterhalb des gläsernen Tisches, aus dem die Lagune ihr Glitzern ins Zimmer schickt. So lassen sich die Fische beobachten und auch füttern. Standard ist die Terrasse mit Treppe ins Wasser und Süßwasserdusche, ebenso Wasserkocher, Safe, teilbares Kingsize-Bett, getrennte Dusche, Föhn, Telefon auch im Bad und TV mit Videorecorder. Die schönsten Überwasser-Bungalows, die Nummern 50 und 21, haben zwei Fenster und zwei Terrassen. Dort kann man mit Blick auf das schimmernde Wasser frühstücken – auf Wunsch wird es im Auslegerkanu von blumengeschmückten Schönheiten gebracht, die stilgerecht mit einem Pareu bekleidet sind.

Urlaub beinahe schon im Meer: Die Gäste des Moana Beach Parkroyal blicken durch Fenster im Fußboden auf die tropische Fischwelt.

Moana Beach Parkroyal

30 Überwasser-Bungalows, 10 Strandbungalows, Terrasse, Zimmerservice, Weckruf, Minibar, Deckenventilator, Teekocher, Radio, TV, Videorecorder, Safe, Haartrockner, Direktwahltelefon.

Service

Wäscherei, Drugstore, Souvenirgeschäft, Boutique, Babysitting, Auto-, Roller- und Fahrradvermietung, Vermietung von Unterwasserfoto- und Videokameras, kostenloser Bus zum Hauptort, kostenloser Transfer mit einem original aus Venedig stammenden Mahagonyboot vom und zum Flughafen.

Aktivitäten

Schnorcheln, Auslegerkanu mit Glasboden, Segel-Auslegerkanu, Windsurfen (alles gratis) sowie Wasserski, Jeep-Safaris, Tauchen, Bootsfahrten rund um die Insel, Hobie-Cat-Ausflüge, Bootsverleih, Hochseefischen, Ausflug zum Hai- und Rochenfüttern, Tamure-Tanzlektionen, Pareu-Binde- und Malkurs, Palmwedelhüteweben.

Unterhaltung

Täglich zur Happy Hour und zum Dinner polynesiche Musikgruppe sowie Tanzshows, Videofilme, Krabbenrennen, Demonstration von tahitianischen Musikinstrumenten und Küche.

Moana Beach Parkroyal
P.O. Box 156
Bora Bora
French Polynesia
Tel. 00689/677373
Fax 677141
Reservierung über Forte

The Bora Bora

15 Überwasser-Bungalows, 40 Villen und Bungalows, Terrasse, Zimmerservice, Weckruf, Minibar, Deckenventilator, Teekocher, Radio, Safe, Haartrockner, Telefon auf Anfrage.

Service

Drugstore, Boutique, Babysitting, Wäscherei, Auto-, Roller- und Fahrradvermietung, kostenloser Bus zum Hauptort, kostenloser Schnellboottransfer vom und zum Flughafen.

Aktivitäten

Schnorcheln, Auslegerkanu, Kanus, zwei Tennisplätze, Volleyball, Basketball, Billard, Tischtennis, Tamure-Tanzlektionen, Pareu-Binde- und Malkurs (alles kostenlos), Glasbodenboot, Haifischfüttern, Sonnenuntergangssegeln, Hochseefischen, Tauchen, Inselrundfahrt, Hubschrauberflüge.

Unterhaltung

Zwei Bars, jeden Tag Teatime, Tanzshows, täglich polynesische Musikgruppe, Demonstration von tahitianischen Musikinstrumenten und Küche, Dia-Shows, Videofilme.

Hotel Bora Bora
P.O. Box 1, Nunue,
Bora Bora
French Polynesia
Tel. 00689/677028
Fax 677438
Reservierung über Rafael Hotels

Eine traumhafte Art zu wohnen sind die Überwasser-Bungalows auf Bora-Bora.

Das legendäre The Bora Bora Hotel war 1961 das erste Hotel in Französisch Polynesien auf der Insel und blieb es auch lange Zeit. Von Anfang an setzte das Haus auf ein hochwertiges Angebot, das in der Kombination mit der traumhaften Umgebung an einer der schönsten Lagunen der Welt seinen Ruf begründete. Schon die offene, palmengedeckte Eingangshalle mit plätschernden Bächen an beiden Seiten, die Balken mit traditionellen Mustern verziert, stimmt den Gast ein. Der Großteil der Bungalows be-

Hana Iti

26 Appartements, Veranda oder Terrasse, Zimmerservice zum Frühstück, Weckruf, Telefon, Safe.

Service

Restaurant, Bar auf der Klippe, Strand-Bar, Shuttlebus im Hotelgelände, Naturpool am Strand mit Wasserfall und Whirlpool.

Aktivitäten

Schnorcheln, Windsurfen, Segeln, Kanus, Tischtennis, Tennis (alles ohne Kosten), Tauchen, Hochseefischen, Reiten, Inseltouren.

Unterhaltung

Klassische Musik, Billiard, Gesellschaftsspiele.

Hana Iti
P.O. Box 185 Fare
Huahine
French Polynesia
Tel. 00689/688505
Fax 688504

Die Häuser des Hana Iti verstecken sich in Baumkronen, schmiegen sich in Felsnischen oder stehen auf Stelzen.

In der „kleinen Bucht", wie der Hotelname übersetzt heißt, wollte Julio Iglesias einer Südsee-Liebe ein Haus bauen. Es kam anders, und Iglesias verkaufte es an den amerikanischen Brauereierben Tom Kurth. Er verwirklichte auf dem 54 Hektar großen Gelände seinen Traum vom luxuriösen Robinsonleben. 23 Millionen Dollar investierte er und setzte 18 Häuser, Fares, in die dichte Vegetation.

Von den Terrassen und Veranden bieten sich traumhafte Ausblicke auf die Bucht. Das Holz wird möglichst in seiner gewachsenen Form eingesetzt. So tragen gewundene Baumstämme den Himmel überm Bett, dicke Bretter bilden den Bettrahmen. So wie die Natur beinahe hinein-

findet sich im üppig verwachsenen Garten, in dem Grapefruit-Bäume und riesige, alte Kautschuk-Bäume wachsen. Seit 1988 gehört das Hotel zur Aman-Gruppe. Sie riß alle Bungalows ab und baute sie neu. Die kleinen Häuschen aus Zedernholz bieten nun höchsten Komfort. Der Gast hat die Wahl zwischen Suiten mit 60 qm Fläche, Villas mit 117 qm Fläche und den 15 Überwaserbungalows, von denen jeder 75 qm Platz bietet. Einige der Villas besitzen kleine Swimmingpools oder überdimensionale Jacuzzis, die sehr privat hinter einer Mauer aus Lavasteinen versteckt sind. Die Einrichtung der Räume ist elegant, edel, dabei aber zurückhaltend, und wirkt trotz des modernen Zuges wie eine britisches Kapitänskabine.

wächst, wächst die organische Form der Einrichtung mit der Natur draußen zusammen. Überraschende Details dieses Stils: Mobiles aus Muscheln und Bambus hängen vom traditionellen, palmengedeckten Dach, die Badekosmetik befindet sich in Bambusröhrchen, aus Muscheln sprudelt Wasser in ein Muschelbecken.

Das Hana Iti ist ein romantisches Versteck, das weder Fernsehen noch Radio kennt, keine Folkloreshows oder Diskothek, aber feinste Lebensart pflegt. Das gilt auch für das Essen. Bei klassischer Musik kommen französische Gerichte und Weine bester Güte auf die Tische, die in palmwedelgedeckten Fares über einem Seerosenteich stehen.

Anreise
Außer Air France, die um 21 Uhr ankommt, landen die Flugzeuge mitten in der Nacht. Der schnellste Weg führt über Los Angeles. Es gibt inzwischen auch Charterflüge ab Frankreich.

Auskunft
Fremdenverkehrsbüro von Tahiti, Haingasse 22, 61348 Bad Homburg, Tel. 06172/21021, Fax 25570. Vor Ort: GIE Tahiti Tourisme, Fare Manihini, P.O. Box 65, Papeete, Tel. 00689/429626, Fax 436619.

Einreise-Formalitäten
Ein gültiger Paß und das Rückflugticket reichen, ein Visum ist nicht erforderlich.

Elektrizität
110 oder 220 Volt je nach Hotel, Flachstecker.

Essen und Trinken
In den Hotels kommt ausgezeichnetes Essen auf den Tisch. Spezialität: Salat mit rohem Fisch und Kokosmilch. Nur in Papeete auf Tahiti gibt es Alternativen zum Hotelrestaurant, z.B. Auberge du Pacifique, Les Coco's, La Petite Auberge (alle französische Küche), Jade Palace (chinesisch), die Ausflugrestaurants Captain Bligh mit Lagunarium (Tunnel in Lagune mit Fenstern) und Musée Gauguin sowie die Garküchen und Stände am Hafen von Papeete.

Einkaufen
Berühmt sind die schwarzen Perlen. Sie gibt es in den Hotelboutiquen und im Tahiti Perles Center in Papeete. Hübsch und dekorativ sind Armbänder und Ketten aus Muscheln. Pareu heißen die buntbedruckten Stoffbahnen, die zu Kleidungsstücken gebunden werden können. Betörend duftet die Essenz der Tiare-Blume. Lithographien zeitgenössischer Maler mit Motiven von den Inseln gibt es auf Moorea in der galerie Api bei Patrice Bredel (neben Club Med).

Unternehmungen
Auf Tahiti: das Gauguin-Museum, der Markt in Papeete, im Februar Chinesisches Neujahr, Anfang Juli das Heiva I Tahiti-Fest mit Bootsrennen und tradionellen Wettbewerben. Auf Bora Bora: der kleine Hauptort Vaitape. Inselrundfahrten mit Booten und auf der Straße.

Fotografieren
Filme sind auf den Inseln teuer oder oft gar nicht zu bekommen. Sonst gelten Höflichkeitsregeln wie überall auf der Welt.

Geld
Der Franc Pacifique (CFP) ist an den Französischen Franc gebunden. Ein CFP entspricht 0,055 FF. Jede Transaktion in der Bank kostet 350 CFP, was rund sechs Mark entspricht. Im Hotel ist der Kurs schlechter.

Kleidung
In den Hotels sind zum Abendessen Bermuda-Shorts und Hemd mit kurzen Ärmeln akzeptiert. Frauen tragen luftige Kleider oder binden sich den Pareu elegant zum Abendkleid. Sonst: Shorts und Shirts, Badekleidung, in Papeete eher städtisch.

Sport
Das Angebot der Hotels läßt inzwischen keine Wünsche mehr offen. Agenturen bieten ein breites Spektrum bis hin zu Bergtouren auf Tahiti.

Sprache
In den Hotels ist neben der Amtssprache Französisch Englisch selbstverständlich. Es gibt sechs polynesische Sprachen, die sehr blumige Umschreibungen kennen. So heißt das Radio auf polynesisch „Kiste aus der Geräusche kommen", Fernsehen ist die „Kiste mit Theater drin".

Transport
Auf den meisten Inseln gibt es Sammeltaxis, „Le Truck" genannt. Mietwägen sowie Motorroller und Fahrräder zum Mieten sind auf den touristisch erschlossenen Inseln ausreichend vorhanden. Die Inseln sind mit dem Flugzeug und Handelsschiffen erreichbar. Nach Moorea fährt ein schneller Katamoran. Für die Inseln werden Airpässe angeboten.

Klima
Durchschnittlich liegt die Temperatur bei 26 Grad. Im europäischen Winter ist es schwüler, heißer und regnerischer.

Jan.	Feb.	Mrch.	Apr.	May	June	July	Aug.	Sept.	Oct.	Nov.	Dec.	
30	30	30	30	29	29	28	28	28	29	29	29	○
23	23	23	23	22	21	20	20	21	21	22	23	☾
6	6	7	8	7	7	7	8	8	7	7	7	☼
27	27	27	28	28	27	26	26	26	26	27	27	≋
15	15	16	11	9	6	8	6	6	7	12	15	☂

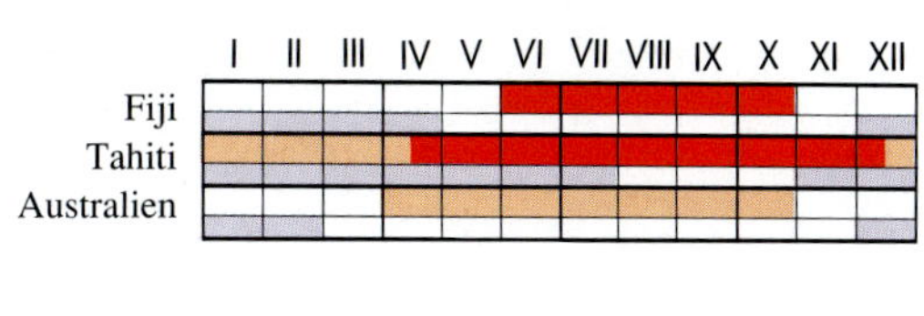

Urbane Zentren, menschenleere Weiten und das größte Korallenriff der Welt – Australien ist Hoffnung, Herausforderung und Sehnsucht zugleich.

Der fünfte Kontinent war lange Zeit bloße Vermutung europäischer Kartographen. Als Abel Tasman schließlich als erster Europäer seinen Fuß auf australischen Boden setzte, fand er eine karge, unwirtliche Landschaft vor. Während Europa in dieser Zeit die ersten Schritte in Richtung Moderne tat, standen die Ureinwohner Australiens auf der Stufe der Jäger und Sammler. Wen wundert's, daß der Kontinent keine euphorischen Phantasien wie die übrige Südseewelt hervorrief. Die ersten Siedler kamen 1788 auch eher unfreiwilig: britische Häftlinge nämlich, verdammt zum Leben in der Sträflingskolonie.

Heute leben rund 16 Millionen Menschen in Australien, fast 90 Prozent davon in den Städten. Der noch junge Staat, flächenmäßig 30 mal größer als die Bundes-

Natürlich wird auch in Großstädten wie Brisbane (oben) Strandleben groß geschrieben. Liebste Freizeitbeschäftigung vieler Australier ist Sport, vorzugsweise auf oder im Wasser (links). Allerdings finden sich auch überall auf den Inseln des Great Barrier Reef romantische Plätze (unten).

republik, orientiert sich in Lebensweise und Kultur an den fernen USA: Sportliche Aktivität ist den Australiern allemal wichtiger als allzu Feingeistiges.

Steinwüsten und riesige Salzseen, kaum zu durchdringender Busch, tropisch wuchernder Regenwald, von Krokodilen bewachte Sümpfe – der dünn besiedelte Kontinent lockt mit urwüchsigen Naturschauspielen.

Das 30 Millionen Jahre alte Great Barrier Reef ist mit 2.000 Kilometern Ausdehnung ohne Zweifel das größte Korallenriff der Welt. Manchmal nur 25, manchmal über 300 Kilometer entfernt von der Küste erheben sich 600 oftmals dicht bewaldete und unbewohnte Inseln aus dem Riff. Auf 20 dieser wundersamen Plätze haben die sportlichen Australier Insel-Resorts für die verschiedensten Wünsche und Erwartungen errichtet. Auf einem davon findet der Besucher absolute Luxusklasse.

Hayman Resort

214 Zimmer, Penthouses und Suiten mit Blick auf Gärten oder Lagune und Meer, Telefon, Klimaanlage, Ventilatoren, Videorecorder, Balkon.

Service

Sechs Restaurants, Bars, Zimmerservice rund um die Uhr, Süß- und Salzwasser-Pools, Airport-Transport in eigenen Yachten, Wasserflugzeug oder Hubschrauber, Friseur, Bibliothek, Shops.

Aktivitäten

Tauchen, Surfen, Wasserski, Segeln, Schnorcheln, Rudern, Hochseeangeln, sechs Tennisplätze, Golf, Massage, Sauna.

Unterhaltung

Leises Abendentertainment in der Club Lounge, Night Club, Dinner auf den hoteleigenen Yachten, Modenschauen.

Hayman Resort
Via Prosperine, Hayman Island
Great Barrier Reef, Australia
Tel.: 0061/79/40 12 34
Fax: 0061/79/46 94 10

Lautes australisches Nachtleben gibt es in dieser pastellfarbenen Eleganz nicht. Dafür einen swingenden Piano-Spieler und das prickelnde Gefühl, in moderner Architektur, umgeben von Antiquitäten und aktueller Kunst, dem Erreichbaren an Eleganz ein Stück näher zu sein. Das Hayman Resort auf der gleichnamigen, nur zwölf Quadratkilometer großen Insel der Whitsunday-Gruppe ist ein einziger Park aus Hibiskusbäumen und Kokospalmen, gestaltet durch die Phantasie kreativer Landschaftsgärtner. Kellner servieren erfrischende Getränke am rund 500 Meter langen, weißen Sandstrand. Felsen aus Granit und eine kleine Lagune runden das optische Schauspiel ab.

Etliche Bars und fünf Restaurants machen die Wahl nicht gerade leicht, und die Frühstücksterrasse am Strand verläßt man nicht nur wegen des erstklassigen Buffets meist schweren Herzens. Noch schwerer fällt es, der Pool-Landschaft den Rücken zu kehren. Wie die gesamte Anlage, sind auch die Süß- und Salzwasserpools

Zwischen breitem Sandstrand und tropischer Vegetation paßt sich die moderne Architektur des Hayman gut in die Landschaft ein. Innen wurde das Hotel mit moderner Kunst und wertvollen Antiquitäten ausgestattet.

Architektonische Träume wurden Wirklichkeit: Das Hayman Resort ist eines der elegantesten Strandhotels der Welt.

sehr großzügig angelegt und vermitteln eine Atmosphäre gelassener Pracht. Sophisticated – hier trifft diese Vokabel wirklich zu.

Alle Suiten, Penthouses und Zimmer sind mit Telefon und Videorecorder ausgestattet. Die Gebäude wurden in Terrassenbauweise an den Pools oder am Strand ästhetisch zu einem harmonischen Ensemble zusammengefaßt. Der Blick über das hell- bis tiefblaue Wasser der Lagune auf eine kleine Insel und die gegenüberliegende, dicht bewaldete Bergkette steht in natürlichem Kontrast zu den Gebäuden. Übertroffen wird das Panorama nur noch, wenn beim Dinner auf den hoteleigenen Yachten die glühend untergehende Sonne beweist: Auch Australien liegt in der malerischen Südsee.

Anreise
Flug nach Sydney, Brisbane oder Cairns. Von dort Linienflug auf Hamilton Island. Von dort dann hoteleigener Abholungs-Service.

Auskunft
Australisches Fremdenverkehrsamt, Neue Mainzer Str. 22, 60311 Frankfurt 1, Tel.: 069/27 40 06 20, Fax: 069/27 40 06 40. Vor Ort: Australian Tourist Commission, 80 William Street, Sydney, NSW 2011, Tel.: 00 61/2/36 01 111, Fax: 00 61/ 2/ 33 16 469.

Einreise-Formalitäten
Ein Visum ist erforderlich.

Elektrizität
240 Volt, Dreifach-Flachstecker.

Essen und Trinken
Seafood-Spezialitäten, italienische Kochkünste, orientalische Anklänge und Köstlichkeiten aus den verschiedensten Teilen der Welt bieten auch die Restaurants des Hayman Resorts. Ansonsten hat die australische Küche oft Fastfood-Qualität. Als Spezialität am Great Barrier Reef gelten Mud Crabs. Die Australier, eigentlich Biertrinker, keltern im Barossa-, Yarra- und im Hunter Valley sowie am Margard River und in Tasmanien gute Weine.

Einkaufen
Kaufen kann man in den australischen Weltstädten alles. Wer ein Stück Vergangenheit ergattern möchte, wird ebenfalls bedient. Die Skulpturen und Rindenmalereien der Aborigines sind von magischer Schlichtheit. In vielen Galerien sind solche Arbeiten zu erhalten.

Unternehmungen
Wer mit der Indian Pacific-Bahn von Perth im Westen nach Sydney im Osten des Kontinents reist, ist annähernd drei Tage unterwegs. Die Ausmaße und Entfernungen Australiens sind gigantisch. Entsprechend viel Zeit sollte man für die Erkundungen – etwa im Campell Nationalpark oder am weltberühmten Monolith Ayers Rock – mitbringen. Aufregend ist auch die Dampflokfahrt von Cairns im Nordosten in das Bergdorf Kuranda. Durch dichten Regenwald, vorbei an tiefen Schluchten, durchfährt man auf nur 24 Kilometern sage und schreibe 15 Tunnel.

Fotografieren
Wer es sich leisten will, sollte unbedingt eine Unterwasserkamera mitnehmen, denn die Welt

unter dem Meeresspiegel könnte phantastischer nicht sein. Bevor man Aborigines ablichtet, sollte man unbedingt fragen und eine ablehnende Haltung auch respektieren.

Geld
Bezahlt wird mit australischen Dollars, die man am günstigsten im Land selbst tauscht. Kreditkarten sind fast überall gebräuchlich.

Kleidung
Ein nobles Haus wie das Hayman Resort darf ausgewählte Garderobe schon erwarten, wenn auch die Australier an sich eher wenig Wert auf übertriebene Etikette legen.

Sport
Wem das umfassende Angebot auf Hayman nicht reicht, der sollte das nördlich gelegene Cairns besuchen. Die sportbewußten Australier haben dort ein Aktivzentrum errichtet. Außerdem locken in Cairns Wildwasserpaddeln und Dschungelwanderungen.

Sprache
Das australische Englisch ist für ungeübte Ohren schwierig zu verstehen, aber mit etwas Mühe hört man sich schnell ein. Die kontaktfreudigen Australier geben Besuchern viel Gelegenheit zum Üben.

Transport
Die Inlandsflüge sind preiswert. Wer mit einem Auto oder Campingbus reist, muß sich zunächst an Linksverkehr und riesige Entfernungen gewöhnen. Das öffentliche Verkehrssystem (etwa Busse) in ländlichen Gegenden ist eher schlecht als recht organisiert.

Klima
Im Vergleich zu Europa verlaufen die Jahreszeiten genau entgegengesetzt. In den nordöstlichen Gebieten klettert das Thermometer im Sommer (Dezember bis Februar) bei hohen Regenfällen auf über 30 Grad, und im Winter (Juni bis August) fällt es selten unter 20 Grad. Wer den ganzen Kontinent bereisen will, sollte sich dafür die Monate April bis September aussuchen.

Jan.	Feb.	Mrch.	Apr.	May	June	July	Aug.	Sept.	Oct.	Nov.	Dec.	
30	30	30	30	29	29	28	28	28	29	29	29	○
23	23	23	23	22	21	20	20	21	21	22	23	☾
6	6	7	8	7	7	7	8	8	7	7	7	☼
27	27	27	28	28	27	26	26	26	26	27	27	≋
15	15	16	11	9	6	8	6	6	7	12	15	☂

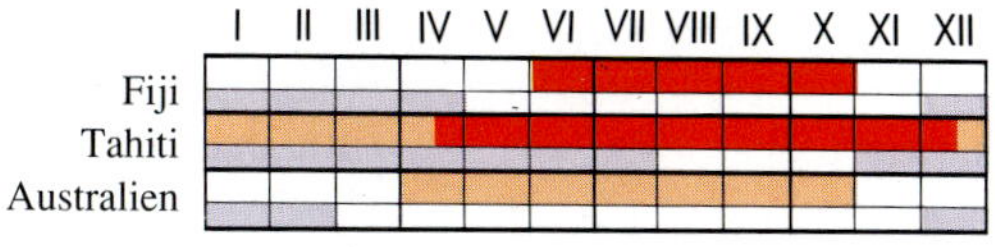

Meine persönlichen Top Ten Strandhotels der Welt

Was macht die Klasse eines Hotels wirklich aus? Sicher gibt es dafür objektive und nachvollziehbare Kriterien: die Architektur der Gebäude, die Gestaltung der Anlage, die Größe und der Zustand der Zimmer, die Qualität der Serviceleistungen, die Güte des Restaurants, die Vielfalt der Sportmöglichkeiten. Entscheidend ist aber immer das subjektive Erlebnis, die Atmosphäre eines Ortes. Über 100 Hotels suchte ich danach aus.

Einige Hotels blieben mir ganz besonders in Erinnerung, womit die Idee zu meinen persönlichen Top Ten geboren war. Gegenüber der letzten Auswahl sind nur vier Hotels unter meinen persönlichen Top Ten geblieben – es gibt inzwischen neue reizvolle Plätze und alte, die ihren Charme wiedergefunden haben.

Da ich bei der Auswahl sehr persönlich vorgegangen bin, will ich meine Kriterien hier vorab kurz erläutern. Zunächst: Ich mag keine komplizierten Anreisen, da ich meine seit vielen Jahren knapp bemessene Zeit dafür nicht opfern kann und will. Gemütliche Zimmer mit einem Kingsize-Bett, freundlicher Service und ein Management mit offenen Augen und Ohren auch für persönliche Wünsche sind mir ebenfalls wichtig. Der Hotelstrand sollte lang genug für ausgedehnte Spaziergänge sein, und das kristallklare Wasser möglichst in den Farben Türkis und Dunkelblau schimmern. Einen Swimmingpool von ausreichender Größe in attraktiver Lage wünsche ich mir trotz des Strandes. Unausstehlich finde ich es, wenn es bei den Tennisplätzen sowie bei den Liegen am Strand und Pool Reservierungsprobleme gibt. Eigentlich sollte spätestens am dritten Tag der Zuständige meinen Lieblingsplatz wissen. Eine gute Küche und ein möglichst breites Sportangebot mit klimatisiertem Fitnessraum sollten ebenfalls eine Selbstverständlichkeit sein. Es sind also ganz persönliche, meinem Wesen entsprechende Entscheidungskriterien, die der folgenden Auswahl zugrunde liegen.

Jumby Bay

(Antigua, Seite 74)

Dieses Hotel ist wie ein Märchen. Selbst am Strand kann sich der Gast nach Lust und Laune verwöhnen lassen. Die neue, ausgezeichnete Beauty Farm erweitert das Angebot zusätzlich. Und die ebenfalls neuen luxuriösen Suiten an einem weiteren Strand setzten das Tüpfelchen auf das i. In einem Satz: Wenn man eine Vorstellung davon bekommen möchte, wie das Paradies auf Erden aussehen könnte, muß man das Jumby Bay gesehen haben.

Club Med Caravelle

(Guadeloupe, Seite 80)

Diese Anlage ist mein Liebling unter den Club Meds. Der Club auf Guadeloupe ist Urlaubsspaß pur für mich. Es ist egal, ob man als Single, mit Familie oder mit Freunden anreist. Ich glaube, daß ich hier unter den Palmen des schönsten Strandes der Insel viele Wochen ausharren könnte, ohne dabei ans Telefonieren zu denken.

Hotel Cipriani

(Italien, Seite 137)

Das Cipriani hat zwar keinen Strand, ist aber trotzdem ein toller Platz. Grund dafür ist die Kombination aus einer Freizeitoase auf einer eigenen Insel mit der Faszination Venedigs. Neben Venedigs einzigem Swimmingpool bietet das Cipriani jetzt auch wieder die Möglichkeit zum Tennisspielen mit einem wunderschöne Platz. Zudem ist man schnell in diesem kleinen Paradies: Es dauert nur eine Stunde Flug und 20 Minuten im Boot.

Hotel du Cap

(Frankreich, Seite 120)

Für mich ist das du Cap das Größte, um für ein paar Tage in wirklich exklusiver Atmosphäre abzuschalten. Ein neuer Fitnessbereich und der neue Beauty Salon machen das noch verlokkender. Und man ist schnell dort: Der Flug nach Nizza von Frankfurt oder München dauert nur eine Stunde.

Sandy Lane

(Barbados, Seite 88)

Nach seiner Renovierung ist das Sandy Lane wieder eine Top-Adresse, ganz besonders für Golfer, die einen gepflegten 18-Loch-Platz vorfinden. Die britisch-dezente Atmosphäre gepaart mit dem Sinn für Wünsche und Ansprüche der Gäste hebt das Sandy Lane hervor. Dabei fehlt es aber nicht an herzlicher Atmosphäre.

K-Club

(Barbuda, Seite 76)

Der K-Club ist ein absoluter Traum für Verliebte. Die Zimmer und Suiten liegen alle entlang des Strandes. Und dieser ist so schön, daß man es nicht glauben mag. Für jedes Bett gibt es eine Liege direkt am Meer, wo man totale Privacy genießt. Kurz: Für Verliebte, die sich diesen Exklusivplatz leisten können, ist er die perfekteste und schönste Stelle auf der Welt.

The Bora Bora

(Franz. Polynesien, Seite 218)

In einem Overwater-Bungalow des Hotels The Bora Bora zu wohnen, ist wohl das romantischste, was es auf der Welt gibt. Seit der Übernahme durch die Aman Resorts wurde alles komplett renoviert. Die Zimmer sind nun größer und noch eleganter, neben den Wassersportmöglichkeiten gibt es nun auch zwei Tennisplätze.

Meridian Club

(Turks & Caicos, Seite 38)

Der Meridian Club wirkt auf den ersten Blick nicht besonders einladend. Er liegt aber nun einmal am schönsten Strand, den ich auf der ganzen Welt gesehen habe. In diesem Hotel stimmt zudem das Verhältnis von Preis und Leistung. Ein weiterer Vorteil ist, daß man auf den Turks & Caicos, einer Neuentdeckung auf meinen Reisen, auch im Sommer Urlaub machen kann. Im Gegensatz zu den übrigen karibischen Inseln und den Bahamas regnet es nämlich im Sommer kaum.

Amanpuri

(Thailand, Seite 196)

Das Amanpuri ist für Kenner der schönste Fleck auf der Welt. Mich beeindruckte neben Service, Lage und Architektur besonders die romantische Ausstrahlung des Amanpuri und die tolle Gesamtatmosphäre.

Cap Juluca

(Anguilla, Seite 62)

Das Cap Juluca wird nicht umsonst immer populärer: Ganz in Weiß ziehen sich die im maurischen Stil gehaltenen Gebäude an einem Traumstrand entlang, Service und Wohlbefinden der Gäste wird groß geschrieben. Mir kommt das Cap Juluca schlichtweg wie ein Märchen aus Tausendeiner Nacht vor.

KLIMATABELLE

Mittlere tägliche Lufttemperatur Maximum in °C

	USA				Karibik																Lateinamerika	
Monate	USA: Florida	USA: Kalifornien	USA: Hawaii	Bermudas	Bahamas	Turks and Caicos	Grand Cayman	Jamaika	Dominikan.Republik	Virgin Islands	Anguilla	St.Martin	St.Barthélemy	Antigua /Barbuda	Gaudeloupe	St. Lucia	Barbados	Grenadines	Mustique	Aruba	Mexico	Brasilien
I	25	18	25	21	27	27	27	27	27	27	27	27	27	27	27	27	27	27	27	27	28	30
II	25	19	25	20	27	27	27	27	27	27	27	27	27	27	27	27	27	27	27	27	29	30
III	27	20	25	21	27	27	27	27	27	27	27	27	27	27	27	27	27	27	27	27	32	29
IV	28	22	25	21	28	28	28	28	28	28	28	28	28	28	28	28	28	28	28	28	33	27
V	29	23	26	24	29	29	29	29	29	29	29	29	29	29	29	29	29	29	29	29	34	26
VI	31	25	27	27	29	29	29	29	29	29	29	29	29	29	29	29	29	29	29	29	33	25
VII	31	28	28	28	29	29	29	29	29	29	29	29	29	29	29	29	29	29	29	29	33	25
VIII	32	29	28	29	29	29	29	29	29	29	29	29	29	29	29	29	29	29	29	29	33	25
IX	31	28	28	29	30	30	30	30	30	30	30	30	30	30	30	30	30	30	30	30	32	25
X	29	25	28	26	30	30	30	30	30	30	30	30	30	30	30	30	30	30	30	30	31	26
XI	28	23	27	23	28	28	28	28	28	28	28	28	28	28	28	28	28	28	28	28	29	26
XII	26	19	25	21	27	27	27	27	27	27	27	27	27	27	27	27	27	27	27	27	28	28

Mittlere tägliche Lufttemperatur Minimum in °C

Monate	USA: Florida	USA: Kalifornien	USA: Hawaii	Bermudas	Bahamas	Turks and Caicos	Grand Cayman	Jamaika	Dominikan.Republik	Virgin Islands	Anguilla	St.Martin	St.Barthélemy	Antigua /Barbuda	Gaudeloupe	St. Lucia	Barbados	Grenadines	Mustique	Aruba	Mexico	Brasilien
I	17	7	19	16	21	21	21	21	21	21	21	21	21	21	21	21	21	21	21	21	17	23
II	17	8	19	15	21	21	21	21	21	21	21	21	21	21	21	21	21	21	21	21	17	23
III	18	9	20	16	22	22	22	22	22	22	22	22	22	22	22	22	22	22	22	22	19	23
IV	20	11	20	16	22	22	22	22	22	22	22	22	22	22	22	22	22	22	22	22	21	21
V	22	13	21	19	23	23	23	23	23	23	23	23	23	23	23	23	23	23	23	23	22	20
VI	23	15	22	21	24	24	24	24	24	24	24	24	24	24	24	24	24	24	24	24	23	18
VII	24	16	23	23	24	24	24	24	24	24	24	24	24	24	24	24	24	24	24	24	23	18
VIII	24	17	23	24	24	24	24	24	24	24	24	24	24	24	24	24	24	24	24	24	23	18
IX	24	16	23	23	24	24	24	24	24	24	24	24	24	24	24	24	24	24	24	24	23	18
X	22	13	23	21	24	24	24	24	24	24	24	24	24	24	24	24	24	24	24	24	22	20
XI	20	11	21	18	23	23	23	23	23	23	23	23	23	23	23	23	23	23	23	23	19	20
XII	18	9	20	16	22	22	22	22	22	22	22	22	22	22	22	22	22	22	22	22	18	22

Mittlere tägliche Sonnenscheindauer in Stunden

Monate	USA: Florida	USA: Kalifornien	USA: Hawaii	Bermudas	Bahamas	Turks and Caicos	Grand Cayman	Jamaika	Dominikan.Republik	Virgin Islands	Anguilla	St.Martin	St.Barthélemy	Antigua /Barbuda	Gaudeloupe	St. Lucia	Barbados	Grenadines	Mustique	Aruba	Mexico	Brasilien
I	8	7	7	8	7	7	7	7	7	7	7	7	7	7	7	7	7	7	7	7	6	7
II	8	8	8	8	8	8	8	8	8	8	8	8	8	8	8	8	8	8	8	8	6	7
III	8	9	8	8	8	8	8	8	8	8	8	8	8	8	8	8	8	8	8	8	7	7
IV	8	8	9	8	8	8	8	8	8	8	8	8	8	8	8	8	8	8	8	8	7	6
V	8	9	9	8	8	8	8	8	8	8	8	8	8	8	8	8	8	8	8	8	8	6
VI	8	9	9	8	8	8	8	8	8	8	8	8	8	8	8	8	8	8	8	8	7	6
VII	9	11	9	9	8	8	8	8	8	8	8	8	8	8	8	8	8	8	8	8	8	6
VIII	8	11	9	8	8	8	8	8	8	8	8	8	8	8	8	8	8	8	8	8	7	7
IX	7	9	9	7	8	8	8	8	8	8	8	8	8	8	8	8	8	8	8	8	6	5
X	7	7	8	7	7	7	7	7	7	7	7	7	7	7	7	7	7	7	7	7	6	5
XI	7	8	8	7	7	7	7	7	7	7	7	7	7	7	7	7	7	7	7	7	6	6
XII	7	8	6	7	7	7	7	7	7	7	7	7	7	7	7	7	7	7	7	7	5	6

Mittelwert der Niederschlagstage pro Monat

Monate	USA: Florida	USA: Kalifornien	USA: Hawaii	Bermudas	Bahamas	Turks and Caicos	Grand Cayman	Jamaika	Dominikan.Republik	Virgin Islands	Anguilla	St.Martin	St.Barthélemy	Antigua /Barbuda	Gaudeloupe	St. Lucia	Barbados	Grenadines	Mustique	Aruba	Mexico	Brasilien
I	6	4	8	8	13	13	13	13	13	13	13	13	13	13	13	13	13	13	13	13	4	13
II	5	3	5	5	7	7	7	7	7	7	7	7	7	7	7	7	7	7	7	7	2	11
III	5	4	6	6	8	8	8	8	8	8	8	8	8	8	8	8	8	8	8	8	1	9
IV	6	3	5	7	10	10	10	10	10	10	10	10	10	10	10	10	10	10	10	10	2	9
V	9	1	3	10	15	15	15	15	15	15	15	15	15	15	15	15	15	15	15	15	5	6
VI	12	0	3	12	14	14	14	14	14	14	14	14	14	14	14	14	14	14	14	14	10	5
VII	14	0	3	14	18	18	18	18	18	18	18	18	18	18	18	18	18	18	18	18	11	5
VIII	14	0	3	14	15	15	15	15	15	15	15	15	15	15	15	15	15	15	15	15	12	4
IX	15	0	4	14	14	14	14	14	14	14	14	14	14	14	14	14	14	14	14	14	13	5
X	13	1	6	12	12	12	12	12	12	12	12	12	12	12	12	12	12	12	12	12	7	11
XI	9	3	6	10	13	13	13	13	13	13	13	13	13	13	13	13	13	13	13	13	3	10
XII	6	4	8	10	14	14	14	14	14	14	14	14	14	14	14	14	14	14	14	14	3	12

KLIMATABELLE

	Europa						Naher Osten		Afrika			Indischer Ozean			Asien					Südsee		Austra-lien	
	Frank., Côte d'Azur	Spanien, Mittelmeer	Sp., Kanar. Inseln	Portugal	Italien	Griechenland	Türkei	Oman	Tunesien	Senegal	Kenia	Malediven	Seychellen	Mauritius	Indien	Thailand	Malaysia	Philippinen	Indonesien	Südsee, Fiji	Südsee, Tahiti	Australien	Monate
Mittlere tägliche Lufttemperatur Maximum in °C																							
	[illegible]	16	20	15	16	16	18	32	16	25	32	30	30	30	28	32	27	32	31	30	30	30	I
	[illegible]	17	21	16	16	16	19	32	18	25	32	30	30	30	28	33	27	33	31	30	30	30	II
	[illegible]	19	23	18	17	17	21	33	21	25	33	29	29	29	30	34	27	34	32	30	30	30	III
	[illegible]	21	23	20	20	20	23	31	23	25	31	28	28	28	32	35	28	35	31	30	30	30	IV
	[illegible]	24	24	22	24	24	26	29	26	27	29	26	26	26	33	34	29	34	31	29	29	29	V
	[illegible]	27	26	25	28	28	28	29	29	29	29	24	24	24	31	33	29	33	29	29	29	29	VI
	[illegible]	30	30	28	29	29	30	28	32	30	28	24	24	24	30	32	29	32	27	28	28	28	VII
	[illegible]	31	29	28	29	29	31	28	33	30	28	24	24	24	29	32	29	32	27	28	28	28	VIII
	[illegible]	28	29	26	27	27	31	29	31	30	29	25	25	25	30	32	30	32	28	28	28	28	IX
	[illegible]	25	27	22	24	24	28	30	28	30	30	27	27	27	32	31	30	31	30	29	29	29	X
	[illegible]	19	24	19	21	21	24	31	23	29	31	28	28	28	32	31	28	31	31	29	29	29	XI
	[illegible]	17	22	16	17	17	20	32	18	27	32	30	30	30	30	31	27	31	31	29	29	29	XII
Mittlere tägliche Lufttemperatur Minimum in °C																							
	[illegible]	5	13	9	9	9	8	23	8	18	23	23	23	23	19	20	21	20	23	23	23	23	I
	[illegible]	6	13	10	9	9	9	23	9	17	23	23	23	23	20	23	21	23	24	23	23	23	II
	[illegible]	8	13	11	10	10	11	24	11	17	24	22	22	22	22	24	22	24	24	23	23	23	III
	[illegible]	10	14	13	12	12	13	24	14	18	24	21	21	21	24	26	22	26	24	23	23	23	IV
	[illegible]	13	15	14	15	15	16	23	16	20	23	19	19	19	27	25	23	25	24	22	22	22	V
	[illegible]	16	17	18	19	19	19	21	20	23	21	17	17	17	26	25	24	25	23	21	21	21	VI
	[illegible]	19	18	20	21	21	21	20	22	24	20	17	17	17	25	25	24	25	22	20	20	20	VII
	[illegible]	19	19	20	22	22	22	20	23	25	20	17	17	17	24	24	24	24	22	20	20	20	VIII
	[illegible]	18	18	19	19	19	21	21	22	24	21	17	17	17	24	24	24	24	23	21	21	21	IX
	[illegible]	14	17	16	16	16	17	22	19	24	22	18	18	18	24	24	24	24	23	21	21	21	X
	[illegible]	7	16	13	14	14	14	23	14	23	23	20	20	20	23	23	23	23	23	22	22	22	XI
	[illegible]	7	14	10	11	11	11	23	10	20	23	22	22	22	21	20	22	20	23	23	23	23	XII
Mittlere tägliche Sonnenscheindauer in Stunden																							
	[illegible]	6	7	6	3	3	6	9	8	8	9	8	8	8	9	8	7	8	7	6	6	6	I
	[illegible]	7	8	7	5	5	7	9	8	8	9	8	8	8	9	8	8	8	7	6	6	6	II
	[illegible]	7	8	7	6	6	7	9	9	10	9	7	7	7	9	8	8	8	7	7	7	7	III
	[illegible]	9	9	9	8	8	9	8	9	10	8	8	8	8	9	10	8	10	7	8	8	8	IV
	[illegible]	10	10	10	10	10	11	6	10	10	6	7	7	7	9	8	8	8	6	7	7	7	V
	[illegible]	11	10	12	12	12	12	8	11	8	8	8	8	8	5	6	8	6	5	7	7	7	VI
	[illegible]	12	10	12	13	13	12	7	12	7	7	8	8	8	3	5	8	5	4	7	7	7	VII
	[illegible]	11	10	12	12	12	12	8	12	6	8	8	8	8	2	5	8	5	5	8	8	8	VIII
	[illegible]	9	9	10	10	10	10	9	10	8	9	8	8	8	5	5	8	5	5	8	8	8	IX
	[illegible]	7	8	8	6	6	9	9	8	8	9	8	8	8	8	6	7	6	7	7	7	7	X
	[illegible]	6	6	6	6	6	8	9	8	9	9	9	9	9	10	7	7	7	8	7	7	7	XI
	[illegible]	6	6	6	4	4	6	9	7	8	9	8	8	8	10	8	7	8	7	7	7	7	XII
Mittelwert der Niederschlagstage pro Monat																							
	[illegible]	4	4	7	12	12	10	4	4	1	4	15	15	15	0	1	13	1	13	15	15	15	I
	[illegible]	4	3	6	7	7	8	2	4	0	2	16	16	16	0	2	7	2	11	15	15	15	II
	[illegible]	4	2	8	8	8	8	5	3	0	5	18	18	18	0	3	8	3	9	16	16	16	III
	[illegible]	4	1	5	4	4	2	10	2	0	10	17	17	17	0	4	10	4	9	11	11	11	IV
	[illegible]	3	1	3	2	2	0	14	1	1	14	15	15	15	0	13	15	13	6	9	9	9	V
	[illegible]	2	0	1	1	1	0	9	1	2	9	11	11	11	16	14	14	14	5	6	6	6	VI
	[illegible]	1	0	0	0	0	0	11	0	3	11	13	13	13	26	15	18	15	5	8	8	8	VII
	[illegible]	1	0	0	0	0	0	10	0	3	10	14	14	14	20	15	15	15	4	6	6	6	VIII
	[illegible]	4	1	2	2	2	0	9	3	7	9	9	9	9	14	17	14	17	5	6	6	6	IX
	[illegible]	4	2	4	6	6	4	12	4	2	12	9	9	9	3	13	12	13	11	7	7	7	X
	[illegible]	6	3	7	6	6	6	10	4	0	10	7	7	7	1	4	13	4	10	12	12	12	XI
	[illegible]	5	4	7	10	10	10	6	4	0	6	14	14	14	0	1	14	1	12	15	15	15	XII

AGS & R Communications:
Seite 42 o.r.
By:
Seite 117 o.r.
Columbus Communications:
Seite 208 o.l.
Sheila Donnelly & Associates:
Seite 24 o.r. und 24 u.r.
Georg Gold:
Seite 36
Gruner + Jahr Fotodienst:
Seite 160 und 190
David W. Hamilton:
Seite 37 u.r.
Jim Hedrich:
Seite 14 o.r.
Martin Hein:
Seite 111 und 112
Christian Hellwig:
Seite 88 o.r., 88 u.l., 108 u.r., 136 o.l.,
138 o.r., 210, 211, 220 o.r. und 220 u.r.
Ulrich Hölscher:
Seite 176 unf 177
Ifa-Bilderteam - Hunter:
Seite 26 o.r.
MRI Ltd.:
Seite 84 o.r.
Rolf Netzler:
Seite 158 und 159
PhotoPress:
Seite 130 u.l.
PhotoPress, Günther:
Seite 26 o.l., 37 o.r., 131 o.r. und 158 o.l.
PhotoPress, Liebermann:
Seite 130
SRT:
Seite 12 u.r., 34 o.r., 34 m.u., 42 u.r., 84 u.r.,
100 o.r., 132 u.r., 140 u.l., 178 u.l., 186 u.l., 196 o.r.,
208 o.r., 208 u.r., 214 o.r., 214 u.r., und 218 o.r.

Sonstige Fotos:
GECCO Kommunikation,
GECCO/Paul Spierenburg,
Paul Spierenburg
oder
Fremdenverkehrsämter
und Hotels

Außerdem möchte sich
die Redaktion
besonders bedanken bei dem
Touristik-Unternehmen
„Airtours“,
bei der Hotelkette
„The Leading Hotels
of the World“,
dem „Club Med“
und bei allen im Buch
genannten Fremdenverkehrs-
ämtern und Hotels für ihre
freundliche Unterstützung.